Au point

TEACHER'S RESOURCE BOOK

Michèle Deane   Bob Powell   Elaine Armstrong

Nelson

Thomas Nelson and Sons Ltd
Nelson House Mayfield Road
Walton-on-Thames Surrey
KT12 5PL UK

Nelson Blackie
Wester Cleddens Road
Bishopbriggs
Glasgow
G64 2NZ UK

Thomas Nelson Australia
102 Dodds Street
South Melbourne
Victoria 3205 Australia

Nelson Canada
1120 Birchmount Road
Scarborough Ontario
M1K 5G4 Canada

© Thomas Nelson & Sons Ltd 1994

First published by Thomas Nelson and Sons Ltd
1994

I(T)P Thomas Nelson is an International
Publishing Company.

I(T)P is used under licence.

ISBN 0-17-449-138-7
NPN 9 8 7 6 5 4 3 2

Printed in Great Britain by Hobbs the Printers
of Southampton

Contents

Letter to the Language Teacher

Dear Language Teacher

The rationale on which **Au point** is based is the result of extensive consultation with teachers and students of French across the UK. The following list of priorities emerged from this research. Teachers and students want a course which will help them:

- to build on the skills acquired during previous study
- to ease the transition from pre-16 to post-16 language learning
- to prepare students for post-16 examination, taking full account of the general criteria in the wide range of exams available
- to increase knowledge of grammar and vocabulary and develop a deeper awareness of the sound system of French
- to develop fluency and accuracy
- to develop communicative skills and strategies both within and beyond the classroom
- to develop both independent study skills and collaborative learning styles
- to encourage personal reflection and decision-making
- to promote global awareness and equal opportunities
- to provide insights into the culture and civilisation of French-speaking countries
- to encourage maximum use of the target language by both teachers and students.

This presented a real challenge! But as authors and teachers, we too were determined to produce a course which would be primarily communicative in its philosophy but which would not neglect the structural building blocks of language that require specific attention at this stage of learning. To this end, tasks have been given clear purposes and study of the language itself is achieved in real contexts.

We have striven to create a model that will both motivate 16 to 19 year olds and provide their teachers with manageable and stimulating sets of activities. We have also tried to give a new slant to the traditional topics which feature regularly on examination board syllabuses.

The structure of Au point

There is a carefully structured progression within the course. Each chapter introduces, through its magazine-style leader page, a new range of linked topics around a general theme. New vocabulary and structures are then introduced gradually and the student is guided from a concrete, factual approach to the topic to a more sophisticated, abstract analysis.

The first six chapters are presented as foundation units in which the emphasis is specifically on:

- revision and extension of key grammar points such as the formation and use of tenses
- providing new insights into familiar topics such as relationships, leisure, education and health
- gradual development of advanced comprehension skills through discovery, practice and production.

At this stage of the course, more difficult or unusual vocabulary is provided with English translations to ease reading comprehension. Later, however, the tendency is to give explanations in French and refer students to monolingual dictionaries in keeping with examination conventions.

Chapters 7-15 build upon the foundation of the earlier chapters by developing greater student autonomy, by tackling more sophisticated topics and grammar and by the progressive introduction of examination skills practice.

Throughout the course the exercises and activities we have devised gradually move the learner from highly structured to open-ended, more creative or practical tasks. Students are encouraged to produce interpretative and evaluative responses as well as purely factual ones.

The two reading sections, one after chapter 6 and the other after chapter 15, consist of short, accessible and appealing items to encourage reading for pleasure. Each chapter has 3 pages (chapter 6 has 4) devoted to its themes. You can suggest that students read these immediately after studying the relevant chapter or you may decide to come back to them for additional work at a later stage in the course. They might also serve as a point of reference for coursework. We have proposed at least one open-ended activity for each page that will stimulate discussion and, especially in the later chapters, appreciation of style and genre.

The self study cassette contains a variety of listening material, including off-air recordings, interviews and songs. There are primarily designed for listening for pleasure, but we have also suggested a number of open-ended activities for each item to give a focus for the listening and to stimulate individual reflection. This cassette may be copied for your students. The photocopiable transcripts are to be found at the back of the Teacher's Resource Book.

Reference is frequently made in the chapters to the Grammar Section at the end of the Students' Book. These pages are intended to supplement the notes of explanation and exercises found earlier in the chapters. Students should be encouraged to incorporate study of the relevant grammar section as they progress, not to leave their grammar learning to the last minute! A summary of the grammar covered is provided at the beginning of this section to help them find their way around.

Special features

The following special features and symbols appear throughout the Students' Book:

GRAMMAIRE

Explanations, in French, of grammatical points with examples and exercises, e.g.
DEFIS GRAMMATICAUX

POINT GRAMMAIRE
Quick reminders of tricky points or rules.

POUR COMMUNIQUER

Key phrases for developing communicative skills relevant to the tasks, but also of general application.

BONNE IDEE

Tips for learning, study or organisational skills.

Travail de recherche

Ideas for individual and group projects or coursework.

Déjà vu

A cross-reference to remind the student of a point already encountered.

AU FAIT
■ Snippets of useful background information.

Plan professionnel

Life skills tasks, often with a professional slant.

There are also four essential symbols that you should be familiar with before you start to teach the course. They are:

▭ Class cassette activity for whole-class or group-work.

▭ Self-study cassette activity. The transcripts of these recordings, which are photocopiable, are to be found on pages 142–157 of the Teacher's Resource Book.

1 Item on a photocopiable worksheet. These include additional grammar practice, role-plays or listening tasks.

▯ Suggestions for using information technology including building a data-base, word-processing etc.

To help your planning, an overview of each chapter is provided in this Teacher's Resource Book. Each overview itemises the various elements which make up the pages of the Students' Book and explains the nature and purposes of the various activities. We also make a number of suggestions for introducing the topics, supporting students' work and stretching them even further.

We hope that you and your students enjoy using **Au point**. With your support and encouragement, students will derive enjoyment and intellectual stimulation, develop positive attitudes to foreign language learning and a critical awareness of the issues facing young people in French-speaking societies.

Overview

Chapter	Topic	Subtopic	Communication	Grammar	Study Skills	Reading
1 Il faut vivre sa vie !	Youth	■ Young people and… happiness the future rights	■ Expressing one's opinion ■ Phrases for hesitation in conversation ■ Talking about statistics ■ Talking about rights and duties	■ The infinitive after 'Ça veut dire' ■ The present tense ■ Nouns: gender	■ Collecting vocabulary in a database ■ Looking up nouns in a monolingual dictionary ■ Predicting gender of a noun	66 - 68
2 Entre toi et moi…	Relationships	■ Friendship ■ Love ■ Relationships	■ Prioritising ■ Taking part in a debate ■ Summarizing arguments	■ Two relative pronouns: 'qui' and 'que' ■ The perfect tense ■ The infinitive after another verb and after prepositions 'à', 'de', 'pour', 'sans'	■ An easy way of deciding between 'qui' and 'que' ■ Collecting more words for the database ■ A way of remembering the prepositions followed by the infinitive	69 - 71
3 Une école pour la réussite ?	Education	■ School and education ■ Career choices ■ Preparing for the future	■ Expressing possibility ■ Contrasting events	■ The imperative ■ The future tense ■ Adjectives	■ Taking notes ■ Speaking from notes ■ Writing a paragraph	72 - 74
4 En pleine forme	Health	■ Health ■ Food ■ Fitness	■ Asking questions ■ Answering questions without committing oneself ■ Using slang	■ Expressions of quantity ■ Adverbs ■ The imperfect tense ■ Syntax with the infinitive ■ 'Ça'	■ Collecting words of frequency ■ Verbs + 'de' or verbs + 'à' (a tip)	75 - 77
5 Evasion	Holidays and Travel	■ Holidays ■ Travel ■ Transport	■ Expressing an opinion tactfully ■ Writing a formal letter	■ Prepositions after 'aller' ■ The pluperfect tense ■ 'Tout' (all, every, very) ■ The present participle	■ Help with remembering the right proposition ■ 'Faux amis' ■ From verb to noun and from noun to verb ■ Recognising different accents	78 - 80
6 Si j'avais des sous…	Money	■ Spending and earning money ■ Third World ■ The language of money	■ Making suggestions ■ Protesting ■ Registers	■ The conditional ■ Introduction to the subjunctive mood ■ Partitive articles and pronoun	■ Writing an essay plan ■ Preparing for a written presentation	81 - 84
7 Ce que je crois	Beliefs	■ Religion ■ Superstition ■ Music ■ Astronomy	■ Talking about dreams ■ Stating one's religious beliefs ■ Stating one's artistic taste	■ Comparatives ■ More on the subjunctive ■ Adjectives	■ Help with forming the subjunctive ■ Sequence markers ■ Essay planning ■ Gender of words in '-isme'	194 - 196

Chapter	Topic	Subtopic	Communication	Grammar	Study Skills	Reading
8 Terre, où est ton avenir ?	Environment and pollution	■ Environment ■ Pollution ■ Ecology	■ Reporting back on group activities ■ Giving one's reactions to a text	■ Verbs of perception + infinitive ■ The passive form ■ The superlative	■ Avoiding repeating an object introduced by 'à' ■ Creating an ecological glossary	197 - 199
9 Culture des masses ?	Media	■ Influences ■ Media ■ Advertising	■ Presenting polite counter-arguments	■ Possessive pronouns ■ Relative pronouns	■ Extracting concepts ■ Letter-writing	200 - 202
10 Sur un pied d'égalité ?	Equal opportunities	■ Sex equality ■ Immigration ■ Racism	■ Giving a quick reaction, positive and negative ■ Giving reasons	■ Fractions ■ Demonstrative pronouns ■ Sequence of tenses after 'si' ■ 'La plupart'	■ Using fractions ■ Check-list for essay writing ■ Analysing a survey	203 - 206
11 Citoyen, citoyenne	Power	■ Politics ■ Europe	■ Showing awareness ■ Making promises	■ Direct and reported speech ■ 'N'importe…' ■ 'Se faire' + infinitive	■ Scanning headlines	206 - 208
12 Je m'en souviens bien !	War	■ War ■ The Second World War	■ Expressing one's emotions	■ Nationalities and capital letters ■ The past infinitive ■ The past historic tense	■ Analysing the power of words in poetry ■ Creative writing ■ Coursework preparation	209 - 211
13 La culture : tous azimuts	The Arts	■ Dance ■ Cinema ■ Literature ■ Francophonie	■ Defining and describing abstract ideas ■ Talking about poetry and novels	■ Partitive article + qualificative adjective ■ Impersonal verbs	■ Writing a summary ■ Problem-solving ■ Revision techniques ■ Literary appreciation skills	212 - 214
14 Qui juge ?	Moral dilemmas	■ Animal experimentation ■ Transplants ■ Violence ■ The French Judicial system; crime and punishment	■ Making initial judgements ■ Doubting and expressing the truth ■ Providing further evidence	■ 'Pouvoir', 'devoir', 'vouloir', 'savoir' ■ 'Faire' plus infinitive	■ Taking part in a debate ■ Examination skills	215 - 217
15 Demain, déjà ?	The Future	■ Adulthood ■ Scientific and medical research ■ The future	■ Expressing future obligations ■ Commenting on poetical images	■ Negative constructions ■ 'jusqu'à'	■ Examination skills : review of all four skills	218 - 220

1 Il faut vivre sa vie !

Chapter overview

Page	Reference	Activities	Possible extension
1	Pour commencer	■ Draw students' attention to surveys on happiness, work and leisure.	
	Il faut vivre sa vie !	■ Ask students their ages. Draw the words *jeunes/vieux* out. Draw conclusion: *Vous avez le même âge que ces personnes. Ces personnes sont jeunes comme vous.* ■ Ask students to provide ideas in French: *Qu'est-ce que c'est pour vous, être jeune ?* Support might be needed: *C'est aller au collège ? C'est avoir 16 ans ?* etc.	
	Temps de vivre et Bonheur.	■ Ask questions around class re. time for work, time for leisure; re. whether students are *très/plutôt/pas vraiment/*etc. *heureux.* ■ If numbers allow, carry out one or both surveys on students.	■ Students carry out own survey on what other class(es)/year(s) feel(s).
2–3	Etre jeune...	■ Sequence of work on short extracts written by young French speaking people.	
	Ça veut dire...	1 Exercise to research vocabulary and phrases in text.	■ Say or write one sentence with each of the new lexical items.
	Maintenant à vous !	2 Students write own sentences modelled on text. Exercise which makes students read text more closely.	
	Point grammaire	■ Use of infinitive after *ça veut dire* and *ça signifie*. Not to be developed. Announces work in Chapter 2.	
	Qui est d'accord avec qui ?	3 More detailed reading of text leading to oral or written practice.	■ Some students should be made to practise both skills: speaking *and* writing.
	Et vous, vous êtes d'accord avec qui ?	4 Students are given communication tools to express agreement or disagreement to help them use the ideas met so far. Support from **Pour communiquer**.	■ The open-ended nature of the task will enable students to use the level of language of which they are capable.
4	Le bonheur ?	■ Sequence of work supported by the extract *Reportage dans la rue* on the class cassette.	
	▣ Reportage dans la rue	1 Listening activity to work out gist of what has been said.	■ Spoken and written work on *contribuer à/au/à la/ à l'/aux* and/or *dépendre de/du/de la/de l'/des*.
	Ben... Euh...	2 Listening for and identifying filler phrases. Support from **Pour communiquer** (*Marquer l'hésitation*)	■ Collect such phrases from other source, e.g. radio, satellite TV.
	Parlez !	3 Supported role play to practise content so far + filler phrases.	■ The open ended nature of the task will enable students to use the level of language of which they are capable.
	Bonne idée Un dictionnaire électronique ▣	■ Task to help students organise their learning of vocabulary throughout the course.	
5	Grammaire : Le présent	■ Various activities to revise the present tense. ■ The idea of infinitive. ■ Support to find verbs in dictionaries and in verb table. **Défi grammatical a** could be done now.	■ Extend the list of verbs in **Défi grammatical a**.
	▣ Ça ne se dit pas	■ Revision of the value of the present tense. ■ About silent endings.	■ Grammar section on page 236 for full information on present.
	▣ Défis grammaticaux ▪1 ▪2	■ Exercises to practise and learn present.	■ ▪1 ▪2 and ▣ *Magasins Inter-discount* for more exercises.
6–7	Ah ! les adultes !	■ This section starts addressing some aspects of the generation gap (*le conflit des générations*).	■ Students could provide an answer to Zoë's letter (either spoken or written) using letters on page as models.
	Les réactions et les conseils	1 Understanding letters from young French writers to a magazine.	
	Ah ! les parents !	2 Practice of expressions of obligation and duty: *devoir* and *ne pas devoir*.	
	▣ Les parents, contribuent-ils au bonheur des jeunes ?	3 Listening comprehension exercise to meet other examples of conflict and practise present tense. Written exercise (gap filling) provides sentences which could be useful for essay writing.	■ Students could be asked to write a letter to penfriend explaining real or imaginary problems with parents and how they solve the problem.

Page	Reference	Activities	Possible extension
	Que demandez-vous aux adultes ? ▪3 ▪4	4 Writing an imaginary letter to strict parents. ■ The main purpose of the table of statistics is to provide phrases to express expectations from adults to support letter writing. ■ **Pour communiquer** practises positive and negative phrases.	■ ▪3 gives support on how to speak and/or write about statistics; can be used to speak/write about this table. A discussion or survey could be organised on similar themes. A structured role play could stem directly out of the game. ■ ▪4 provides support if needed. ■ Magazine Quiz (page 66) could be read and done now.
	🖭 Fais pas ci, fais pas ça	5 Students to listen to the song and work out who is speaking to whom.	
8–9	On a le droit ou pas?	■ Section on the rights and duties of young people in France.	
	Mots croisés ▪5	1 An intensive vocabulary building exercise.	■ ▪5 for a grid for students to fill in.
	Minorité/Majorité 💾	2 To show understanding of young people's rights and simple manipulation of *on peut* and *on doit*.	
	Vous avez besoin de conseils ?	3 Preparation for spoken game that follows.	
	Concours de conseillers	4 A spoken game to get to know young people's rights better.	■ The open ended nature of the task will enable students to use the level of language of which they are capable.
	Travail de recherche 💾	■ Students to research the rights of young people in their country and express them in French in form of poster or article. Choice of format should allow for some creativity.	
10	Grammaire : Le genre	■ Students to work out rules for gender according to suffix.	
	🖭 Voici une page	■ Cassette-linked exercise on gender.	
	🖭 Masculin ou féminin ?	■ A listening discrimination exercise.	
	Défis grammaticaux ▪6	■ Guidance to understand definitions in monolingual dictionary and exercises to check comprehension.	
	🖭 Et pour finir, l'interview de Guillaume	■ Listening comprehension exercise which recaps on most themes and some communication tips of the chapter.	
66–68	Lectures	■ *Comment vous voyez-vous ?* Magazine style self-analysis test. ■ Poem: *Personne ne m'aime* and extract from a student magazine. ■ Two extracts from contemporary authors. These are quite challenging and it might be advisable, therefore, to keep these until later when students need to reconsider the topic of youth.	

Class cassette transcripts

Reportage dans la rue

Page 4, Exercice 1   (2' 45")

1

Au point : Pardon, Monsieur ? Je fais un reportage sur les jeunes et le bonheur pour un livre. Voulez-vous répondre à quelques questions, s'il vous plaît ?

Alexandre : Oui, bien sûr !

Au point : Alors, votre nom, s'il vous plaît.

Alexandre : Alexandre.

Au point : Et votre âge ?

Alexandre : 16 ans.

Au point : A votre avis, Alexandre, est-ce que les jeunes sont heureux ?

Alexandre : Oui, je pense !

Au point : Et... qu'est-ce qui les rend heureux ?

Alexandre : Ben, les loisirs qu'il y a, c'est-à-dire, le cinéma, les concerts, enfin, plein de trucs à faire !

Au point : Et vous, personnellement, êtes-vous heureux ?

Alexandre : Bof !... Oui, je suppose, quoi !

2

Au point : Pardon, mademoiselle ? Je fais un reportage sur les jeunes et le bonheur pour un livre. Je peux vous poser quelques questions, s'il vous plaît ?

Sandrine : Oui, allez-y !

Au point : D'abord, quel est votre nom, s'il vous plaît ?

Sandrine : Sandrine.

Au point : Vous avez quel âge ?

Sandrine : 17 ans.

Au point : Alors, selon vous, les jeunes, sont-ils heureux ?

Sandrine : Je sais pas moi... Ça dépend !

Au point : Ça dépend de quoi ?

Sandrine : Ben, ça dépend de....euh, voyons... ça dépend de... euh... de l'argent, ça dépend des parents qu'on a, et puis, ça dépend aussi des études.

Au point : L'argent, c'est important pour vous ?

Sandrine : Ben oui, quoi ! Quand on a de l'argent, on est libre. On peut faire ce qu'on veut !

Au point : Et vous, personnellement, vous êtes heureuse ?

Sandrine : Oui, dans l'ensemble, faut pas se plaindre.

3

Au point : Excusez-moi, mademoiselle. Je fais un reportage sur les jeunes et le bonheur pour un livre. Je peux vous poser quelques questions ?

Françoise : Je vous en prie !

Au point : Pour commencer, puis-je avoir votre nom, s'il vous plaît ?

Françoise : Françoise.

Au point : Et votre âge ?

Françoise : Euh, c'est important, ça ?

Au point : Oui, assez ! Vous avez plus de vingt ans ou moins de vingt ans ?

Françoise : Moins.

Au point : D'accord, merci ! Alors ! A votre avis, Françoise, les jeunes sont-ils heureux ?

Françoise : Dans l'ensemble, je crois que oui. Mais enfin, il y en a qui ont des problèmes.

Au point : Ah ? A quel niveau ?

Françoise : Ben, les parents ne sont pas toujours très compréhensifs.

Au point : Ah bon ?

Françoise : Ben non ! Ils imposent des règles : il faut rentrer de bonne heure le soir. Il ne faut pas sortir avant d'avoir fini les devoirs. Il faut travailler pour trouver un bon métier plus tard... etc, etc. C'est pas rigolo, ça. Y a même des fois où c'est vraiment barbant !

Au point : Ah. Et à votre avis, est-ce que de réussir sa vie professionnelle est important ?

Françoise : Oui, en fait, c'est très très important.

Au point : Et vous, personnellement, est-ce que vous êtes heureuse ?

Françoise : Bof ! Ça pourrait aller mieux !

Ça ne se dit pas

Page 5 *(0' 15")*

- Oui, je pense !
- Les profs ne nous demandent plus ce qu'on pense.
- Qu'est-ce que tu penses de ça ?
- L'argent donne la liberté.

Les parents, contribuent-ils au bonheur des jeunes ?

Page 7, Exercice 3 *(2' 00")*

- Bonsoir ! Dans une minute, vos appels en direct. Comment ça marche avec vos parents ? Appelez-nous et donnez-nous votre témoignage. Notre standard est ouvert au 16-89-73-26. Avant vos appels en direct, écoutons quelques enregistrements sur notre répondeur.

Christine : Allô ! Ici Christine. Alors, moi, avec ma mère, c'est ça ! Elle voudrait que je reste toujours enfermée dans ma chambre à faire mes devoirs. Alors, nous nous disputons souvent. Je ne comprends vraiment pas son attitude : en classe, j'ai de bons résultats. Je pense donc que j'ai le droit de me relaxer un peu. Mais je dois dire, elle commence à être un peu plus compréhensive.

Jean-François : Allô ! C'est Jean-François à l'appareil. Moi, je suis un grand sportif et j'avoue que je prends le temps de faire du sport. En ce qui concerne les études, je fais le minimum pour que mes parents et mes profs me laissent tranquille !

Nicolas : Allô ! Je m'appelle Nicolas, j'ai dix-sept ans et je suis en première. Je prépare un examen très important, et ça, c'est vraiment dur, mais c'est mon choix, alors je suis prêt à faire tous les sacrifices pour réussir. Je pense que mon avenir est très important, donc je veux l'assurer. Mes parents sont absolument extra : ils font tout ce qu'ils peuvent pour me rendre la vie de tous les jours plus facile.

Anouchka : Ici Anouchka ! Moi, je suis cool. Mes parents me demandent de faire mon travail de classe avant de sortir. A part ça, quand je sors, je dois leur dire où je vais et avec qui je suis. Je trouve ça tout à fait normal. En fait, mes parents sont très chouettes : ils me font confiance, ils me conseillent bien mais ne prennent jamais de décisions à ma place.

Masculin ou féminin ?

Page 10 *(0' 50")*

1 tristesse	6 humanité
2 anathème	7 chirurgie
3 dosage	8 sagesse
4 cruauté	9 confiance
5 douleur	10 courage

L'interview de Guillaume

Page 10 *(1' 45")*

Au point : Je peux vous interrompre une minute, s'il vous plaît ? Je fais un reportage sur les jeunes et le bonheur... c'est pour un livre. Je voudrais vous poser quelques questions, c'est possible ?

Guillaume : Bé... je vous en prie !

Au point : D'abord, votre nom, s'il vous plaît ?

Guillaume : Guillaume.

Au point : Et votre âge ?

Guillaume : 19 ans.

Au point : O.K. Guillaume, être jeune, pour vous, qu'est-ce que ça veut dire ?

Guillaume : Etre jeune ?

Au point : Oui !

Guillaume : Ben... euh... Ben, c'est avoir 19 ans, c'est aller au lycée, c'est avoir un tas de loisirs intéressants, c'est... c'est... c'est... je sais pas, moi.

Au point : D'accord, et être heureux, c'est quoi ?

Guillaume : Ouf... quelle question !... Faut que je réfléchisse un peu ... Euh... C'est... C'est avoir de vrais amis... Oui, c'est ça ! C'est l'amitié. C'est... C'est avoir des parents sympas qui me comprennent, qui me guident mais qui ne sont pas stricts au point de m'empêcher d'être moi. Etre heureux, c'est aussi avoir la santé. C'est se sentir bien dans son corps, bien dans sa peau.

Au point : S'intégrer au monde adulte, comment vous voyez ça ?

Guillaume : Je crois que la transition se fait assez facilement. Dès qu'on entre au lycée on est traité beaucoup plus en adulte qu'en enfant. Les profs nous demandent plus ce qu'on pense. Donc on sent moins la différence adulte/enfant. Mais il y a des jeunes qui en ont marre d'être jeunes et qui veulent devenir adultes très vite.

Au point : Et ça veut dire quoi, devenir adulte ?

Guillaume : Ça veut dire partir, ça veut dire vivre sa vie.

Au point : D'accord ! Merci beaucoup.

Guillaume : Et vous, personnellement ? Vous êtes heureux ?

Au point : Oui ! Pour l'instant, ça va !

Answers

Ça veut dire...

Page 2, Exercice 1

a ça veut dire
b profiter de la vie - (pouvoir) s'amuser
c se préparer un avenir - penser à mon (son) avenir
d ne pas avoir d'obligations - sans (ne pas) avoir trop de responsabilité
e sortir avec des copains
f avoir des ennuis avec ses parents
g avoir des ennuis avec ses études
h être jeune dans sa tête
i pas forcément

Qui est d'accord avec qui ?

Page 3, Exercice 3

Arem = Véronique : préparer l'avenir
Arem = Séverine = Véronique : profiter de la vie, s'amuser
Jean-Luc = Saïd : avoir beaucoup de copains
Jérémy = Séverine : ne pas avoir d'obligations/trop de responsabilité

🎞 Reportage dans la rue

Page 4, Exercice 1

a Alexandre, Françoise
b Alexandre
c Françoise
d Françoise
e Sandrine
f Sandrine
g Sandrine, Françoise
h Françoise

Ben... Euh...

Page 4, Exercice 2

La seule expression que personne n'a dite c'est : Ben alors, là !

Grammaire : Le présent

Page 5

a habitent
b estime – fument
c acceptes
d refuse
e estime – jugent

Défi grammatical a

Page 5

je vis – vivre – to live
elle peut – pouvoir – to be able to
ils ont – avoir – to have
je veux – vouloir – to want
ils boivent – boire – to drink
ils sont – être – to be
je crois – croire – to believe
vous connaissez – connaître – to know
ça rend – rendre – to make
ça fait – faire – to make/do
ils finissent – finir – to finish

Les réactions et les conseils

Page 6, Exercice 1

	C	W	X	Y
Le travail scolaire est important		√		
Organise ta vie				√
Pas le droit d'apprendre à conduire	√			
Je préférerais sortir avec des camarades		√	√	
Pas le droit de regarder des films d'amour	√			
Libère-toi moralement				√
Tu travailles pour toi		√		
Tu seras heureuse plus tard				√

🎞 Les parents contribuent-ils au bonheur des jeunes ?

Page 7, Exercice 3

a rester
b travaille – pense droit
c fait
d prépare
e veut
f font – peuvent
g sort – doit – va – est
   or sort – doit – est – va

Lettre à des adultes trop stricts

Page 7 et ◼4

1 Faux	6 Vrai
2 Vrai	7 Faux
3 Vrai	8 Vrai
4 Vrai	9 Vrai
5 Faux	10 Faux

Sentiments positifs :
Je sais que…
J'ai le droit de…
Cela ne veut pas dire que…

Sentiments négatifs :
J'en ai marre…
Vous exagérez quand:

Mots croisés

Page 8, Exercice 1 et ◼5

¹P	²A	R	E	N	³T	A	L	E			
	U				U		⁴V			⁵C	
	T				T		O		⁶S	H	
⁷M	O	B	Y	L	E	T	T	E		O	
	R		⁸R	U	E	D	R	O	I	T	S
¹⁰M	I	N	E	U	R	E		V		X	¹¹P
	S		F			¹²N	A	T	I	O	N	A	L
	A		U					C			S
	T		S		¹³P	A	R	E	N	T	S
	I		E		¹⁴D						I
¹⁵C	O	U	R	R	I	E	R		¹⁶H		B
	N			X	–				U		L
	¹⁷O	B	L	I	G	A	T	O	I	R	E
									T		

Le genre ?

Page 10

Les mots en	sont	sauf
-esse	f.	-
-té	f.	-
-ème	m.	-
-ance	f.	-
-ie	f.	génie
-eur	f.	mots en -heur noms de métier (plongeur, serveur)
-âge/age	m.	page (m. ou f.)

▣ Masculin ou féminin ?

Page 10

1 m.	6 f.
2 f.	7 f.
3 m.	8 f.
4 f.	9 f.
5 f.	10 m.

Comprenez-vous les définitions ?

Page 10

1 Vrai	4 Vrai
2 Faux	5 Vrai
3 Faux	

Devinez les mots qui manquent

Page 10 et ◼6

Une jeunesse	un âge
heureuse	la vieillesse
une enfance	une lenteur
un seul problème	une dignité
une douceur	la vie
le village	la politesse
le bonheur	une allégresse
la bonté	joyeuse
une vie	une bonne humeur
en bonne santé	
la fraîcheur	

▣ L'interview de Guillaume

Page 10 Et pour finir

Idées dans Au point Chapitre 1 :
Guillaume parle de l'importance de l'amitié et d'avoir beaucoup de loisirs. Il pense qu'il est important d'avoir des parents sympas.

La nouvelle idée de Guillaume :
Il pense qu'il est important d'avoir la santé et de se sentir bien dans sa peau.

Verbes au présent :
Je peux/s'il vous plaît/ Je fais/c'est/c'est/je vous en prie/s 'il vous plaît/qu'est-ce que/ veut dire/c'est (x 6)/je sais pas/c'est/faut/c'est (x 6)/comprennent/ guident/sont/c'est/c'est/voyez/Je crois/se fait/entre/est/demandent/pense/sent/il y a/ont/veulent/veut dire/veut dire/veut dire/êtes/ça va

Expressions qui marquent l'hésitation :
Bé…/Ben…euh… Ben…/je sais pas, moi/Ouf…/Faut que je réfléchisse un peu…Euh…

2 Entre toi et moi...

Chapter overview

Page	Reference	Activities	Possible extension
11	Pour commencer	■ Teacher asks questions on various aspects of page 11 – ideas given here are only examples and may be reduced or extended.	
	Entre toi et moi	■ *Quels mots associez-vous à ce titre ?*	■ Revision of difference between *aimer* and *aimer bien*.
	Photo	■ *Imaginez : Qui sont ces deux personnes ? Quel âge ont-elles ? Quelle relation y a-t-il entre elles ? Quelle est l'atmosphère de cette photo ?*	■ Brainstorm words for various relationships + sort out into nouns and verbs (eg *amitié, aimer bien/beaucoup, fiançailles, se fiancer, mariage, se marier*).
	Les résultats du sondage sur le mariage 5	■ *Avez-vous réfléchi à la question ? Qui dans la classe pense se marier ? Vivre avec quelqu'un ? Rester célibataire ?*	■ Speak about actual statistics; if need be, use support offered in 5 .
12–13	Entre amis...	■ The aim of this section is to explore *l'amitié*.	
	Qui a écrit ça ?	1 Comprehension exercise on extracts of letters from young people to a magazine.	■ Question to class : *A votre avis, qui de ces trois jeunes a le plus besoin d'aide ? Pourquoi ?*
	Mariez-les	2 Vocabulary exercise, matching French to French.	
	▣ Mon meilleur ami	3 Three young people talk about their friends. What is not said? An 'odd one out' exercise.	■ Each young person to be discussed in turn – either now or after the next exercise – and friendship described in more abstract terms.
	Les qualités d'un ami	4 Comprehension of list of qualities plus extension through pair work discussion. Support from **Pour communiquer**.	
	▣ Amitié fille-garçon 7	5 The thoughts of the young people who speak on the tape are summarised on the sheet in a different order. A re-organisation exercise.	■ On a simple level, agree or disagree with speakers. Extension: students could state their own opinion on matter + reasons.
	Qui or que ?	6 Sentence reconstruction: oral or written exercise.	■ Grammar extension : Page 230.
	Poème : Mon ami ▣	7 Creative writing: writing a poem to a formula – enables students to re-use a lot of the vocabulary and phrases learnt so far.	
	Point Grammaire Bonne idée	■ Brief reminder and examples of use of *qui* and *que*.	
	▣ Ami cherche ami	8 Song by Francis Cabrel – can be listened to at home. A keyline of the song to be found (hidden amongst another three lines).	
14–15	Et si c'était l'amour ?	■ The aim of this section is to look at some of the problems encountered by young people in their relationships.	
	Courrier du cœur	1 Extracts of letters from a problem page have lost their titles – a matching exercise.	
	Mots imbriqués 8	2 An intensive vocabulary building exercise + encouragement to look up unclear vocab in dictionary in **Bonne idée**.	■ Students could be asked to re-use some or all of the words in sentences of their own.
	Ecrire au courrier du cœur : la formule	3 Students observe the formula for writing letters to a problem page, write a letter, act as an editor and select those letters that will be published in a future issue.	
	▣ La vie en rose	4 Can be listened to at home.	■ Students could be asked to justify their answers in their own words. ■ ▣ The poems in *Amour/Amitié* (page 69) could be read and/or listened to at this stage.
16	Grammaire	■ The whole section follows on from the work on the letters of the problem page.	
	Le passé composé Rappel auxiliaires	■ Observation + finding out more examples from previous pages. ■ *Rappel* (Brief definition/explanation + *être* verbs).	
	Défis grammaticaux 9 10	a Recapping on mnemonics for verbs which take *être*. b Oral game: *le ping-pong verbal*.	■ 9 *Jeu des conséquences amoureuses* – oral work. This could be extended by asking students to write their own imagined silly stories. ■ 10 *Agenda de la semaine dernière* – open-ended oral or written structured exercise.
	▣ Histoire d'un amour	c Listening, writing and speaking exercise with a creative outcome.	

Page	Reference	Activities	Possible extension
	Travail de recherche : Les participes passés	■ Sorting out the main groups of past participles.	
17	On passe devant monsieur le maire ou pas ?	■ This section makes the students consider the pros and cons of getting married or not.	
	Mariage ou concubinage ?	1 Students are asked to sort out words according to two different categories.	■ *Comment présenter sa moitié en société ?* (page 70) could be read at this stage.
	🖼 Débat : Mariage ou union libre ?	2 This exercise allows students to collect ideas for or against marriage or living together.	
	A votre tour	3 Students prepare and take part in a debate. Support is provided in **Pour communiquer**.	■ Students could be asked to write two lists: one for the advantages of marriage and one for the advantages of living together.
18–19	Mariage à la française	■ This section provides factual information about weddings in France and in Canada.	
	Faits sur le mariage en France 💾	1 Cross reference a shorter text to the stimulus text and correct factual errors – a comprehension exercise.	■ According to their level of attainment, students can be guided to provide different types of corrections, varying from the insertion of *ne… pas* to the re-writing of some sentences.
	Déjà vu	■ Recall work done in previous chapter on minimum legal age for marriage.	
	Synonymes	2 Finding synonyms of French words in stimulus text.	
	🖼 Unis pour le meilleur et pour le pire	3 Differences between wedding ceremonies and traditions in France and in Quebec as related by a French woman, and a French man who lives in Quebec.	
	Grammaire : L'infinitif	■ Rules concerning infinitive after another verb and selected prepositions.	
	Défis grammaticaux 11	Series of three grammar exercises: a finding examples of infinitive after verbs. b finding examples of infinitive after prepositions. c retranslation.	■ Students could be asked to invent five new examples of infinitives after verbs and five after prepositions. ■ 11 *L'envie de faire comme tout le monde*
20	La vie à deux… un début et une fin	■ This section gives statistical information and personal reactions to marriage and divorce.	
	Au fait ! La vie à deux…	1 The activity is two-fold: a Use of statistical information to write a paragraph agreeing/disagreeing with proverb about marriage. b Encouragement to look up statistical vocab in dictionary.	
	🖼 Les enfants du divorce 12	2 Listening exercise to equip students with opinions about divorce.	■ Extension could involve expressing other opinions and feelings.
	Travail de recherche : Le mariage dans votre pays 💾	■ Prepare a presentation of marriage in the students' home country for a French school magazine.	
69–71	Lectures	■ *Amour/Amitié* Selection of poems by French teenagers and Pierre Desnos. ■ Selection of magazine articles presenting various aspects of love and life as a couple. ■ Extract from *La tête sur les épaules* by Henri Troyat.	

Class cassette transcripts

Mon meilleur ami

Page 12, Exercice 3   *(2' 00")*

Sébastien : Salut ! Bon, alors, moi, je m'appelle Sébastien et j'ai un excellent copain qui s'appelle Matthieu. Il est absolument extra. Tous les deux, on s'entend vachement bien. Je peux tout lui dire, mais alors là, absolument tout et il ne répète jamais rien à personne. Ensuite, euh fff, ben, on sort beaucoup ensemble ; on adore le sport tous les deux… alors euh… ben… on en fait beaucoup ensemble. Et… comme il est bien meilleur que moi, alors, il me donne beaucoup de conseils pour que je fasse des progrès.

Annie : Bonjour, euh… c'est Annie qui vous parle. Bon, ben… euh… moi, je vais vous parler de ma copine Véronique. Elle est absolument géniale. Dès qu'il y a quelque chose qui ne va pas, ben… je vais la voir. Elle écoute avec attention, pi… elle me donne son avis très franchement ; et pi… au besoin, nous discutons du problème et tout s'arrange. Si c'est elle qui a des problèmes, ben, elle vient me voir ; nous partageons absolument tout, surtout les crises de rigolades ; m… oui… on rigole bien ensemble !

Nicolas : Ici Nicolas. Alors moi, euh… je veux vous parler de ma meilleure amie. Elle s'appelle Annabelle ; elle est super sympa. Eh oui, c'est une fille, mais euff… ça ne veut pas dire que nous sommes amoureux l'un de l'autre ; ben, non, alors… nous éprouvons juste une très grande amitié l'un pour l'autre. Nous avons grandi ensemble alors il existe une très grande complicité entre nous. En plus, elle est toujours là quand j'ai besoin d'une opinion très sincère.

Amitié fille-garçon

Page 13, Exercice 5 et **7**   *(1' 30")*

Alexandra : Moi, je crois que c'est tout à fait possible d'être copain-copain avec les garçons. Moi, par exemple, hein, je suis dans une classe où il y a beaucoup de garçons, hein, ben je leur parle, quoi, c'est normal, non ?

Marc : Souvent quand une fille discute avec un garçon, il y a toujours des mauvaises langues pour dire que la fille est en train d'essayer de séduire le garçon, qu'elle le drague, quoi !

Isabelle : Vous direz ce que vous voudrez, mais moi, hein… et ben, je… je trouve ça très délicat de distinguer entre l'amour et l'amitié quand il s'agit des rapports entre filles et garçons. Non, c'est vachement dur, quoi ! S'ils s'entendent vraiment bien, c'est q… s'il y a une complicité entre eux, c'est qu'ils sont amoureux l'un de l'autre et que ça va plus loin que la simple amitié.

Théo : A mon avis, quand on sort en bande, hein, les filles et les garçons, c'est pareil. On est juste un groupe de copains, hein ! On rigole bien ensemble, ou… on discute de choses sérieuses, enfin on organise un tas de trucs…

Isidore : Bon, ben moi, j'ai remarqué un truc. Quand une fille essaie de plaire à un garçon, ben, ben elle n'a pas son comportement normal, euh, elle semble beaucoup plus timide que… que d'habitude.

Emilie : Moi, je trouve que les garçons sont de meilleurs copains que les filles, particulièrement, ils sont bien moins mesquins : ils te donnent les résultats des problèmes de maths, ils te disent où trouver la traduction du texte d'anglais, enfin, un tas de trucs comme ça !

Histoire d'un amour

Page 16, Exercice c   *(1' 10")*

Nous sommes nés dans la même clinique, mais pas le même jour : nous sommes venus au monde avec deux jours de différence. On nous a mis l'un dans un lit rose, l'autre dans un lit bleu.

Nous avons grandi ensemble dans le même village. Nous avons joué au football ensemble et nous avons fait ensemble les bêtises que tous les enfants font.

Nous sommes allés à la même école primaire ; et là, nous avons appris les mêmes trucs.

Nous avons quitté notre petite école primaire la même année pour aller au collège. Nous avons pris les mêmes options. Nous avons choisi des amis différents. Avec nos amis nous avons fait toutes sortes de choses différentes. Nos goûts ont évolué indépendamment.

A quatorze ans, sans nous consulter, nous avons choisi le même lycée et nous nous sommes retrouvés. Nous nous sommes plu et nous avons recommencé à sortir ensemble, mais plus pour jouer au football ! «Sortir ensemble, pour nous, ça veut dire…»

Débat : Mariage ou union libre ?

Page 17, Exercice 2   *(3' 10")*

Professeur : Alors, alors aujourd'hui, nous allons parler des avantages et des inconvénients du mariage et de l'union libre. Qui commence ?

Garçon 1 : A mon avis, aujourd'hui les gens acceptent plus facilement que les couples vivent ensemble sans se marier.

Fille 1 : Oui, je suis d'accord avec toi, mais eum ce que tu dis n'est ni un avantage ni un inconvénient ! C'est une réalité. Personnellement, je… pense que se marier, c'est le but de la plupart des filles, mais il faut bien se rendre compte d'un truc : quand on se marie, c'est… c'est pour la vie… alors, ben… il faut être sûr de son partenaire, et le meilleur moyen d'être sûr de son partenaire, c'est forcément de vivre ensemble pour apprendre à se connaître avant de se marier, quoi !

Garçon 2 : Ce que… ce que tu proposes en fait, c'est un mariage à l'essai. A mon avis, ça, ça n'a qu'une valeur limitée : ça n'assure pas du tout la… la stabilité du couple plus tard et en plus, euh combien de… de euh… combien de partenaires faut-il avoir avant de… de trouver le bon ? Non ! A mon avis, il y a quand même de gros risques. En fin de compte, je crois qu'un couple qui vit en concubinage peut être tout aussi stable qu'un couple marié.

Fille 2 : C'est aussi mon avis. Moi, euh… je pense que la stabilité d'un couple – marié ou pas – dépend beaucoup plus des individus que d'un certificat de mariage. Bon ! On pourrait peut-être porter la discussion sur un autre terrain ? Les avantages qu'il y a à se marier – ou à vivre maritalement – sont certainement aussi d'une nature beaucoup plus matérielle.

Professeur : D'accord ! Mais avant de passer aux questions matérielles, y a-t-il autre chose d'ordre général ?

Fille 3 : Oui… Il y a une chose qui, je crois, m'influencerait beaucoup : euh… ce sont les… les sentiments de mes parents. Je sais que ma mère serait très très déçue si je vivais avec un mec sans qu'on soit marié. Et comme mes parents m'ont toujours fait confiance, je ne crois pas que je pourrais faire ça.

Garçon 3 : Il faut aussi considérer les enfants. Les enfants dont les parents sont mariés connaissent, je crois, une plus grande stabilité familiale.

Fille 4 : D'après ce que j'ai lu, en fait, le plus grand avantage du mariage, paradoxalement, c'est le divorce ! Je m'explique : si un couple marié veut divorcer, la loi protège les deux partenaires ; par contre, si un couple non marié veut se séparer, la loi ne prévoit pas ça et apparemment, c'est très compliqué.

Professeur : C'était vrai jusqu'à très récemment, mais les choses ont changé il y a très peu de temps. Quelques considérations matérielles, alors ?

Garçon 4 : Tous les avantages sociaux donnés aux couples - la sécurité sociale, les allocations familiales, etc., s'appliquent aussi bien aux couples mariés qu'aux couples non mariés, alors, euh... mariage ou concubinage, ça ne fait pas grande différence.

Fille 2 : Oui, mais pense aux impôts. J'ai entendu dire qu' au point de vue impôts, un couple non marié a beaucoup d'avantages, particulièrement s'il a un ou deux enfants.

Garçon 1 : Oui, moi aussi j'ai entendu dire ça.

Professeur : L'article que je vous ai photocopié *L'union libre et la loi* vous donnera un peu plus de renseignements.

Unis pour le meilleur et pour le pire

Page 19, Exercice 3 (4' 00")

Michèle : En France, il faut se marier civilement pour être marié ; si on veut un mariage religieux, il faut deux mariages, un mariage civil et un mariage religieux.

Daniel : C'est OK. Chez nous, c'est euh, jusqu'à y a une vingtaine d'années, la plupart des mariages se faisaient à l'église et euh les... l'église catholique avait euh... tenait un registre officiel et euh un mariage religieux était donc automatiquement euh re.. reconnu par la loi.

Michèle : Hm hm.

Daniel : Et puis, depuis une vingtaine d'années, on peut se marier devant un juge, un juge de paix, donc, ou des officiers, je sais pas trop, j'avoue par là peut-être que mon premier mariage a été fait par un prêtre catholique euh, mais actuellement, on peut se marier des deux façons. Si on veut un mariage religieux, on n'a pas du tout à passer devant les officiers civils. Seulement passer devant les officiers religieux, ça va.

Michèle : Ça suffit, d'accord ! Et les traditions du mariage ? En France, un mariage commence, disons à neuf heures le matin à la mairie et se finit le lendemain matin à deux ou trois heures du matin. C'est-à-dire qu'il y a le repas de noces ; avant le repas de noces, ya même un vin d'honneur, le repas de noces dure cinq heures, six heures ; on mange, on chante, on fait des jeux ; après ça, ya un bal. Après ça, les mariés s'échappent et les... les invités essaient de les retrouver pour leur porter la soupe à l'oignon...

Daniel : Ah, oui ! (*rire*)

Michèle : Et puis y a le retour de noces le lendemain où souvent y a encore un repas, et après, les mariés peuvent partir en voyage de noce.

Daniel : Ah bon, ah bon. Euh... Les mariages où je suis allé quand j'étais jeune, là qui... quand j'avais dix, douze ans... euh... pouvaient ressembler à ça un peu. Euh... Ça commençait... ça devait commencer hum assez tôt le matin, par une messe, par une cérémonie religieuse, ensuite, c'était euh... c'était la fête, i'avait le repas de noce, pi ensuite, y avait ce que vous appelez le bal, je sais pas comment on pourrait l'appeler chez nous, peut-être la danse ou les chansons... Mais les mariés s'échappaient en plein milieu et on n'essayait pas de les rattraper (*rire*)... On continuait la partie... On laissait faire les mariés... on courrait pas après non plus. (*rires*). Mais i-z-allaient se changer, hein parce qu' ils étaient en costume de noce, en

robe de mariée pi, ensuite, i ré-apparaissaient là vers euh je sais pas, moi ... huit, neuf heures du soir habillés en voyageurs, pi ils s'en allaient pi naturellement on attachait derrière leur auto là... des...

Michèle : Vous faites ça comme en Angleterre, alors, avec des gamelles et des...

Daniel : Ah oui...

Michèle : ...des choses derrière...

Daniel : Des cans de conserves qu'on appelle...

Michèle : Vous appelez ça des cans ?

Daniel : Oui. Des cans de conserves, avec des conserves, des... des cordes, pi on bourrait toute l'auto aussi...

Les enfants du divorce

Page 20, Exercice 2 et 🔢 (3' 00")

Présentateur : Cette année, en France, il y a eu 100 000 divorces. La présence d'enfants dans un couple ne semble pas influencer la décision de divorcer et, plus de huit fois sur dix, ces enfants sont confiés à la mère. Que ce soit le père ou la mère qui ait la garde de l'enfant, la famille risque d'avoir bien des problèmes à résoudre. Que vous soyez parent ou enfant, si vous faites partie d'une famille que le divorce a séparée, nous attendons vos témoignages.

Nous avons Armelle en ligne. Bonsoir Armelle, vous avez seize ans, je crois.

Armelle : Oui, c'est ça.

Présentateur : Et vous avez vécu le divorce de vos parents ?

Armelle : Oui, il y a trois ans. Et avant le divorce, ça a été assez traumatique parce que mes parents se disputaient tout le temps. Depuis qu'ils vivent séparément, ça va beaucoup mieux, les choses sont beaucoup plus calmes.

Présentateur : Donc, pour vous, le divorce a en fait arrangé les choses.

Armelle : Oui, je crois qu'il a apporté le calme dans la vie de tous.

Présentateur : Merci de votre témoignage, Armelle. Nous avons un autre jeune en ligne, je crois. Merci de nous appeler nombreux, vous les jeunes. Votre opinion est importante. C'est Natacha, n'est-ce pas ?

Natacha : Oui. Bonsoir. Moi aussi mes parents sont divorcés. Mais moi, je ne vis pas chez ma mère mais chez mon père. Je vais voir ma mère tous les mercredis : elle n'habite pas très loin de chez nous. C'est moi qui ai demandé au juge de vivre chez mon père parce que je me suis toujours très bien entendu avec lui. Mes copains et mes copines sont étonnés, mais je trouve qu'un père a autant de responsabilités qu'une mère quand il s'agit d'élever ses enfants. Les juges devraient nous écouter plus, nous les jeunes. Après tout, il n'y a pas que les parents qui sont concernés dans l'affaire !

Présentateur : Merci Natacha, votre témoignage sera un message d'espoir pour beaucoup de pères qui nous écoutent et qui ont perdu la garde de leurs enfants. Un dernier témoignage avant de nous quitter. Cette fois, je crois que nous avons un jeune garçon.

Christian : Oui, c'est ça, je m'appelle Christian. Moi, je crois que j'ai de la chance, mes parents sont toujours ensemble et ils s'entendent bien, mais je voudrais dire un truc.

Présentateur : Je vous en prie.

Christian : Ben, c'est mon meilleur copain, Pierre. Ses parents viennent juste de divorcer. Leur divorce a été vachement dur pour Pierre ; ça a été une véritable déchirure pour lui. Il voudrait encore avoir le bonheur de voir ses parents ensemble. Pour compenser l'amour dont il a besoin, ses parents lui font tout un tas de cadeaux ; mais il ne veut pas de leurs cadeaux. Il veut leur amour, à tous les deux, ensemble et pas séparément.

Présentateur : Merci pour ce témoignage émouvant, Christian. Avant vos prochains appels, écoutons un peu de musique.

Answers

Qui a écrit ça ?

Page 12, Exercice 1

a	Marie-Ange	f	Marie-Ange
b	Florence	g	Antoine
c	Antoine	h	Marie-Ange
d	Florence	i	Florence
e	Florence	j	Florence

Mariez-les

Page 12, Exercice 2

assez ronde = un peu grosse

fluette = très mince

des fringues = des vêtements

ça nous plaît = nous aimons

habillées pareil = portant les mêmes vêtements

ça fait de l'effet = ça se remarque

discuter = parler

embêté = ennuyé

gâcher = ne pas profiter de

Mon meilleur ami

Page 12, Exercice 3

Sébastien :	il adore le cinéma
Annie :	elle est généreuse
Nicolas :	Annabelle le fait rire

Amitié fille-garçon

Page 13, Exercice 5 et 7

1	Alexandra	4	Théo
2	Marc	5	Isidore
3	Isabelle	6	Emilie

Qui ou que ?

Page 13, Exercice 6

a Cette vedette de cinéma est quelqu'un **que** j'aime beaucoup.

b Ce chanteur pop est quelqu'un **que** je déteste.

c Ce chanteur est quelqu'un **qui** chante mal.

d Alexandre Dumas est quelqu'un **qu'**il admire.

e Alexandre Dumas est quelqu'un **qui** écrit des romans sans fin.

Courrier du cœur

Page 14, Exercice 1

IL EST LAID ET JE L'AIME = lettre **h**

JE N'OSE PAS LUI PARLER = lettre **a**

COMMENT L'EMBRASSER ? = lettre **e**

JE VIS UN AMOUR TRAGIQUE = lettre **c**

EST-IL EXACT QUE QUE LES GARÇONS N'AIMENT PAS LES FILLES QUI PRENNENT L'INITIATIVE ? = lettre **d**

IL DIT QUE JE NE SUIS PAS ASSEZ CONSTANTE = lettre **g**

COMMENT CACHER MON EMBARRAS ? = lettre **f**

JE VOUDRAIS QUE LES FILLES ME LAISSENT TRANQUILLE = lettre **b**

Mots imbriqués

Page 14, Exercice 2 et 8

a	embrasser	j	lutter
b	baiser	k	vierge
c	plais	l	attirée
d	amoureuse	m	envie
e	mignonne	n	gamin
f	aborder	o	vanter
g	dégradent	p	parié
h	vieux jeu	q	mec
i	pas	r	flirt

Mot de 12 lettres : IRRÉSISTIBLE

Histoire d'un amour

Page 16, Exercice c

Le mauvais dessin est le dessin 4, qui montre deux amoureux. Mais c'est au lycée qu'ils tombent amoureux !

Agenda de la semaine dernière

Page 16 et 10

Lundi	Je suis allé(e) chez Marie et Paul.
	J'ai mangé au resto avec eux.
Mardi	Je suis resté(e) à la maison.
	J'ai écrit toutes mes lettres en retard.
Mercredi	Je suis sorti(e) avec Marie et Paul.
	J'ai dansé toute la nuit en boîte.
Jeudi	J'ai fait mes valises.
	J'ai quitté la maison.
	Je suis arrivé(e) à la campagne.
Vendredi	J'ai passé le weekend à la campagne.

Mariage ou concubinage ?

Page 17, Exercice 1

Couple marié	Couple non marié
se marier	cohabiter
passer devant monsieur le maire	vivre maritalement
convoler en juste noce	vivre ensemble
le mariage	l'union libre
l'épouse	la concubine - la compagne
l'époux	le concubin - le compagnon
la femme	la bonne amie
le mari	le bon ami
divorcer	se séparer

Faits sur le mariage en France

Page 19, Exercice 1

En France, un homme et une femme qui veulent se marier <u>ne peuvent pas choisir</u> la cérémonie qu'ils veulent : civile ou religieuse. S'ils veulent leur union bénie par un prêtre, ils se marient à l'église.

<u>Il y a deux formalités</u> à remplir avant le mariage : publier les bans et <u>passer une visite médicale</u>. Pendant la cérémonie du mariage, le marié et la mariée <u>disent juste oui ou non</u>. A la fin de la cérémonie à la mairie, les mariés reçoivent seulement un livret de mariage. Le livret de mariage est un document <u>très important</u>. Au vin d'honneur, les invités offrent leurs <u>vœux de bonheur</u> aux mariés. La soupe à l'oignon est un plat traditionnel <u>porté aux mariés</u> pendant <u>la nuit</u> de noce. <u>Le lendemain</u>, les mariés se changent et partent en voyage de noce.

Déjà vu

Page 19

- Pour une femme avec le consentement des parents – 15 ans
- Pour une femme sans le consentement des parents – 18 ans
- Pour un homme avec ou sans le consentement des parents – 18 ans

Synonymes

Page 19, Exercice 2

a le conjoint, l'époux
b la conjointe, l'épouse
c ils résident
d avoir lieu, se passer
e prénuptial

f le papier doit être remis
g apposent leurs signatures
h le mariage religieux
i la cérémonie civile
j partir en voyage de noce.

Unis pour le meilleur et pour le pire

Page 19, Exercice 3

France	Québec
En France, quand on veut se marier à l'église, on doit se marier deux fois.	Au Québec, si on veut un mariage religieux, on doit seulement passer devant les officiers religieux, et pas devant les officiers civils.
En France un mariage commence le matin et continue jusqu'au lendemain matin. La cérémonie est suivie d'un vin d'honneur, d'une fête et d'un bal.	Au Québec un mariage commence le matin et est suivi d'une fête ou d'un bal.
Les mariés s'échappent.	Les mariés s'échappent et réapparaissent habillés en voyageurs.
Les invités essaient de trouver les mariés pour leur porter la soupe à l'oignon.	Les invités attachent des cans de conserves, des cordes etc. derrière l'auto des mariés.

Défis grammaticaux

Page 19

a 1 doit être remis 2 va avoir lieu 3 on peut se marier
4 viennent prendre 5 peut durer
b 1 obligé de passer 2 acceptez-vous de prendre 3 essaient de partir
c Un couple français qui veut se marier doit faire plusieurs choses.
Avant le mariage, l'homme et la femme doivent faire publier les bans et passer une visite médicale.

Les enfants du divorce

Page 20, Exercice 2 et 12

Affirmations	Armelle	Natacha	Christian
a des parents divorcés	√	√	√
vit avec son père		√	
vit avec sa mère			
a beaucoup souffert de la séparation de ses parents			√
pense que rien ne peut remplacer l'amour de ses parents			√
pense que le divorce a rendu la vie de tous les membres de la famille plus facile	√		
pense que la justice devrait tenir compte de l'opinion des enfants		√	

3 Une école pour la réussite ?

Page	Reference	Activities	Possible extension
21	Pour commencer	■ Teacher asks questions on the various aspects of page 21. Ideas given here are only examples and may be reduced or extended.	
	Uné école pour la réussite ?	■ Brainstorm types of schools in France students might know, e.g. *collège*.	■ Ask students to say as much as they can about the types of schools they know. ■ *Travail au dictionnaire* : encourage students to look up words which relate to *réussite*.
	Photos + graffiti	■ Encourage students to brainstorm the themes these evoke. ■ Make students speculate on the French attitude to education. ■ Ask students to name the most important French examination. Discuss what is happening in the picture of students reading *bac* results outside the centre. Compare with the way students in your country receive their examination results.	■ Students could start a dossier *L'éducation en France : faits et impressions* where they could note what interests them.
22–23	L'organisation de l'enseignement en France	■ The aim of this section is to familiarise students with the French educational system. Particular attention is drawn to *Les grandes écoles*. Differentiate *Les grandes écoles* and *la grande école* (primary school).	
	Les structures de l'enseignement en France	1 Gapped exercise to show comprehension of the information given on French education system.	
	🖂 Quelles études ont-ils suivies ?	2 Write in note form the route followed by two students – example provided. **Bonne idée** = How to take notes.	■ Students could rewrite notes into full sentences.
	🖂 Prononcez : tout un tas de…	3 Pronunciation practice.	
	Travail de préparation	4 Write notes on students' own school experiences.	
	Travail oral	5 To practise speaking from notes. Choice of format: speaking publicly or on cassette – the fact that students need privacy to practise is important.	■ Differentiation by outcome.
24–25	Du collège au lycée	■ This section provides language to help the student express her/his feelings on her/his school and learning opportunities.	
	Qui pense quoi ?	1 Vocab and structure building exercise.	
	Retrouvez les mots	2 Vocab and structure building exercise.	■ Students could be encouraged to *suivre la piste de ces mots…* in a dictionary.
	Des adjectifs aux noms et…	3 Find equivalents between names and adjectives – useful exam practice.	
	Déjà vu	■ Recalls work done in a previous chapter on gender.	
	Que permet la classe dans laquelle vous êtes ? 🖳	4 Written exercise for support. ■ Whole class oral exercise. **Pour communiquer**: to express possibility and contrast events.	■ Teacher can monitor collection of ideas and thus the level of accuracy, spoken and written.
	Déjà vu	■ Recalls previous work on expressing agreement/disagreement.	
	Personnellement 13	5 Writing activity: student expresses own ideas/feelings. ■ **Bonne idée** = How to write a paragraph + 13	■ Some students might want to write several paragraphs.
26–27	Orientation	■ This section aims to equip students for expressing themselves about what influences choice of options and careers.	
	Définitions	1 Dictionary skills: using the context to work out which dictionary definition should be retained.	■ More work on abbreviations.
	Jeu de mots 14	2 Vocab building exercise – use definitions to find words in texts to fill in a grid 14.	
	Quel métier choisir si…	3 Comprehension exercise - matching beginnings and ends of sentences to make sense according to text. Receptive introduction to imperative.	■ Could be adapted to friends to speaking to each other, using *tu* form.

Page	Reference	Activities	Possible extension
	Grammaire : L'impératif	■ Grammar explanation.	■ Students could be made to think of other situations when imperative could be used ; they could then design a storyboard for their own photo-story, writing out the speech bubbles.
	Préparez un guide des carrières 💾	4 Exercise on imperative, using a list of criteria to select a job/career.	■ Differentiation by outcome: teacher to encourage students to work according to their level of attainment.
	Sketch : «Chez le conseiller d'orientation»	5 Role play exercise making students recap on whole page.	■ Differentiation by outcome: teacher to encourage students to work according to their level of attainment.
28–29	Prêts à tout pour réussir ?	■ Section which highlights the importance of education in French society. Topic area dealt with: looking to the future.	
	Mettez-les en ordre !	1 Comprehension exercise: inference and re-organisation: placing sentences which summarise chunks of the text in text order.	■ Students could be made to a summarise the text in their own words. b give the gist of the text in one sentence.
	Suivez la piste ! 💾	2 Vocab building exercise.	■ Students could use these phrases in sentences.
	🔊 En direct du studio	3 Understanding young people speaking about the link between studying and work. Collecting ideas on this topic.	■ Students could volunteer more ideas on this topic.
	🔊 La leçon buissonière	4 Song by Jean Ferrat.	
	Grammaire : Le futur 15	■ Grammar explanation. ■ Grammar exercises : observation, spoken and written (see 15).	■ 15 The last part of this exercise could become a letter from either character to tell a friend what will happen
	Grammaire : Les adjectifs	■ Grammar explanation.	
	🔊 Prononcez : Je ne suis ni... ni...	■ Pronunciation exercise.	
	Défis grammaticaux 💾	■ Grammar exercise c can develop both IT skills and imagination.	■ L'école de 2100 - L'éducation en l'an 2100 : these two essay titles can give opportunities to re-express a lot of the material met in the chapter so far, giving further practice of the future and adjectives.
30	CV : les conseils des recruteurs	■ This section recaps on the main points of the chapter and presents education systems in some of the French speaking countries.	
	Plan professionnel	■ A reading and writing task with a vocational slant: understanding the advice given on how to write a CV and writing one.	■ Students could be asked to justify the way they wrote their CV according to the advice given in text.
	🔊 L'éducation dans les pays francophones	1 One person from Côte d'Ivoire and one person from Zaïre speak about the education systems in their respective countries.	
	Travail de recherche	■ Students to research the education systems of Francophone countries for a display for younger pupils in their schools.	
	🔊 Soirée parents d'élèves	2 Comprehension for gist and inference; preparation for Simulation.	■ Soirée parents d'élèves : This is very stereotyped; this fact should be discussed and different scenarios could be worked out.
	Simulation 16	3 Students to take the roles of various members of a family and work out and act their parts.	
	Le jeu des écoles 17	4 A revision/testing activity for which a die is needed: oral game: possible creative activity.	
72–74	Lectures	■ Le bac : selection of texts on the bac. Two of these reflect the fact that Ministres de l'Education Nationale do not always impose reforms easily. The fact is that many of them were forced by public opinion to abandon their reform and their post. ■ L'école dans les pays de langue française : selection of literary texts written by authors from the French speaking world. ■ Ecoles diverses et variées : selection of texts on schools and education.	

Class cassette transcripts

Quelles études ont-ils suivies ?

Page 22, Exercice 2   *(5′ 10″)*

1 Au point : Pardon Mademoiselle, je peux vous poser quelques petites questions sur votre scolarité ? C'est pour une enquête.

Armelle : Si vous voulez...

Au point : D'abord, quel est votre prénom, s'il vous plaît ?

Armelle : Armelle.

Au point : Et vous avez quel âge, Armelle ?

Armelle : Ben, 17 ans.

Au point : Et à quel âge êtes-vous allée à l'école pour la première fois ?

Armelle : A deux ans et demi, je crois. Mes parents m'ont mise à l'école maternelle.

Au point : Et à quel âge êtes-vous entrée à l'école primaire ?

Armelle : A six ans et demi.

Au point : L'école primaire, ça vous a plu ?

Armelle : Oui, j'avais beaucoup de copains et de copines et à la récré, on s'amusait bien. On jouait à tout un tas de trucs.

Au point : Tout s'est donc bien passé ?

Armelle : Oui, et je suis entrée en sixième à onze ans.

Au point : Et où êtes-vous allée en sixième ?

Armelle : Au collège Paul Valéry, à cinq minutes de chez moi. Mais j'ai trouvé ça dur, hein... : j'ai même été obligée de redoubler ma sixième...

Au point : De redoubler ? C'est-à-dire de refaire la même classe une deuxième fois ?

Armelle : Hein ? Ah euh... oui, c'est ça, j'ai fait ma classe de sixième deux fois. La deuxième fois, je me suis vachement bien défendue.

Au point : Et depuis, ça marche bien.

Armelle : Oui, ça marche même rudement bien. Là, je viens d'entrer en seconde au lycée Jules Ferry.

Au point : Et vous avez déjà décidé quelle filière vous allez suivre ?

Armelle : Ben... je suis assez bonne en langues et en français, alors, même s'ils disent qu'il y a plus de débouchés dans la filière scientifique, si je peux, je vais faire une première A, comme ça je pourrai passer le bac L.

Au point : Et plus tard, qu'est-ce que vous voulez faire ?

Armelle : Ben euh.... c'est diff... euh... Je ne sais pas encore.

Au point : Merci, mademoiselle.

2 Au point : Excusez-moi, je fais une enquête sur les écoles en France. Est-ce que je peux vous poser quelques questions, s'il vous plaît ?

Thierry : Je vous en prie...

Au point : Puis-je me permettre d'abord de vous demander votre prénom ?

Thierry : Certainement : Thierry.

Au point : Et d'où êtes-vous ?

Thierry : Je suis de Trinité, en Martinique.

Au point : D'accord. Alors, à quel âge avez-vous commencé l'école ?

Thierry : Mes parents m'ont mis à l'école quand j'avais trois ans - trois ans et demi. Il paraît que je n'ai pas tellement apprécié et que j'ai beaucoup pleuré.

Au point : Ah ?

Thierry : Oui, mais après, tout s'est arrangé. J'ai toujours beaucoup aimé mes études. Euh... Je les ai d'ailleurs suivies avec succès.

Au point : Je vois, donc école primaire de 6 ans à onze ans...

Thierry : Non ! J'ai toujours été en avance : je suis entré à l'école primaire à 5 ans, et à l'âge de 10 ans, je suis entré en sixième. La sixième reste la classe où j'ai découvert l'anglais... Une expérience mémorable ; et maintenant, à 17 ans je viens d'entrer en hypokhâgne à Lakanal.

Au point : En hypokhâgne ? A Lakanal ? Qu'est-ce que c'est que tout ça ?

Thierry : L'hypokhâgne, c'est la première année de préparation à une grande école. Moi j'ai choisi de préparer La Rue d'Ulm... C'est une grande école qui me destinera à devenir prof. Et Lakanal, c'est le lycée de Paris où je fais mon hypokhâgne !

Au point : Et combien d'années de préparation y a-t-il ?

Thierry : Eh bien, si on réussit du premier coup, deux : l'hypokhâgne et la khâgne. Et j'espère bien réussir du premier coup, autrement, il me faudra faire deux khâgnes. Je connais des gens qui ont fait trois khâgnes... Je ne crois pas que je pourrais faire ça !

Au point : Merci beaucoup et... bon courage !

Thierry : Merci !

3 Au point : Bonjour, excusez-moi, je fais une enquête sur les écoles en France pour une enquête. Pourriez-vous me parler de votre scolarité ?

Fatoumata : Ben oui, si vous voulez.

Au point : Alors, d'abord, votre prénom, s'il vous plaît ?

Fatoumata : Fatoumata.

Au point : Merci, et la région d'où vous venez ?

Fatoumata : Moi ? J'habite dans le centre de Nantes.

Au point : OK, Fatoumata, à quel âge avez-vous commencé l'école ?

Fatoumata : Ben, moi, euh... à six ans... quand je suis allée à la grande école, comme on dit, c'est-à-dire à l'école primaire à six ans.

Au point : Oui, et à onze ans, vous avez changé d'école ?

Fatoumata : Ben oui, quoi ! Je suis entrée en sixième comme tout le monde... alors, je suis allée au Collège Aristide Briand.

Au point : Et ça s'est bien passé le collège ?

Fatoumata : Oui, c'était très chouette, l'ambiance était super sympa... Mais malheureusement j'ai dû redoubler ma troisième.

Au point : Attendez... Vous avez redoublé...

Fatoumata : Oui, ma troisième, et à mon avis, ce n'était pas juste... C'était seulement parce que le prof de français ne pouvait pas me sentir. Elle était vache, ce prof... je ne pouvais pas la sentir non plus !

Au point : Je vois. Et ça vous a été profitable, de refaire cette troisième ?

Fatoumata : Bof ! J'en suis pas tellement sûre... Tous mes copains et toutes mes copines étaient en seconde... Le reste de ma classe me semblait vraiment bébé... Et puis je dirais que refaire la même chose deux ans de suite, ce n'est pas tellement motivant !

Au point : Vous êtes allée au lycée...

Fatoumata : Oui, et je me suis bien intégrée. Il y a un petit hic, c'est un peu plus loin de chez moi que le collège, mais ce que je fais me plaît vraiment. Je crois que c'est une très bonne préparation pour plus tard.

Au point : Ah ? Et où en êtes-vous, maintenant ?

Fatoumata : Ben je suis en première C. C'est une première scientifique et l'an prochain, si tout va bien, je pense entrer en terminale S. Le bac scientifique donne vraiment plus de débouchés.

En direct du studio

Page 29, Exercice 3   (3' 10")

Au point : Dans notre studio, ce soir, nous avons quelques jeunes qui ont accepté de répondre à notre question du jour : avoir une bonne éducation, est-ce que ça assure un meilleur avenir ? D'abord, Régine.

Régine : Ben euh l'éducation, c'est… ben… c'est… c'est plutôt apprendre à avoir un métier plus tard.

Au point : Vous apprenez un métier ?

Régine : Pas exactement, non, mais je suis dans un LEP…

Au point : Un lycée d'enseignement professionnel ?

Régine : Oui, c'est ça. Donc je suis dans un LEP et je fais des études assez pointues qui me permettront, j'espère, de devenir technicienne.

Au point : Donc, une éducation bien menée permet de trouver du travail ?

Régine : Non, pas obligé… peut-être pas… parce que vu le chômage… Mais quand même après avoir eu une éducation bien adaptée, on doit pouvoir avoir un meilleur travail que… qu'un autre.

Au point : Donc, avoir une éducation adaptée permet d'avoir un travail plus intéressant.

Régine : Oui, c'est ça.

Au point : Serge, à votre avis, avoir une bonne éducation, est-ce que ça assure un meilleur avenir ?

Serge : Ben, je sais pas vraiment, je suis pas tellement d'accord avec euh… Régine parce que… à l'école, on apprend des choses, pi… euh… ça vous resservira pas spécialement plus tard.

Au point : Donc à votre avis, il n'y a pas de lien direct entre l'école et le travail ?

Serge : Ben… euh… c'est-à-dire que pour travailler après, il faudra apprendre autre chose de plus spécialisé parce que, comme il n'y a pas de travail pour tout le monde, les patrons ben, ils seront obligés de sélectionner au niveau des connaissances.

Au point : Posons maintenant la question à Catherine. Avoir une bonne éducation, est-ce que ça assure un meilleur avenir ?

Catherine : Moi, je crois que ça dépend vraiment de la filière qu'on choisit : si on est assez doué ou si on réussit bien, on aura un assez grand choix au point de vue filières et je pense que certaines filières, comme les sciences et la technologie m'offriront plus de débouchés que, par exemple, la philosophie. Donc, bien travailler à l'école aide à s'assurer un vrai choix.

Au point : Est-ce que cela veut dire que vous trouverez plus facilement un métier ?

Catherine : Est-ce que je trouverai plus facilement un métier ? C'est une question intéressante… Mmm. Il y a beaucoup de chômage et il augmente… donc, ce n'est pas dit…

Au point : Alors, vous êtes assez pessimiste ?

Catherine : Non, pas vraiment, en fait, je ne suis ni pessimiste ni optimiste, mais tout simplement réaliste : il faudra se

battre.

Au point : Merci, Catherine et merci à tous. Notre émission va bientôt se terminer. Vous avez entendu les réflexions des jeunes sur les liens entre l'éducation et l'avenir. Demain, nous apprendrons comment une conseillère d'orientation réagit à cette question.

Soirée parents d'élèves

Page 30, Exercice 2   (2' 30")

Homme : Bonjour, monsieur. Nous sommes les parents de Nicolas.

Prof : Bonsoir, messieurs-dames. Asseyez-vous, je vous en prie.

Femme : Nicolas peut assister à l'entretien ?

Prof : Mais je n'y vois aucun inconvénient, bien au contraire…

Homme : Le dernier bulletin scolaire de Nicolas laissait beaucoup à désirer. Je me demande si les choses se sont améliorées depuis.

Femme : Mon mari est un peu dur avec Nicolas, en fait, dans l'ensemble, les notes et les appréciations étaient plutôt bonnes, sauf en maths et en sciences où ses professeurs jugeaient qu'il pouvait faire quelques progrès.

Prof : Je vois… En effet, le bulletin de Nicolas avait des hauts et des bas, comme Nicolas, en fait… Au dernier conseil de classe qui a eu lieu la semaine dernière, ses profs sont d'accord : Nicolas ne s'investit pas toujours totalement dans son travail : il y a des fois où il a tendance à rêvasser, où il est dans la lune. Est-ce qu'il y a quelque chose qui pourrait…

Homme : Non, pas du tout… J'ai toujours dit que Nicolas devait s'appliquer beaucoup plus…

Nicolas : Papa…

Homme : Toi, tais-toi…

Nicolas : Mais papa…

Homme : Je te dis de te taire.

Femme : Excusez-les, monsieur. Il y a un fait qui a peut-être son importance : Nicolas adore l'histoire et la géographie…

Nicolas : Ça, c'est vrai… Même que je voudrais bien savoir s'il y a des carrières qui me permettront de suivre cette filière.

Femme : Donc, Nicolas travaille beaucoup pour obtenir de bons résultats dans ces matières : il lit beaucoup de manière à approfondir ses connaissances sur les programmes.

Homme : Oui, je le reconnais, mais à l'heure actuelle, l'histoire et la géographie ne permettent que très peu de débouchés. A mon avis, je crois que Nicolas ferait beaucoup mieux de s'orienter vers les sciences. Là au moins, il aurait un plus grand choix de carrière et mon frère qui travaille dans un laboratoire pharmaceutique…

Femme : C'est ce que tu dis tout le temps. En fait, tu le dis tellement souvent que je crois que ça crée un blocage pour Nicolas… S'il ne travaille pas mieux en sciences et en maths, c'est parce qu'il a peur de te décevoir…

Prof : Je vois… Ecoutez… Je crois que la solution serait peut-être de prendre rendez-vous avec le conseiller d'orientation de l'établissement. Dans un premier temps, je conseillerai à Nicolas d'aller le voir seul, de manière à essayer d'expliquer ses problèmes et ses espoirs sans

contrainte. Dans un deuxième temps, le conseiller
d'orientation vous invitera à venir discuter du bilan établi
et des filières envisagées pour Nicolas.

Homme : Ça semble une très bonne idée. J'espère qu'on fera
comprendre à Nicolas que…

Femme : Non, pas de préconceptions… Laissons Nicolas
trouver sa voie.

Homme : Si tu insistes.

Prof : Au revoir, monsieur-dame, au revoir, Nicolas.

Les trois : Au revoir, monsieur.

Answers

Les structures de l'enseignement en France

Page 22, Exercice 1

1 maternelle
2 élémentaire/primaire
3 collège
4 troisième
5 collège
6 lycée
7 scientifique
8 université
9 grande école

🖭Quelles études ont-ils suivies ?

Page 22, Exercice 2

Thierry
- Vient de Trinité, Martinique
- Ecole maternelle : trois ans trois ans et demi – n'aimait pas – a pleuré
- Après, succès
- Ecole primaire : cinq ans, en avance
- sixième – 10 ans – anglais, expérience mémorable
- Maintenant 17 ans – prépare une grande école pour être professeur
- A besoin de deux à quatre ans de préparation
- Ne voudrait pas faire quatre ans.

Fatoumata
- Habite centre de Nantes
- N'est pas allée à l'école maternelle
- 11 ans – collège – ambiance sympa – a redoublé sa troisième – pense que ce n'est pas juste – Le prof de français ne l'aimait pas – A eu des problèmes avec le redoublement à cause de la différence d'âge avec ses camarades de classe – a trouvé dur de faire la même chose pendant deux ans de suite
- Maintenant au lycée – plus loin de la maison que le collège mais aime – maintenant en première C – veut entrer en «terminale S» – plus de débouchés

Qui pense quoi ?

Page 24, Exercice 1

a Isabelle
b Caroline, Blandine
c Caroline
d Salif, Omar
e Isabelle, Caroline, Omar, Blandine
f Isabelle
g Salif, Omar
h Omar

Retrouvez les mots

Page 24, Exercice 2

a c'est plus sécurisant
b ils vous lâchent complètement
c soudé
d paresseux
e suivre
f pointu
g rédaction

Des adjectifs aux noms et…

Page 24, Exercice 3

Adjectif	Nom
intéressant	intérêt (n.m.)
facile	facilité (n.f.)
libre	liberté (n.f.)
indépendant	indépendance (n.f.)
autonome	autonomie (n.f.)
sécurisant	sécurité (n.f.)
paresseux	paresse (n.f.)
difficile	difficulté (n.f.)

Un paragraphe bien écrit

Page 25 et 🔳

Introduction
Il y a des différences … dernière.

Explication
La principale est … manières variées.

Exemple
ainsi, cette année … fallait travailler.

Conclusion
Cette liberté … certains problèmes.

Définitions

Page 26, Exercice 1

Orientation : n°3 : Action d'orienter qqn dans ses études, le choix de son métier
(S') orienter : n° 4 Spécialt. : *orienter un élève*, choisir pour lui telle voie professionnelle, telles études…
Orientation = en anglais, *careers (careers advice)*

Jeu de mots

Page 26, Exercice 2 et 🔊 14

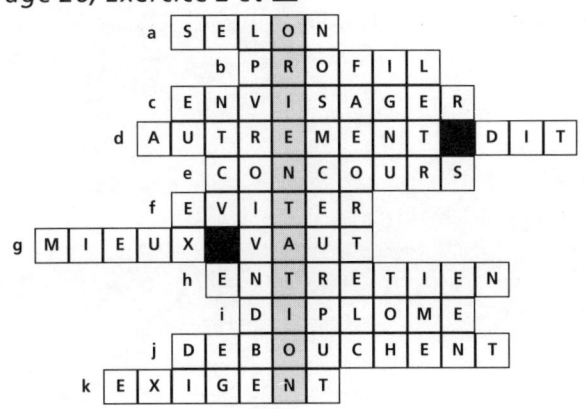

Quel métier choisir si...

Page 26, Exercice 3

1 f   2 c   3 e   4 a   5 d   6 g   7 b

Mettez-les en ordre !

Page 28, Exercice 1

1 f   2 b   3 g   4 c   5 a   6 d   7 e

🎧 En direct du studio

Page 29, Exercice 3

Régine : Oui, si l'éducation est adaptée, mais il y a le problème du chômage.

Serge : Non, ce qu'on apprend à l'école ne sert pas nécessairement plus tard - il faut rapprendre autre chose pour le travail.

Catherine : Oui, si on choisit une filière où il y a beaucoup de débouchés - mais il y a des problèmes à cause du chômage.

Défis grammaticaux

Page 29

a sera/ce sera/pourra/seras/serai/j'aurai

🎧 Soirée parents d'élèves

Page 30, Exercice 2

Histoire en bref

Nicolas et ses parents rencontrent un des profs de Nicolas pour discuter des progrès qu'il fait. Nicolas a des problèmes en sciences et en maths, mais il est excellent en histoire et géographie. Son père aimerait que Nicolas soit bon en sciences pour avoir un bon métier. Le prof décide que Nicolas va voir le conseiller d'orientation seul pour discuter ; ensuite, les parents seront peut-être invités.

Le père a des aspirations pour son fils, n'est pas forcément réaliste, est un peu dur, bloque peut-être Nicolas.

La mère est plus compréhensive, se rend mieux compte des aptitudes réelles de son fils et est prête à le laisser choisir la voie qu'il veut.

Nicolas : on ne l'entend pas beaucoup ; il est dominé par son père. A des hauts et des bas, est bon en histoire et géo mais faible en sciences et en maths ; est parfois dans la lune en classe.

Le prof : semble assez compréhensif ; essaie de comprendre ce qui se passe et de soutenir Nicolas.

Contrôle 1 answers

Vocabulaire

1 Traductions

Version

a spoilt   e I like it
b to manage   f focused
c unbearable   g to enjoy life
d it's better to h limited

Thème

a obligatoire
b un copain/une copine
c embrasser
d un entretien
e dur à la tâche
f un mari/un époux/un conjoint
g paresseux
h un concours
i la réussite scolaire
j ça veut dire, ça signifie
k un témoin
l la volonté

2 Complétez

a majeur
b militaire
c concubinage
d médicale
e filière

3 Synonymes

a selon
b se dégrader
c se séparer
d être obligé de
e pas nécessairement
f un débouché

Grammaire

1 Question de genre

a f.   e f.
b m.   f f.
c f.   g m.
d m.   h m.

NB -at (m.), -ège (m.), -ence (f.), -ent (m.), -ière (f.), -ion (f.), -ise (f.), -ite (m.), -ot (m.) et -ure (f.).

2 Conjugaisons

Inf. ; présent ; PC ; futur ; impératif

a aimer ; tu aimes ; tu as aimé ; tu aimeras ; aime

b aller ; ils vont ; ils sont allés ; ils iront ;
   (*no* ils *form with imperative*)

c avoir ; tu as ; tu as eu ; tu auras ; aie

d apprendre ; vous apprenez ; vous avez appris ; vous
   apprendrez ; apprenez

e croire ; il croit ; il a cru ; il croira ;
   (*no* il *form with imperative*)

f dire ; tu dis ; tu as dit ; tu diras ; dis

g faire ; nous faisons ; nous avons fait ; nous ferons ; faisons

h finir ; elles finissent ; elles ont fini ; elles finiront ;
   (*no* elles *form with imperative*)

i descendre ; elle descend ; elle est descendue ; elle
   descendra ; (*no* elle *form with imperative*)

j vivre ; nous vivons ; nous avons vécu ; nous vivrons ;
   vivons

3 Forme correcte

a Ariane a *passé* le bac très jeune et ensuite elle est *entrée* à
   la fac. Ça veut *dire* qu'elle a *réussi* sans *avoir* à *travailler*
   trop dur.

b Aimer, ça signifie *laisser* à son partenaire le temps de vous
   donner un baiser.

4 Qui, que ou qu' ?

L'amour est un sentiment *que* les jeunes *qui* veulent réussir à
l'école ignorent un peu. Le but *qu'*ils se donnent est de passer
les examens *qui* leur ouvriront bien des portes, c'est tout au
moins l'idée *qu'*ils s'en font.

Pour communiquer

1 Que diriez-vous ?

a Voir page 3.

b Voir page 4.

c Voir page 6.

d Voir page 13.

e Voir page 17.

2 Interprétation

Voir **5**.

3 Prenez position

Voir pages 3, 13, 17, 25.

Idées

1 Des faits

a Voir pages 8 et 9.

b Voir pages 8, 17, 18, 19 et 20.

c Voir pages 22 et 23.

2 En combien de questions ?

a Voir Chapitre 1 (pages 1 à 10).

b Voir Chapitre 2 (pages 11 à 20).

c Voir Chapitre 3 (pages 21 à 30).

2 Pendant une minute

a Voir Chapitre 1 (pages 1 à 10).

b Voir Chapitre 2 (pages 11 à 20).

c Voir Chapitre 3 (pages 21 à 30).

Chapter overview

Page	Reference	Activities	Possible extension
33	Pour commencer	■ Teacher asks questions on various aspects of the first page.	
	En pleine forme	■ Consider the best possible translation of the title.	■ Practise and note pronunciation change *plein - pleine* and find other examples. N.B *Je suis pleine* = I am pregnant (colloq.)
	Photos, cartoon and slogan	■ *Expliquez ce que c'est qu'une formule E111. (Réponse page 76.) Comment interprétez-vous l'image du poulet ?* (Introduction to vocabulary *végétarien*). Slogan : *Pour la santé...* introduce *x vaut mieux que y*.	■ *Pourquoi pas commencer par un peu d'exercice : Epaules et jambes ?* Check knowledge of vocabulary of sporting activities.
34	Mini-test : Le point sur votre forme	■ The aim of this section is to look at students' fitness – or otherwise.	
	Etes-vous en forme ?	1 Could be set as a homework task.	■ Further questions could also be designed to take account of local circumstances.
	Travail oral à deux	2 This should develop into a conversation once the response *oui* or *non* has been given.	■ Pair work could take on a more formal context using relevant questions from the mini-test e.g. doctor to patient undergoing a health check up.
	Pour communiquer	■ Practise a range of intonation in the questions by expressing various emotions e.g. surprise, astonishment, insecurity, morbid curiosity etc.	■ Practise reflexive forms and other tenses. Example : *Vous êtes-vous bien amusé(e/s) hier soir ?*
	Un peu de pratique : ça vaut la peine !	3 Reminder of slogan on page 33. Focus on the range of forms of *valoir*.	■ Encourage improvisation with minimal support after preparation.
35	Manger bien ou bien manger ?	■ The aim of this section is to express views on eating habits.	
	▣ Que signifie «bien manger» ?	1 Listening comprehension activity. Immediate recall activity : as many phrases as possible noted under headings *Manger bien/bien manger*. Students decide where to place them.	■ Students to state their preferences and reactions to food mentioned in interview examples : *J'ai horreur du/de la/des... J'aime pas tellement...*
	Qui pense quoi ?	2 More detailed listening requiring several replays, followed by reconstitution role play and then personalised use of language.	■ The teacher should not be excluded from responding to these questions!
	▣ + 18 Quelle gourmandise !	3 Two radio adverts of a festive flavour. The similarity of the language in each provides a useful focus for careful listening.	■ Students could make up and record an advert for some typical Christmas/festive food in their country.
	«La grande bouffe» ▣	4 Individual writing task leading to information gap activity. Vocabulary support (homework task) from ▣ 2 more radio adverts, *La dinde du Gers* and *Le chapon du Gers*.	■ Study of real French menus and cuisine (See **Lectures** page 75.)
	▣ Volet fermé	5 Song by Dick Annegarn. Identify different kinds of bread.	■ Try a word association game starting from the words *café* and *pain*.
	Point grammaire	■ Reminder of the use of *de* with expressions of quantity.	
36–37	Pour se maintenir en forme	■ This section looks at young people's preferred means of keeping fit.	
	Points essentiels	1 Note-taking, listening for gist, immediate recall.	■ Students might pick up issues of parental pressure (Jean-Luc) and of hunting (Sonia) and relate personal experience or opinions.
	Testez votre mémoire	2 Substitution exercise involving memory work, leading to use of emotive language.	
	Et vous ?	3 Consolidation pair work exercise. (Support from **Pour communiquer**)	■ Last question could provide stimulus for class compilation of list of things under heading : *Je n'aime pas quand...* (Preparation for final task in *Calmez-vous !*)
	▣ Toujours en forme	4 Listening for detail followed by conversation. **Pour communiquer** can support this activity too.	
	Calmez-vous !	5 Range of written activities based on reading.	■ Final written task could be a poem or sketch instead of paragraph.

Page	Reference	Activities	Possible extension
	Grammaire : L'adverbe **19**	■ Grammar explanation which should consolidate prior learning. **19** *Un coup de fil* provides practice in formation and use of adverbs. Dominique may be m. or f.	■ **Bonne idée** could be followed by work on adverbial construction *de manière/de façon* + adjective.
38	Grammaire : l'imparfait + **20**	■ Grammar explanation followed by **Défis grammaticaux** exercises on formation and usage (See **20** *Imparfait ou passé composé ?*)	Additional support in **Précis grammatical** pages 237-8.
39	Inspirez ! Expirez !	■ This section gives further practice of the imperfect in a personal context.	
	Dans mon jeune temps	1 Individual preparation for oral work (homework task?)	
	Travail oral	2 Group work (oral and written) which will call upon knowledge of imperfect tense. More practice in **21**.	■ Could lead to preliminary discussion on gender bias in play activities. (See Chapter 11: *Influences* for fuller treatment)
	Ah ! L'imparfait **21**	3 Role play.	
	Ça **■**	4 Starts from examples in *bande dessinée*. Leads to creation of imaginative sketches.	
40–41	La pub tue	■ This section looks at cigarette advertising.	
	Orientation	1 Identification of potentially 'difficult' vocabulary. Classification can help vocabulary learning.	■ Students provide definitions or equivalents.
	La langue de chez nous	2 Slang and colloquialisms. Other examples pooled by class.	■ Discussion of 'strength' of various *expressions vulgaires* and frequence of occurrence in French media. Creation of a 'blue page' in vocabulary books!
	Les personnages	3 Reading for factual detail.	■ Teacher could make up other examples.
	Equivalence	4 Reading for linguistic detail.	
	Suivez les pistes ! **■**	5 Vocabulary building activity.	
	□ Fumer ou ne pas fumer ? **22** + **23**	6 Listening for detail. Several times advised. Written exercise on prepositions based on listening text.	■ Students begin to compile list or database of infinitives + dependent prepositions with examples.
	Point Grammaire : L'infinitif + c'est/ c'était	■ Syntax pattern observed and practised with pairing exercise, *Réfléchir avant d'agir…*	■ Class invents slogans and displays them.
	Réfléchir avant d'agir	7 Pairing exercise to practise construction Infinitive + *c'est…*	
	□ La loi antitabac et les sports mécaniques	8 Listening activity. Recording of extract from French parliament.	■ Discussion on issue of tobacco sponsorship of sport.
	Travail de recherche	■ Practical poster design work on anti-smoking issue.	■ Use finished posters for permanent display in school or college.
	Au fait	■ Some thought-provoking statistics on smoking.	■ Students prepare similar facts and figures for their own country.
42	Les jeunes face à la santé	■ This section looks at certain health problems in greater depth.	
	Victime de la boulimie	1 Reading an emotive letter.	■ Elicit first impressions.
	Histoire d'une maladie	2 Reading comprehension, oral or written exercise.	
	De plus en plus	3 Gap filling exercise, oral or written.	■ More examples of usage identified. Other syntactical patterns identified e.g. *plus on… moins on…* and difference between *plus de* and *plus que* consolidated.
	Dossier médical	4 Written activity helping to reinforce use of imperfect and perfect.	■ Add to list of illnesses. Vocabulary building. See also page 77 for more on similar theme.
	□ La prévention du Sida	5 Important topic introduced through personal listening activity.	■ Debate initiated by instructions on *cassette personnelle*.

Class cassette transcripts

Que signifie «bien manger» ?

Page 35, Exercice 1   (4' 00")

1 Au point : Qu'est-ce que ça veut dire pour toi, bien manger ?

Xavier : C'est manger une quantité raisonnable, pas copieusement. C'est manger des choses qui donnent de l'énergie… je sais pas, moi… de la viande, des œufs, du riz, du pain, des légumes comme des choux et des épinards. Mais j'aime pas ça, moi, j'ai horreur des légumes verts. Manger bien, c'est également un bon restaurant. C'est pas le genre Macdo, c'est plutôt sortir entre amis, c'est prendre du champagne, commander des fruits de mer, enfin, des trucs de qualité.

Au point : Et quelle est ton attitude envers le végétarisme ?

Xavier : Ma copine est végétarienne. Quand on sort le soir… manger ensemble… il arrive quelquefois qu'elle ne trouve pas grand'chose à manger… qu'elle n'ait pas de choix… qu'elle est mal servie. On pourrait faire mieux pour elle et pour les autres qui ont un régime particulier, je pense.

2 Au point : Qu'est-ce que ça veut dire pour toi, bien manger ?

Eric : Ça dépend. Il y a manger en fonction du sport et bien manger, c'est faire un bon restaurant, c'est manger des choses qui font peut-être grossir… mais tant pis ! J'aime beaucoup, par exemple, les fruits de mer, les coquillages, le crabe, j'aime bien… et le homard, mais c'est plus cher.

Au point : Et quelle est ton attitude envers le végétarisme ?

Eric : J'accepte qu'il y en ait qui préfèrent ne pas manger de viande mais j'aime pas quand ils essaient de vous convertir. Je ne mange pas beaucoup de viande. Je préfère le poisson. Je pourrais facilement devenir végétarien… si je voulais.

3 Au point : Qu'est-ce que ça veut dire pour toi, bien manger ?

Delphine : Manger équilibré déjà. Le matin je mange beaucoup. Il faut avoir de l'énergie pendant toute la journée. C'est… tout ça… le midi, manger sainement et le soir manger un peu plus libre… non, un peu plus léger quand même. Il faut pas manger trop de sucre. Moi, j'aime les choses sucrées et j'en mange peut-être trop. Mais je ne grossis pas… au moins, pas pour l'instant. Heureusement, j'aime pas tellement le goût du beurre, donc je mange très peu de sauces, et j'évite les plats au beurre.

Au point : Et quelle est ton attitude envers le végétarisme ?

Delphine : Beh, je connais plusieurs personnes qui ne mangent pas de viande… qui sont végétariennes. Je ne sais pas s'ils ont raison ou pas. Ça m'est égal. Je continue à manger de la viande et je ne me sens pas coupable.

4 Au point : Qu'est-ce que ça veut dire pour toi, bien manger ?

Janine : Ça correspond à manger des pâtes, du riz, des fruits, des produits laitiers… tout ça. Et c'est aussi, pour quelques gens, manger des choses plus exotiques… des huîtres, du foie gras etc. Mais moi, je me contente de manger plus simplement. Je suis végétarienne. Je préfère ne pas manger la chair des animaux, même pas des poissons. A mon avis, nous partageons également la vie sur la Terre et je ne vois aucune raison pour qu'on tue les bêtes quand il y a déjà suffisamment de bonnes choses à manger… En effet, on gaspille déjà trop de nourriture naturelle. Beaucoup de mes copains pensent pareil. On est de plus en plus nombreux… Pour moi, le végétarisme, c'est manger bien… et sain.

Quelle gourmandise !

Page 35, Exercice 3 et 🔢18   (1' 20")

1 Le réveillon de Noël : ce sont les bougies qu'on allume, les rubans qu'on dénoue, ce sont des rires d'enfants. Noël, c'est peut-être la plus belle fête et ce jour-là on offre ce qu'il y a de meilleur - du foie gras. Du foie gras servi à la bonne température, bien frais, sans être glacé, avec un peu de pain grillé chaud, bien croustillant sur lequel le foie gras va fondre légèrement, délicieusement. Quelle gourmandise ! Mais, après tout, il n'y a qu'un Noël… Rien ne remplace le foie gras ! Et c'est tant mieux !

2 Le déjeuner de Noël, c'est l'envie d'être ensemble, en famille ou entre amis. Ce sont des enfants qui rient. Noël, c'est le moment d'offrir ce qu'il y a de meilleur - du foie gras. Du foie gras coupé soigneusement, avec un couteau trempé dans l'eau chaude ; du foie gras présenté tout simplement, tout somptueusement, tout seul, sur un plat ou dans chaque assiette et servi avec du bon pain grillé croustillant, bien chaud. Vous passerez un Noël délicieux. Rien ne remplace le foie gras ! Et c'est tant mieux !

Toujours en forme

Page 37, Exercice 4 (2' 50")

1 **Au point :** Qu'est-ce que tu fais pour te maintenir en forme ?

Laurent : Je fais du jogging, s'il fait pas trop mauvais, le matin normalement... et euh... si je me réveille à temps.

Au point : Et tu fais ça tous les jours ?

Laurent : Plus ou moins.

Au point : On dit que ça fait mal aux jambes, après un certain temps. C'est vrai, ça ?

Laurent : Pas forcément. Il n' faut pas exagérer, c'est tout.

Au point : Et tu n'as aucun autre passetemps ?

Laurent : Si, mais pas grand'chose. J'écoute la musique... je sors avec des copains... Euh... quoi encore... Je lis un peu, des magazines de sport surtout. Et parfois, mes parents m'obligent... euh... je suis bien obligé de sortir le chien.

Au point : Il ne pourrait pas t'accompagner quand tu fais du jogging ?

Laurent : Alors là... Vous ne l'avez pas vu, ce chien ! Il court à peine. C'est qu'il mange trop et son estomac – oh ! là ! là !... il traîne par terre... presque.

2 **Au point :** Tu te sens en forme ?

Robert : Bof ! Peut-être bien.

Au point : Que fais-tu alors pour te maintenir en pleine forme ?

Robert : Beh, je m'entraîne. Je fais du footing, de la musculation, des pompes, des abdominaux... un petit peu, tous les matins. En été, je fais aussi de la planche à voile, du ski nautique et un peu de volley. Comme ça on peut s'amuser sur la plage. J'aime bien les vacances au bord de l'eau.

Au point : Et le soir ?

Robert : L'été, j'ai tendance à sortir pas mal. En hiver, beaucoup moins, quand même. Je sors à la rigueur le samedi soir... chez des copains ou en boîte.

Au point : Et les spectacles ? Tu n'aimes pas le théâtre ?

Robert : Pas tellement. Le théâtre.. non. Je vais au cinéma, mais pas au théâtre... non... pas ça. Ça m'intéresse pas. Pas pour l'instant.

3 **Sophie :** Pour me tenir en forme, je... je fais du sport. Je fais aussi de la danse moderne cette année.

Au point : Mais pour être bien dans sa peau, il faut se détendre, non ?

Sophie : Ben, je crois que oui, bien sûr. La détente, c'est important. Moi, je vais au cinéma, je lis beaucoup... euh... quoi encore... je vais souvent au théâtre avec la classe du lycée. On fait beaucoup de sorties organisées comme ça. Et puis, j'aime dormir.

Au point : Quand même, tu n'as pas l'air d'une grande paresseuse !

Sophie : Non, pas du tout. C'est que je sens que j'ai vraiment besoin de dormir... beaucoup. A la fin de la semaine, je suis crevée. Le dimanche, il m'arrive de rester au lit toute la journée. Je lis au lit, je mange au lit et je regarde la télé... toujours au lit.

Au point : Tu ne sors pas ?

Sophie : Si, des fois, le soir... je sors avec les copains. On se promène en ville, on prend un verre.

Fumer ou ne pas fumer ?

Page 41, Exercice 6 et 🔲 (2' 10")

Fabrice : A mon avis ceux qui fument le font pour frimer et je ne vois pas du tout ce que ça leur apporte. Je suis d'accord pour interdire de fumer en public, pour inciter les gens à moins fumer. Je ne fume pas pour quatre raisons : la première, c'est que je veux faire du vélo. La deuxième : ça coûte cher. La troisième : je veux protéger ma santé. La quatrième : je ne sais pas ce que ça apporte et je ne veux pas tellement savoir.

Hélène : Moi, je fume et j'ai pas honte de le dire. Je ne suis ni pour ni contre le tabac. La seule chose que je peux recommander, c'est de ne pas commencer, parce que c'est drôlement difficile d'arrêter. J'ai commencé à fumer l'an dernier à cause de mes amis et maintenant j'ai pris l'habitude de fumer. Quand je suis énervée, je prends une cigarette et ça me détend. J'éprouve du plaisir à fumer.

Michel : Pour moi, les campagnes antitabac ne servent strictement à rien. En effet, les gens qui fument ne vont pas s'arrêter comme ça. Pour certaines personnes, fumer, ça sert à se calmer, mais c'est aussi le plaisir de montrer aux copains qu'on est «capable» et «adulte». A l'école, j'ai des copains qui fument et qui me proposent des cigarettes de temps en temps. J'en accepte, pourquoi pas ? C'est à chacun de faire son choix.

Arem : Dans mon lycée il y en a quelques-uns qui luttent contre la clope et on voit des affiches comme «Vos poumons ne sont pas des poubelles». Moi aussi je suis contre le tabac. Une de mes copines fume et maintenant elle ne peut pas s'arrêter. C'est curieux quand même parce que... à la voir fumer, je sais qu'elle en a horreur. Elle est bête car ça ne l'amuse pas de fumer. Ce n'est qu'un jeu stupide. En plus, je n'aime pas rester trop longtemps près d'elle quand elle fume parce que je déteste l'odeur de la fumée et ça reste col!é à mes cheveux et à mes vêtements. Je me demande bien combien de temps elle va rester mon amie. J'essaie de l'aider mais mes conseils ne servent à rien.

Answers

Un peu de pratique : ça vaut la peine !

Page 34, Exercice 3

a It wasn't worth waiting.
b It's not worth the trouble/the effort/it. (*le coup* is less formal than *la peine*)
c (We) might as well stay here.
d It's no good for your health.
e She's no better than her brother.
f Better late than never.
g It's as good a way as any other.

Qui pense quoi ?

Page 35, Exercice 2

Xavier : f h k
Janine : a e k m
Delphine : b d i k
Eric : c f g h k l

Quelle gourmandise !

Page 35, Exercice 3 et **18**

Demandez à votre professeur de voir la transcription de la cassette commune.

Points essentiels

Page 36, Exercice 1

Jean-Luc	Sonia
Il fait du hockey sur gazon.	Elle n'aime pas le sport.
Il a trois entraînements par semaine.	Elle est obligée d'en faire au lycée.
Le weekend, il joue dans un match de championnat.	Elle adore la chasse au gibier.
Il fait de la planche à voile.	Elle prend des leçons de danse.
Il aime jouer sur la plage.	Elle aime la nature.
Il croit que la forme, c'est aussi être bien dans sa tête.	Elle ne voit aucun problème à tuer les bêtes.
Son père l'énerve de temps à temps.	Elle lit beaucoup.
Pendant l'année scolaire, il sort seulement le samedi soir.	Pour se détendre, elle regarde la télé.

📼 Toujours en forme

Page 37, Exercice 4

Laurent : b c e
Robert : b d
Sophie : a b c

Calmez-vous !

Page 37, Exercice 5

a Ça me calme les nerfs – tendus – bouger – pratiques – maigrir – je suis tombée sur
b Elle admet qu'elle s'énerve assez souvent.
c **Exemple :** Un jour, à la bibliothèque de Saint-Laurent, Josée est tombée sur un article qui proposait aux jeunes handicappés une grande variété d'activités sportives. Elle a décidé d'essayer le tir à l'arc. Elle trouve que ça lui calme les nerfs. En effet, ça l'aide beaucoup. Elle aime bouger, être dehors. Elle trouve du calme dans la concentration et la patience que demande le tir à l'arc. Selon Josée, ça l'aide même à maigrir !

Un coup de fil

Page 37 et **19**

a rarement
b violemment - récemment
c heureusement
d énormément - merveilleusement
e tellement - difficilement
f actuellement - précisément
g immédiatement

Défis grammaticaux

Page 38

a je faisais, je grimpais, je nageais, je courais, je sautais
b je finissais   j'essayais
  on voyait   elles avançaient
  ils dormaient   on saisissait
  tu mangeais   elle écrivait
  il fallait   il pleuvait
  tu plongeais   nous buvions
c 1 Si on faisait quelque chose de différent ?
  2 Si seulement on pouvait apprendre le français en une journée.
  3 Quand j'étais plus jeune j'allais très souvent chez ma tante.
  4 Comme je n'avais rien à faire j'ai décidé d'aller chez ma copine.
  5 Je mangeais tranquillement lorsque l'alarme s'est mise à sonner.
  6 Au moment où la télé est tombée en panne Tom était en train de chasser Jerry.

Imparfait ou passé composé ?

Page 38 et **20**

Ça s'est passé (1) comme ça, tu vois : j'étais (2) en train de regarder la télé quand Papa est entré (3) dans ma chambre. Il s'est planté (4) là, devant l'écran, et il a commencé (5) à regarder ce qui se passait (6). C'était (7) une émission de sports. On jouait (8) au tennis. Mon père a vu (9) quelqu'un qu'il connaissait (10). Il a commencé (11) à dire des bêtises sur les avantages apportés par la pratique du sport. Je crois qu'il a même parlé (12) latin pour justifier ses arguments. Bien sûr, il a refusé (13) d'écrire un mot d'exemption pour le sport aujourd'hui. Il s'est mis (14) à me raconter tout ce qu'il faisait (15) comme sport quand il était (16) jeune. J'ai dit (17) que je n'avais pas (18) besoin de faire du sport pour être en forme. Mais il a continué (19) à me critiquer en parlant des boîtes que je fréquentais (20) et du fait que si je dansais (21), c'était (22) à l'intérieur. Il a dit (23) qu'il fallait (24) courir au grand air. C'était (25) seulement ça qui faisait (26) du bien. Alors, j'ai eu (27) une idée merveilleuse...

Ça

Page 39, Exercice 4

a 3
b 1
c 4
d 5
e 2 (ou mieux dans l'ordre 2 e)

Les personnages

Page 41, Exercice 3

Didier ne fume plus.
Alain de Quernec est prof de dessin.
Jean-Jacques Larzul pense que les affiches sont efficaces.
Danielle regarde beaucoup la télé.

Equivalence

Page 41, Exercice 4

du pas assuré
tu te fais remarquer
un défi au règlement
c'était bien le but
c'est à cet âge que
les yeux ronds

Suivez les pistes !

Page 41, Exercice 5

Le monde de l'éducation : la cour de récréation… le cloître… le coin détente… le règlement du collège… le lycée… le collégien… la troisième… un prof (de dessin)… le directeur…

Le monde du tabac : un fumeur… un cendrier… un paquet… fumer… la fumée… antitabac… le cancer… un fabricant de cigarettes… le cancer du poumon… la maladie…

Fumer ou ne pas fumer ?

Page 41, Exercice 6 et 22

a Hélène et ses amis, Michel et l'amie d'Arem
b Hélène
c Fabrice et Arem
d Fabrice
e Arem
f Michel
g Arem
h Hélène

«à» ou «de» ?

Page 41 et 23

a à – de – à
b de
c de – d'
d à – à
e à
f à
g à – de
h à – de
i à
j à
k de – à.

Réfléchir avant d'agir…

Page 41, Exercice 7

1 Réfléchir avant d'agir, c'est toujours une bonne idée.
2 Fumer dans les chiottes, c'est dégoûtant.
3 Amener les jeunes à considérer les risques du cancer, c'est la responsabilité du Directeur du lycée.
4 Afficher les posters anti-profs sur les murs du lycée, c'est un acte de courage.
5 Fumer ou ne pas fumer, c'est ça la question.
6 Regarder les pubs à la télé, c'est génial.

Histoire d'une maladie

Page 42, Exercice 2

a Elle est malade depuis un an.
b Elle a envie de manger du chocolat, des biscottes et puis un peu plus de tout.
c Elle a honte devant devant ses parents, devant ses camarades et devant elle-même.
d Elle croit qu'ils n'y comprennent rien, qu'ils considèrent qu'il ne s'agit que d'un besoin temporaire de manger un peu plus, que c'est une maladie de son âge.
e Elle a écrit la lettre pour attirer l'attention à la gravité de son problème qui touche beaucoup plus de femmes qu'on ne croit.

De plus en plus

Page 42, Exercice 3

a plus d'un an à
b un peu plus de
c plus par
d plus goût à
e la plus grave
f bien plus de femmes

5 Evasion

Chapter overview

Page	Reference	Activities	Possible extension
43	Pour commencer	■ Ask about range of holiday activities.	
	Evasion	■ *Comment peut-on trouver un moment d'évasion dans le train-train de tous les jours ?*	■ *Evasion* : the first of the *faux-amis* of the chapter. Teacher elicits/lists other common ones e.g. *souvenirs*.
	Photos and transport	■ *Souvenirs de vacances : chacun décrit le meilleur moment/un incident bizarre ou comique.*	■ *Qui pratique quel sport ? A discuter : ce qu'offrent les vacances à l'étranger, au bord de la mer, à la campagne, en montagne. Préférences quant aux moyens de transport. Qui a peur de l'avion, du tunnel sous la Manche ?*
44	Choix de vacances	■ The aim of this section is to revise and add to vocabulary and structure relevant to talking about personal holidays, past and future…	
	Qui désire quoi ?	1 Comprehension exercise.	■ Students can also note those elements from each of the three texts which correspond to their desires and preferences. ■ Language points: *quelque chose de* + adjective (masc sing); *quelque chose à* + infinitive. Students invent sentences to illustrate points.
	On échange des idées	2 Structured sentence completion exercise (written or oral).	■ Teacher focuses on the conditional sentence in the rubric to elicit even more fantastic suggestions for hypothetical holidays.
	Point Grammaire : Aller à etc. and Bonne idée	■ Students provide more examples, based on the immediate location or places visited in the past.	■ There are many variations in actual usage so the exceptions should also be highlighted!
	🔊 Radio banlieue **24**	3 An extended listening activity.	
	🔊 L'autostop	4 A lively song with a strong narrative line which can be reported following the chronology of events.	■ Discussion of pros and cons of hitch-hiking.
	🔊 Dans les Hautes-Pyrénées **25**	5 Advert with a single listening task.	■ Creative writing and production of recordings based on an authentic model.
45	Vacances à la carte	■ The aim of this section is to examine recent trends in French society and to provide more practice in working with simple statistics.	
	Enrichissez votre vocabulaire	1 Support activities for reading comprehension.	■ Other associated words e.g. *jours fériés* could be introduced.
	Attention aux faux-amis ! 📖	2 Focus on meaning of words and dictionary work. Short translation exercise: French to English.	■ Database should be created and added to immediately.
	Travail oral à deux	3 Involves more detailed reading of the text and should prepare for the next 'reporting back' activity.	
	Plan professionnel	■ Interpretation of statistics and presentation in graphic form.	■ A 'mock' consumer report could be staged with students acting as the Board of Directors of a travel company deciding how best to develop their company as they listen to a presentation of the facts and figures.
46–47	Vacances ratées	■ The aim of these pages is to focus on describing personal attitudes towards different holiday arrangements.	
	Cherchez l'équivalent	1 Reading for detail across the whole of the article.	
	A plusieurs titres	2 More detailed reading of the paragraphs and discussion of appropriate title and sub-headings. Answers provided may be challenged!	
	Mettez-vous à leur place !	3 Oral reconstruction exercise, but may also be done as a written exercise. ■ Encourage use of *on* as substitute for *nous*.	■ Students could write either a) letter from Gisèle to Karine telling her what she thinks of her! b) 'love letter' from Peter to Karine, after the holidays.
	🔊 Vacances avec ou sans parents ?	4 Extended listening to Nathalie, Salah then Gérard, initially for gist (questions **a** and **b**) but then for more detail.	■ Initial discussion of optimum time to take independent holidays; further arguments for and against staying with the family.

Page	Reference	Activities	Possible extension
	En famille ? Quelle famille ! **26**	■ Simulation requiring about half an hour's preparation. Unpredictability increased if teacher separates each role and students do not know in advance what the other characters will say.	■ Further characters may be created by students. Add more expressions to the 'tactful language' list in **Pour communiquer**. Swap roles.
	Grammaire: *le plus-que-parfait* and uses of *tout* **27**	■ Basic introduction of the tense.	■ Further explanation may be needed regarding use of the tense with temporal conjunctions and the peculiarities of *tout* as an adverb before adjectives.
48–49	Vacances de rêve – Vacances utiles	■ The aim of this section is to explore the real possibilities of holidays or voluntary work further afield (Africa).	
	Mariez-les	1 Vocabulary exercise matching French to French definitions.	
	▣ Monsieur Gningue	2 Detailed listening activity providing factual information about Senegal.	■ Students should be encouraged to find out all they can about *L'Afrique francophone* e.g. by writing to Embassies, *en français, bien sûr*.
	Travail oral à deux	3 Pair work, practising question formation. Questions and answers based simply on text provided.	■ Extra research from holiday brochures etc. would increase range of dialogue.
	Pour bien comprendre	1 Reading for precise information.	■ A translation of the sentence beginning *La latérite...* could be attempted together.
	En d'autres mots	2 Sentence construction practice based on model.	■ Further practice of this syntax could be based on students considering new challenges to be faced when they leave school.
	▣ L'expérience de Rachid	3 Challenging listening activity with written outcome under two headings.	■ Students relate their own experiences of voluntary work, especially that involving physical activities.
	▣ Des chantiers au Sénégal	4 Additional listening support	
	Plan professionnel	■ Individual written work, in which self-promotion is encouraged	
50–51	L'invitation au voyage	■ The ultimate aim of this section is to examine different styles of writing on the topic of travel.	
	Vous avez compris l'essentiel ?	1 Oral exercise involving comprehension of text and reporting in own words.	■ Further pair work could involve question and answer work involving factual recall without referring back to text.
	Travail au dictionnaire	2 Vocabulary building and reminder of earlier work on gender.	
	Suivant l'ordre	3 Sequencing activity but also requiring linking of ideas to infinitives.	■ Most students will have probably crossed the Channel. An opportunity for recounting experiences – good and bad!
	▣ Exercices de prononciation	4 Help with the sound *i*, which is often mispronounced.	■ Students should be encouraged to collect other examples of words containing nasal *i* sound. Useful dictionary activity?
	Cherchez l'intrus	5 'Odd one out' involving, possibly, discussion and use of language of speculation.	■ Students encouraged to make other, possibly humorous, suggestions for holidays a) *pour les paresseux* b) *pour les anti-conformistes*.
	Défi grammatical	6 Students should be prepared to use grammatical terminology e.g. to explain agreements of adjectives etc.	
	La langue de chez nous	7 An introduction to style/register. Students should be encouraged to provide the evidence for their decisions.	■ Examine other magazine articles and other aspects of the language of publicity.
	Grammaire : Le participe présent	■ Explanation and practice of important grammar point.	

Class cassette transcripts

Radio Banlieue

Page 44, Exercice 3 et 24   *(4' 20")*

Speaker : Vous êtes à l'écoute de Radio Banlieue. (*Bruit de la mer et des mouettes*). L'été s'approche. La mer commence à se réchauffer. Quels sont vos projets pour les grandes vacances ? Si vous n'en avez pas encore fait, écoutez ces annonces publicitaires. Ça vous donnera peut-être des idées pour des vacances «cool», des vacances pas chères du tout.

Vive Les Vacances met son expérience au service des jeunes de 15 à 18 ans. Nous vous proposons une grande variété de séjours de qualité au bord de la mer. Voici quelques exemples :

Kayak de mer sur la belle île de Belle-Ile à quarante-cinq minutes de traversée au sud de la presqu'île de Quiberon en Bretagne. Ça vous tente ? Eh bien, à partir de différentes plages vous pratiquerez le kayak de mer à la découverte de Belle-Ile et de ses rivages. Activité de détente et de sport, le kayak de mer se pratique dans un bateau individuel spécialement adapté au milieu marin, qui permet la navigation en mer, le passage des vagues et l'approche de sites inaccessibles par voie de terre. Notre centre de jeunes vous attend. Les repas sont apportés du village. Vous n'avez qu'à les manger… et à faire la vaisselle. N'hésitez pas ! La mer vous attend.

(Bruit de la mer)

La petite compagnie *Vacances Surf* est prête à vous accueillir. Vous serez armé de bodyboard. Ce sont des planches de mousse rectangulaires sur lesquelles on surfe à plat ventre ou à genoux et qui permettent un apprentissage rapide. Vous voyagerez à bord d'un minibus le long du littoral atlantique, à l'écoute de la mer et des conditions météorologiques. Chaque fois que les conditions le permettront, des séances de bodyboard seront pratiquées. Mais plus qu'une partie sportive, c'est un mode de vie qui vous est proposé, fait de mobilité et convivialité. L'hébergement est assuré en camping. Courage ! Découvrez le monde du surf. Renseignez-vous, dès aujourd'hui.

(Bruit de la mer)

A une heure de route de Nantes, l'île de Noirmoutier offre des sites exceptionnels… pour la planche à voile. Notre centre nautique se trouve sur la plage de La Guérinière,

face à l'Atlantique. Initiation et perfectionnement à la planche à voile à raison de six séances d'une heure trente. Vous pourrez pratiquer l'activité selon votre niveau sous la conduite d'un moniteur spécialisé. Vous serez hébergé au sein de notre village de vacances dans des bungalows. L'accès direct à la mer permettra également des moments de détente, de bronzage, de baignades et de farniente. Ne ratez pas l'occasion. Téléphonez tout de suite pour réclamer la brochure *Vive les Vacances* et faites votre choix ! Le numéro ? Nantes : 40 50 11 12 ; ou Minitel : 16 53 Code SURF.

Speaker : Et si, malheureusement, vous êtes obligés de rester chez vous, ne vous désespérez pas ! Si vous habitez aux alentours de Nantes, la municipalité de Rezé vous donnera un accueil chaleureux. L'année dernière, sur les seuls mois de juillet/août, plus de trois cents jeunes ont profité des activités estivales organisées par la petite ville de Rezé, dans la banlieue sud de Nantes. Pour des 15 à 18 ans on propose encore cette année des sorties à la journée – mer, canoë, boum, escalade, cyclo, voile, sports etc. Deux autres possibilités : la première, assister en tant que moniteur ou monitrice au club *Aventure*. Là, vous aiderez les enfants âgés de sept à dix ans à prendre part à des activités scientifiques et techniques. Par petits groupes, vous découvrirez les lois qui régissent le vol d'une fusée, de la conception à la réalisation et au lancement même de la micro-fusée. Et deuxièmement, tout en donnant un coup de main pour la surveillance, vous pourrez pratiquer aussi le ski à roulettes ou le tir à l'arc. Mais attention : si ça vous tente, inscrivez-vous vite. Richard Martin, responsable de l'Organisation Loisirs-Jeunes, nous explique :

«Nous sommes presque arrivés au maximum de nos capacités d'accueil et je crois que cet été nous serons obligés de refuser des inscriptions.»

Donc, n'hésitez pas ! Pour tout renseignement, adressez-vous à la OLJ, Téléphone : 40 84 44 00.

Dans les Hautes-Pyrénées

Page 44, Exercice 5 et 25   *(0' 50")*

Femme : Si je vous dis «ski, neige, détente, forme», ça vous fait penser à quoi ?

Homme : Eh bien, ça me fait penser immédiatement aux treize stations de ski des Hautes-Pyrénées qui vous entraînent sur les domaines skiables tellement beaux, tellement agréables qu'on se demande si ce n'est pas là qu'ont été inventées les vacances à la neige…

Femme : Si certains sont intarissables sur les stations des Hautes-Pyrénées, c'est qu'ils connaissent certainement le guide *Toutes les Neiges* – le guide *Toutes Les Neiges* sur vos vacances de ski dans les Hautes-Pyrénées, gratuit au 05 10 65 65, 05 10 65 65. Il est superbe…

Homme : dans les Hautes-Pyrénées.

Vacances avec ou sans parents ?

Page 47, Exercice 4 (3' 00")

Nathalie : Jusqu'à l'an dernier j'acceptais volontiers d'aller en vacances avec mes parents. On passait la plus grande partie des vacances scolaires à la mer – aux Sables d'Olonne où nous avons un petit appartement. C'est chouette parce que ça donne directement sur la plage. Avec mes parents, il y a des avantages : ils achètent tout le nécessaire… euh… ils préparent à manger. Moi, je donnais un coup de main de temps en temps… la vaisselle… mais à part ça c'est eux qui s'occupent de tout. L'appartement est tout petit. On est toujours les uns sur les autres, donc… pas beaucoup de place pour recevoir mes copains. Et puis, on est obligé… enfin… je devais… euh… mes parents se couchent assez tôt, même pendant les vacances, et moi, si je veux rentrer tard… même à trois heures du matin. Quand les parents sont là, ça gêne, vous savez, ça gêne vraiment trop. Et puis, le matin quand je veux rester au lit, eux, ben… ils font du bruit. Maintenant je préfère me débrouiller toute seule. Par exemple, l'été prochain j'espère partir en Egypte. Avec mon copain, André, on va faire une croisière le long du Nile… à bord d'un vieux yacht.

Salah : Moi, je suis né en France mais je suis d'origine algérienne. Dans ma famille on est quatre enfants dont je suis l'aîné. Normalement nous passons les vacances d'été tous ensemble chez mon oncle à Marseille. On a toujours fait comme ça. Là-bas, avec mes cousins, on s'amuse bien. Il y a la mer, la plage, les jeux et le soir on va au bistrot… euh, au café. Le seul problème, c'est l'argent ou plutôt le manque d'argent. J'ai pas vraiment de trucs pour en gagner, aussi mes parents m'en donnent un peu pour des vacances. Malheureusement ça dure pas longtemps. A part le voyage annuel dans le Midi – aux frais des parents, bien sûr, on ne se déplace pas beaucoup. Pourtant, j'aimerais voyager un peu plus maintenant, avoir un peu plus de liberté. Par exemple, l'année prochaine, j'ai l'intention d'aller en Algérie. Là, j'ai des cousins que je connais pas du tout. J'aimerais les voir un de ces jours.

Gérard : Mes parents ont divorcé il y a … ouf… je sais pas… il y a dix ans peut-être. Je me rappelle plus exactement. Alors, quand j'étais plus jeune, j'avais… comment expliquer… je passais deux fois des vacances, moitié chez mon père et moitié chez ma mère. C'était bien parce que, tout d'abord, mon père allait toujours en montagne – et j'adore la montagne – tandis que ma mère avec Roland préférait la mer, mais heureusement, on n'allait pas toujours au même endroit. Donc, j'en ai profité – pour ainsi dire – pour découvrir les coins de la France. Et puis encore, mes parents me gâtaient en quelque sorte. Ils n'ont jamais eu d'autre fils. Alors, je suis fils unique deux fois ! Pour l'instant, je suppose que je vais continuer à les voir

pendant les grandes vacances. Mais un peu moins quand même. Chez mon père il y a beaucoup d'espace et je peux emmener mes copains. Ma mère, elle voudrait que j'aille la voir, mais elle sera un peu déçue parce que je vais y aller que pour deux ou trois jours. Elle me traite toujours un peu comme si j'avais dix ans… Ouf !… Franchement, ça commence à m'énerver. Maintenant, je préfère voyager à l'étranger, visiter des pays que je ne connais pas du tout.

Monsieur Gningue

Page 48, Exercice 2 (2' 20")

Il y a beaucoup de jeunes qui visitent le Sénégal particulièrement pendant l'été. Pendant l'été où c'est c'est c'est il est plus préférable aux jeunes de visiter le Sénégal parce que c'est une période où en général les hôtels coûtent moins cher et il y a beaucoup de vols charters avec des prix plus intéressants et les jeunes sont en vacances généralement et ils peuvent aller découvrir le Sénégal à cette période… Le Sénégal a des atouts touristiques importants. Il y a ses sept cents kilomètres de plage. Il y a aussi tout un environnement extrêmement joli d'une… de la région sud du Sénégal qui est appelée Casamance et qui est très connue, qui est totalement différente du reste du Sénégal, que les gens vont découvrir ; par exemple, les Anglais, ils aiment particulièrement cette région du Sénégal parce que… c'est l'environnement des parcs qu'on trouve en Grande-Bretagne, des parcs urbains, partout, c'est d… des arbres, c'est très joli et c'est très différent de la partie nord du Sénégal qui est un peu désertique, et donc… il y a… c'est… c'est…. c'est… les amoureux de l'environnement, de la nature, ils vont dans cette partie sud du Sénégal pour découvrir l'environnement. Bon, il y a aussi le tourisme de loisirs, c'est-à-dire les gens qui vont s'adonner… aux activités donc de pêche, de pêche sportive, de planche à voile, de tennis, un peu d'équitation, etc. Maintenant, il y a à côté, ce tourisme dont on parlait tout à l'heure… on l'appelle tourisme rural intégré, c'est-à-dire un tourisme qui s'effectue au sein de la population villageoise, rurale, pour découvrir les modes de vie et participer à la culture locale et voir comment se passent les choses. Parfois vous voyez des touristes qui dansent avec les ballets et qui essaient de voir comment se passent les… parce qu'il y a beaucoup de cérémonies traditionnelles qui se passent dans ces villages et les gens parfois… jouent même les rôles dans ces troupes et découvrent un peu de culture traditionnelle.

L'expérience de Rachid

Page 49, Exercice 3 (1' 50")

Rachid : Faire un chantier en France ou en Europe, ben, ça veut dire… Le travail peut prendre plusieurs formes. Ainsi, on pourrait vous demander de nettoyer une rivière, d'aménager une aire de jeux pour enfants, de créer des sentiers, de participer à l'organisation d'un festival… et tant d'autres choses. Mais en Afrique, c'est différent, tout à fait différent. Déjà, il n'y a presque pas d'eau. Mais moi, j'ai aidé à nettoyer la source qui desservait toute une série de villages. On était dans un village situé au nord du pays qui s'appelait Kpele Konda. On a construit, de nos propres mains, une espèce de barrage avec un mur là où l'eau sortait de la terre… pour séparer les… pour empêcher aux bestiaux d'entrer en même temps que des gens. Il faut pas avoir peur de travailler à mains nues. On apprend vite à travailler sans outils ou avec des outils très simples. Construire des trucs en bois – ça peut servir ! On a aussi réussi à mettre les fondations d'un bâtiment qui servira en guise de «salle des fêtes» ... salle de réunion, quoi, et l'école du village. Les jeunes du village travaillent avec nous. On travaille normalement en équipe de cinq ou six personnes – garçons et filles – aidés par un animateur technique. Il y a aussi des gens de milieux et de pays différents. Quelquefois, il arrive qu'on ne se comprend pas parfaitement bien, mais on se débrouille quand même en parlant des langues différentes... et avec des gestes. On décide collectivement comment gérer les trente-cinq heures de travail hebdomadaires. Ce qui est bien, c'est qu'on commence à comprendre ses propres limites de fatigue, de faim, de soif – j'avais toujours tellement soif – et d'aider les autres quand eux, ils sont crevés comme vous.

Answers

Qui désire quoi ?

Page 44, Exercice 1
Michel :   a, d
Monique :   b, e
Fabienne :   c, d, f

🔊 Radio Banlieue

Page 44, Exercice 3 et 24
1 Machecoul ; Les Sables d'Olonne ; L'île de Ré.

2   a Quels sont vos projets pour les grandes vacances ?
b Notre centre de jeunes vous attend.
c La mer vous attend.
d Vous serez armé de bodyboard.
e L'hébergement est assuré en camping.
f Vous serez hébergé au sein de notre village de vacances dans des bungalows.
g Ne ratez pas l'occasion.

3
Kayak a faux **b** vrai **c** faux **d** faux
Surf a vrai **b** vrai **c** faux
La planche à voile a vrai **b** vrai **c** vrai

4
1	êtes	12	pourrez
2	désespérez	13	tente
3	habitez	14	inscrivez
4	donnera	15	explique
5	profité	16	arrivés
6	propose	17	crois
7	assister	18	serons
8	aiderez	19	hésitez
9	découvrirez	20	adressez
10	régissent	21	40 84 44 00
11	donnant		

Dans les Hautes-Pyrénées

Page 44, Exercice 5 et 25
entières

Enrichissez votre vocabulaire

Page 45, Exercice 1
a les vacances = terme général qui signifie une période de repos pendant laquelle on ne travaille pas
le congé = permission de s'absenter du travail (pour aller en vacances, bien sûr, mais aussi pour d'autres raisons, congé de maladie, de maternité etc.)
b se mettre au vert = aller se reposer à la campagne
donner un coup de pouce = favoriser l'avancement, faciliter
boucler sa valise = finir de préparer ses affaires pour le départ
bouder carrément = refuser d'y aller en préférant autre chose

Attention aux faux-amis !

Page 45, Exercice 2
l'évasion : C'est la grande évasion. *It's the great escape.*
les adeptes : Le camping a toujours ses adeptes. *There are still those who prefer to go camping.*
les locations d'été : Les locations d'été sont moins fréquentes. *Renting holiday properties is becoming less frequent.*
modeste : Les personnes modestes partent moins longtemps et moins souvent. *People with low incomes go away less frequently and spend less time away.*
disposer : Disposant de plus de jours de congés... *Having more days of holiday available (at their disposal)...*
Les ménages qui disposent de plus de ressources... *Households having greater financial resources... (with more disposable income)*

Cherchez l'équivalent

Page 46, Exercice 1
a folle de joie (f)
b Nous avons pris la route.
c en ayant l'air indifférent
d On ne parlait entre nous que de lui.
A quoi tu le vois ?
e Je ne m'étais pas trompée.
f tellement j'étais déçue

A plusieurs titres

Page 46, Exercice 2
1	f	4	c
2	d	5	e
3	a	6	b

🎧 Vacances avec ou sans parents ?

Page 47 Exercice 4

a Nathalie, Salah
b Salah, Gérard

c Nathalie

avantages : la situation de l'appartement des parents ; les parents achètent tout le nécessaire ; ils préparent les repas

désavantages : l'appartement est trop petit, elle ne se sent pas libre de sortir tard le soir ; elle ne peut pas dormir tard le matin

projets : aller en Egypte avec son copain

Salah

avantages : les parents paient le voyage chez les cousins ; il s'y amuse bien ; ses parents lui donnent de l'argent de poche

désavantages : on va toujours au même endroit ; on reste sur place

projets : rendre visite à ses cousins en Algérie

Gérard

avantages : chez son père, où il y a beaucoup d'espace, il profite de la montagne et avec sa mère, il était content de visiter différentes plages ; il y avait beaucoup de variété ; ses parents le gâtaient

désavantages : sa mère le traite toujours comme s'il avait 10 ans

projets : continuer à rendre visite à son père, et à sa mère mais pour des périodes plus brèves ; voyager à l'étranger

Plus-que-parfait

Page 47 et 27

1

1 Pierre a dit qu'il avait écrit la lettre avant de partir.
2 Le porte-parole du gouvernement a annoncé que les ministres avaient terminé leur réunion vers minuit.
3 L'inspecteur a expliqué que le prisonnier s'était échappé en quittant la cour d'assises.
4 Le manager a constaté que les deux équipes s'étaient rencontrées plusieurs fois pendant la saison, mais qu'il n'y avait pas eu de résultat décisif.

2

1 il avait vécu
2 il a oublié - je lui avais raconté
3 J'avais laissé - s'est éclaté
4 j'avais essayé - elle ne m'a jamais pardonné
5 Elle a dit - elle était venue
6 avaient proposé - ils ont changé
7 Ils avaient passé - ils ont pris
8 tu as découvert - tu avais perdu
9 s'était éloigné - s'est levé
10 tu ne m'as rien dit - j'avais su

Mariez-les

Page 48, Exercice 1

a 4   d 3
b 5   e 1
c 2

🎧 Monsieur Gningue

Page 48, Exercice 2

a les hôtels sont moins chers ; il y a beaucoup de vols charters avec les prix intéressants
b les sept cents kilomètres de plage ; l'environnement attrayant
c les parcs ressemblent à des parcs urbains en Grande-Bretagne
d la pêche sportive, la planche à voile, le tennis, l'équitation
e découvrir les modes de vie ; participer à la culture locale

Pour bien comprendre

Page 49, Exercice 1

a partager   d la latérite
b le béton   e une termitière
c la brousse

En d'autres mots

Page 49, Exercice 2

a L'adaptation au climat a été longue.
b La construction d'une école sera laborieuse.
c La lutte contre le désert est essentielle.
d La plantation d'arbres sera importante.
e L'échange des idées était intéressant.

Vous avez compris l'essentiel ?

Page 50, Exercice 1

Vitesse : Le TGV Atlantique roule à 300 kilomètres par heure.
Confort : Il y a beaucoup d'activités à l'intérieur du train.
Sécurité : Tous les équipements sont régulièrement contrôlés.

Travail au dictionnaire

Page 50, Exercice 2

noms
étendue (f)
considération (f)
repos (m)
proposition (f)
surveillance (f)

infinitifs

liaison (f)	(re)lier
choix (m)	choisir
fonction (f)	fonctionner
invitation (f)	inviter
centre (m)	centrer, centraliser

Suivant l'ordre

Page 50, Exercice 3

f d e a c g b

Cherchez l'intrus

Page 51, Exercice 5

a traîneau : il n'y a normalement pas de roues

b plateau : terme plutôt spécifique qui décrit une étendue de terre assez plate

c aventures : les autres mots signifient une longue promenade, normalement à pied

Défi grammatical

Page 51, Exercice 6

façon : féminin, on trouve tout de suite après «la plus simple».

espèce : féminin, on trouve, à côté, l'adjectif «toute», au féminin.

La langue de chez nous

Page 51, Exercise 7

1 a bateau	b train	c pied
2 a pied	b bateau	c train
3 a bateau	b pied	c train

6 Si j'avais des sous...

Chapter overview

Page	Reference	Activities	Possible extension
53	Pour commencer	■ Teacher asks questions on the various aspects of page 53. Ideas given here are only examples and may be reduced or extended.	
	Si j'avais des sous...	■ Very quick survey in class: *Quelle importance attachez-vous à l'argent ? Très peu ? Peu ? Relativement beaucoup ? Enormément ?*	■ Make a graph to represent the result of the survey.
		■ Brainstorm: *Quels mots, quelles idées associez-vous au mot argent ?*	■ Make spidergrams to record their brainstorm.
	Dessin	■ *Qu'est-ce que ce dessin évoque pour vous ?* Students to contribute as much as they can at this stage. Class might decide they will come back to the issues presented by the illustration at a later stage.	
	▱ La Bourse de Paris	■ *Le cours des changes* is a pretext to revise or learn the currency of the main European/world countries: *Quelle est la monnaie ou unité monétaire de...?* (in the order of the list of countries) *le dollar, (l'Europe), le mark/ le deutschmark, le franc belge, le florin, la lire, la livre/ la livre sterling, la peseta, l'escudo, le franc suisse, la couronne, le schilling, le dollar canadien, le yen.*	■ Intensive practice of numbers: students could attempt at home.
54–55	Etes-vous cigale ou fourmi ?	■ This double spread explores individuals' attitudes towards money.	
	Les animaux et l'argent	1 Reading task in preparation for tackling the main text: information concerning animals used as symbols in connection with money followed by a question relating to individuals + a speaking task, comparing own attitude with those of other members of class.	■ Reflect on symbolism used in own country for same concepts and do a presentation for the link school in a French-speaking country.
	▱ La cigale et la fourmi	2 Gist understanding – tapescript might be useful to students.	■ Learn the poem in parts or as a whole.
	Les personnes et l'argent	3 Vocabulary work: developing a feel for the value of words and dictionary work on adjectives describing attitudes to spending money.	
	▱ Leurs bilans	4 Listening activity on how young people earn and spend money.	■ Carry out a survey on similar lines in language group or throughout friendship group and report the results in French to the class.
	A la recherche des mots	5 Vocabulary work, finding the French equivalents of some English words in the main text.	■ Use these words in sentences.
	Faites le test	■ Reading of the main text and built in task: *Etes-vous cigale ou fourmi ?*	■ React to what the results tell you about yourselves: *C'est juste, ou pas ?*
56–57	Les petits boulots d'été	■ This section considers ways in which young people in a French-speaking country can earn money.	
	Mariez-les	1 Vocabulary exercise, to work out meaning and encourage consistent scanning of the text.	
	▱ Que choisir ?	2 Mixed-skill task, encouraging students to find the appropriate *petit boulot* for the young people they hear.	
	Travail oral à deux	3 Follows on from previous activity. Personalisation of task.	■ Write out the suggestions you would make to two or three people in the class.
	▱ Mille et une manières de gagner du fric 28	4 Background on the lifestyle of Canadian young people. ■ Gathering of ideas in preparation for next task.	
	Votre opinion ? 29	5 Study skill: essay writing, how to write a plan.	■ Once the plan has been agreed by teacher, write out one, two or more paragraphs. See page 25.
	▱ Tatie	6 A criminal way of making money. The story on the tape is not complete. Students are asked to imagine what the ending could be and then can compare it with the real ending in the *cassette personnelle* answer section.	

Page	Reference	Activities	Possible extension
	Grammaire : Le conditionnel `30`	■ Grammar presentation. ■ Practising the conditional while developing imagination, written grammar exercise, speaking, creative presentation. `30`	■ For more on conditional, see page 238. ■ Extend any of the beginning of sentences into 50-70 words, or even 100 words.
58–59	Sans un radis ou bourré aux as ?	■ The themes tackled here are wealth distribution in the Western World and poverty in France.	
	Protestations	1 Structured oral work: gathering ideas to speak about distribution of wealth. **Pour communiquer** : *Protester* offers support.	■ If students need more support, they can be referred to the exercise they have just done.
	La chanson des restos du cœur	2 A fund-raising song sung by popular personalities.	
	Journal télévisé du 2 janvier 1993	3 Dictionary work to support understanding of text. Two *faux-amis* identified. ■ Multiple choice questions in French.	■ Write an article, in French, using the information contained on the tape.
	Grammaire : Le subjonctif, brève rencontre communicative `30`	■ The point of this section is NOT to enable students to learn how to form or when to use the subjunctive, but to enable them to acquire automatisms within a limited set of phrases. ■ A short explanation followed by only a few verbs in the third person singular. ■ A very structured and supported exercise to practise the use of the subjunctive in a limited set of phrases.	■ None: the main work on the subjunctive will be done in Chapter 7.
60–61	Tiers monde	■ Wealth distribution extended to countries: the developing countries.	
	Vrai/faux, quelques idées reçues	■ Text challenging assumptions about developing countries.	
	Mettez-les en ordre	1 Comprehension exercise: Placing some paraphrases on the messages of the text in the order in which these messages appear in the text.	■ Rewrite/expand the sentences in the correct order to write a short paragraph summarising the text.
	Objectif objectivité ?	2 Discussion activity in groups using text as basis.	
	Travail de recherche	■ Background information and writing for a specific audience: students to find information on French speaking countries and present it for younger members of the school.	■ Differentiation by outcome.
	Grammaire : Les articles partitifs `32`	■ Grammar on partitive articles and pronoun. ■ Intensive practice of both articles and pronoun using text page 60.	■ Quiz: students to commit information in text to memory, teacher to give clues either taken from examples in text book and on , or some different ones. ■ Students to invent clues on everyday items to quiz peers in group.
62	Toujours du fric, du flouze et du pèze	■ A light-hearted session on money, but exploring in depth registers of language.	
	Rap Tout	1 Filling in gaps of an extract of the song *Rap Tout* by *Les Inconnus*, using words given on the page.	
	Jactez : La langue de chez nous `33`	2 Information about the registers of language. ■ Reading and speaking exercises to enable students to gain awareness of registers of language. `33`	■ Students to write lists of slang words they have collected while in France, in songs, etc, and give their meaning in 'proper' French.
81–84	Lectures	■ *Richesse et chance* : Selection of texts on how various people have made or have tried to make money. ■ *France métropole et France d'outre-mer* : Selection of texts on poverty in French speaking countries. ■ Two literary texts written by French authors about attitudes to money.	

Class cassette transcripts

Leurs bilans

Page 54, Exercice 4 (3' 30")

Reporter : Bonjour, je suis reporter à **Au point**. Puis-je vous poser quelques questions ?

Aurélien : Ça dépend... c'est sur quoi ?

Reporter : Les jeunes et l'argent.

Aurélien : Bon... ben... si vous voulez... Allez-y...

Reporter : D'abord, votre prénom, s'il vous plaît ?

Aurélien : Aurélien.

Reporter : Et votre âge ?

Aurélien : 17 ans.

Reporter : D'accord ! Merci. Alors de combien d'argent disposez-vous par semaine ?

Aurélien : Bof... Je sais pas moi... euh... j'ai jamais vraiment compté... Hum... Je dirais dans les 125 francs.

Reporter : Et d'où vient cet argent ?

Aurélien : Oh beh... Mes parents me donnent 50 francs d'argent de poche ; et puis je fais du baby-sitting pour mes voisins trois heures par semaine, ce qui me rapporte fff...3 fois vingt-cinq francs, soixante-quinze francs.

Reporter : Et comment le dépensez-vous, cet argent ?

Aurélien : Bof... je dépense pas beaucoup hein : un compact disque une fois de temps en temps, mais pas souvent, une place de ciné, une fois par mois... c'est à peu près tout ; le reste, je le place à la caisse d'épargne... j'investis quoi !

Reporter : Pour quoi faire ?

Aurélien : Je sais pas encore... Pour partir en vacances avec des copains, je pense.

Reporter : D'accord... Merci.

Aurélien : Je vous en prie !

Reporter : Bonjour, je suis reporter à **Au point**. Puis-je vous poser quelques questions sur les jeunes et l'argent ?

Béatrice : Je n'ai pas beaucoup de temps, hein !

Reporter : Ça va être très rapide.

Béatrice : O.K. Allez-y, mais vite, hein !

Reporter : D'accord. Pour commencer, votre prénom, s'il vous plaît ?

Béatrice : Béatrice, pourquoi ?

Reporter : Pour nos lecteurs... et pour la même raison, votre âge, si vous voulez bien ?

Béatrice : Mon âge ? 18 ans.

Reporter : D'accord. De combien disposez-vous par semaine, environ ?

Béatrice : Fff... Mes parents me paient tous les trucs dont j'ai besoin pour mes études. Ooof... Ils paient aussi ma carte d'abonnement pour l'autobus. Alors, euh... ben, je n'ai pas besoin de tellement : ils me donnent 25 francs par semaine.

Reporter : C'est assez ?

Béatrice : Dans l'ensemble ça va, hein. Si j'ai besoin de plus, ben... je retire de l'argent de mon livret de caisse d'épargne.

Reporter : Et d'où vient l'argent qui est sur votre livret de caisse d'épargne ?

Béatrice : Oh ben... Je place tout l'argent que mes grands-parents et mes oncles et tantes me donnent pour mes étrennes et mes anniversaires, etc...

Reporter : Je vois. Et à quoi vous sert votre argent ?

Béatrice : Ben d'abord, hein, je m'habille : la plupart de mon argent part en vêtements. Puis, il y a les sorties avec les copains et les copines, aller au cinéma et prendre un pot une fois de temps en temps. C'est à peu près tout.

Reporter : Je vous remercie.

Béatrice : Beh.. i' a pas de quoi !

Reporter : Bonjour, je suis reporter à **Au point**. Puis-je vous poser quelques questions sur les jeunes et l'argent ?

Chantal : D'accord !

Reporter : Je peux commencer par vous demander votre prénom, s'il vous plaît ?

Chantal : Ben... Chantal

Reporter : Et votre âge, si vous voulez bien.

Chantal : 16 ans et demi.

Reporter : De combien d'argent disposez-vous par semaine ?

Chantal : Beh ça dépend des semaines... ça dépend si je travaille ou pas. Je ne veux... pas demander d'argent à mes parents... alors il faut que je trouve des petits boulots si je veux en avoir.

Reporter : Et de quelle sorte de petits boulots s'agit-il ?

Chantal : Ben ...en ce moment, j'ai eu de la chance. Je travaille dans un restaurant de fast food quatre heures le samedi soir... alors en ce moment, j'ai environ 120 francs par semaine. Et puis quand je fais des courses pour les voisins, ils insistent, ils me donnent une petite pièce... je n'aime pas accepter parce qu'ils sont âgés, hein... mais ils insistent toujours... alors.

Reporter : Et à quoi vous sert cet argent ?

Chantal : A beaucoup de choses... Il faut gérer avec soin, parce que ça file vite : bon, voyons, la plus grosse partie de mon budget part en fournitures scolaires, cahiers, stylos, etc. Puis, il y a les transports, pour aller au lycée. Ça aussi, c'est cher. Après ça, j'économise ce qui me reste pour acheter des fringues ou des cassettes.

Reporter : Je vous remercie.

Chantal : De rien !

Que choisir ?

Page 56, Exercice 2 (1' 10")

1   Si possible, j'aimerais vendre des trucs.

2   Moi, mon rêve serait de pouvoir travailler à l'extérieur.

3   Moi, si j'avais vraiment le choix, je choisirais un boulot où on sert à manger aux gens.

4   Moi, je sais pas vraiment, mais ça ne me ferait rien de faire du nettoyage : j'aime bien passer l'aspirateur et faire la poussière.

5   Moi, je cherche un truc qui pourrait se transformer en emploi pendant l'année scolaire, parce que l'année prochaine, si tout va bien, je devrais rentrer à la fac, alors un petit job le samedi pour gagner un peu de fric, ce serait pas mal.

6   Je crois que je risque d'avoir des problèmes à trouver un emploi : j'aimerais pouvoir travailler toute l'année, pas seulement l'été ou une seule saison ; mais je sais aussi qu'il me serait totalement impossible de travailler absolument tous les week-end ou tous les soirs. Si je pouvais travailler de temps en temps, quand on a besoin de moi, ce serait vachement chouette.

Mille et une manières de gagner du fric

Page 57, Exercice 4 et 28   *(2' 10")*

A la suite de notre émission sur les jeunes et le travail, vous avez été nombreux à nous laisser des messages sur notre répondeur. Nous en avons sélectionné cinq qui sont représentatifs de vos appels. Ecoutons-les.

(*Bip*) Bonsoir, je m'appelle José et j'ai 17 ans. Je suis employé dans une manufacture de vêtements près de 17 heures par semaine. Beau temps, mauvais temps, je dois travailler. Après l'école, pas question de me reposer : le travail m'attend. Et après le travail, ce sont les devoirs. Je cours tout le temps, je me sens souvent essoufflée ! Je n'ai pas vraiment de loisirs, ça fait longtemps que je ne me suis pas écrasée devant la télévision. Je fais souvent mes devoirs en vitesse.

(*Bip*) Salut ! Ici Pascal. Moi, j'ai 15 ans et j'ai déniché un petit boulot dans un restaurant minute. Au départ, j'y allais par curiosité. Je m'ennuyais tellement ! Alors, cela m'a permis de me changer les idées. Puis, il fallait bien que j'aide un peu mes parents à payer mes études. Dès lors, je n'avais plus vraiment le choix : travailler est devenu une nécessité.

(*Bip*) Bonjour, c'est Karine qui vous parle. Moi j'ai 17 ans et je suis employée dans un dépanneur. Pour s'absenter de notre travail, il faut avoir de bonnes raisons. Le fait d'avoir à étudier en vue d'un examen important le lendemain n'est pas un motif suffisant.

(*Bip*) Salut ! Marc à l'appareil. J'ai 19 ans, je suis étudiant à l'université et j'occupe aussi un emploi. J'avoue que travailler huit heures me suffit largement. Les fins de semaine, j'aime me divertir et me reposer. Travailler me fait trop perdre de la motivation pour étudier.

(*Bip*) Bonsoir. Ici Manon. J'ai 16 ans. Moi, je travaille comme caissière dans une rôtisserie. Il faudrait que je diminue mes heures les fins de semaine. Je ne me repose même plus. Mais travailler, c'est comme une drogue. La paie de 100 dollars que je récolte à chaque semaine est trop motivante…

Journal télévisé du 2 janvier 1993

Page 59, Exercice 3   *(1' 50")*

Présentateur : En France, les associations d'aide humanitaire lancent un appel pour l'accueil des sans domiciles fixes ; en raison du froid, en effet, la situation devient très difficile pour ces personnes qui sont obligées parfois de dormir dans la rue, alors, EMAUS, Médecins du Monde et Droit au Logement demandent l'ouverture de structures d'accueil. 300 sans domiciles fixes seraient morts cette semaine en France de froid. De son côté, l'Armée du Salut vous demande, pour les mêmes raisons de donner des couvertures pour ces gens-là. Dominique… euh Nicolas Winckler, pardon.

Nicolas Winckler : Ce Noël 92, ils l'ont passé en plein air, sur le trottoir d'une ville de banlieue. En région parisienne, ceux que l'on appelle les sans-abris seraient près de treize mille. Pour beaucoup d'entre eux, les rigueurs de l'hiver ne sont synonymes que de détresse. Face à une situation qu'elles estiment dramatique, des associations, parmi lesquelles Médecins du Monde, lançaient aujourd'hui un appel pour que soient rapidement ouvertes des structures d'accueil.

Volontaire de l'association Droit au logement : Là on pense qu'il y a une véritable urgence pour pouvoir accueillir des gens à toute heure de la nuit, parce qu'en fait, le vrai danger quand il fait froid, c'est qu'à partir d'une heure, deux heures du matin, il n'est plus possible de trouver un endroit pour pouvoir s'abriter, donc, c'est à ce moment-là qu'il faut avoir une structure d'accueil dans les centres au cœur des grandes villes qui puissent accueillir de manière permanente entre une heure du matin et six heures du matin, qui puissent accueillir des sans-logis.

Nicolas Winckler : Il resterait aujourd'hui entre 100 et 150 places dans les différents centres d'hébergement en région parisienne. Ce sera très probablement insuffisant si le froid hivernal de ces derniers jours persiste. Les associations espèrent aujourd'hui que l'administration, mais aussi les entreprises et les simples citoyens se mobiliseront pour offrir un toit aux plus démunis.

Rap Tout

Page 62, Exercice 1   *(1' 00")*

On est là pour te pomper
T'imposer sans répit et sans repos
Pour te sucer ton flouze
Ton oseille
Ton pognon
Ton pèze
Ton fric
Ton blé
Tes biftons
Tes ronds
Tes actions
Tes sicavs
Ton liquide
Tes pourliches
Ton salaire
Tes bénéfs
Tes magots
Tes lingots
Tes napos
Tes bas de laine
Tout ce qui traîne
Ce que tu as sué de ton front
On te sucera jusqu'au fond

Nous sommes Urssaf, Cancras et Carbalas
Qui que tu sois, quoi que tu fasses
Faut qu' tu craches, faut qu' tu paies
Pas possible que t'en réchappes
Nous sommes les frères qui rappent tout

Salut ! TVA bien !

Answers

Les personnes et l'argent

Page 54, Exercice 3

Aiment dépenser	Détestent dépenser
dépensier	avare
généreux	avaricieux
large	chiche
prodigue	économe
	mesquin
	pingre
	radin (familier)
	regardant

▣ Leurs bilans

Page 54, Exercice 4

Nom	Argent vient	Utilisé
Aurélien	parents	disques
	baby-sitting	cinéma
		économies
Béatrice	famille	vêtements
	anniversaires etc.	sorties
		cinéma
		café
Chantal	travail (dans un fast-food)	choses pour école transports
	fait des courses pour les voisins	vêtements
		cassettes

A la recherche des mots

Page 54, Exercice 5

a fauché(s)
b surgelé
c soldes
d assorti
e fera l'affaire
f décor
g emprunter/empruntez
h d'occasion
i cède/céder
j vous faites cadeau
k lacet de (votre) chaussure
l a bien voulu vous prêter
m parrain
n marraine
o babioles

Mariez-les

Page 56, Exercice 1

1	d	10	b
2	c	11	k
3	g	12	f
4	q	13	j
5	i	14	o
6	m	15	n
7	e	16	l
8	p	17	h
9	a		

▣ Que choisir ?

Page 56, Exercice 2

N°	Critère	Boulot recommandé
1	Vendre des trucs	Parc d'attraction ou supermarché
2	Travailler dehors	Vendanges ou Parc d'attraction
3	Servir à manger	Restaurant ou Parc d'attraction
4	Faire du nettoyage	Parc d'attraction
5	Emploi à temps partiel	Supermarchés et magasins
6	Horaires flexibles	Restauration rapide

▣ Mille et une manières de gagner du fric

Page 57, Exercice 4 et ▣

José
Boulot = fabrique de vêtements.
Le pour et le contre = Travailler ne laisse pas un moment de répit.
Quand on travaille, on n'a plus le temps ni pour le repos, ni pour les loisirs.
Le travail peut avoir un effet négatif sur les études.

Pascal
Boulot = restauration rapide.
Le pour et le contre = Le travail chasse l'ennui.
L'argent gagné en travaillant permet d'aider à payer des trucs importants comme les études.

Karine
Boulot = épicerie.
Le pour et le contre = Une fois qu'on a trouvé un travail, il est difficile de s'en absenter.

Marc
Boulot = en a un, mais ne dit pas lequel.
Le pour et le contre = Il faut savoir doser les éléments de sa vie.
Le travail peut avoir un effet négatif sur les études.

Manon
Boulot = Caissière / rôtisserie.
Le pour et le contre = Travailler ne laisse pas un moment de répit.
Quand on travaille, on n'a plus le temps ni pour le repos, ni pour les loisirs.

L'argent gagné en travaillant peut devenir une drogue. Une fois qu'on a accepté un travail, il est difficile de le quitter.

📺 Journal télévisé du 2 janvier 1993

Page 59, Exercice 3
parfois = *sometimes*
un trottoir = *pavement*
une banlieue = *suburb*
hivernal = *wintery, winter*
offrir un toit = *to give shelter*
estimer = *to feel, to reckon*
une entreprise = *commercial or industrial business*
A b,   B a,   C c,   D b,   E b.

Pour que mes désirs deviennent réalité

Page 59 et ▣
1 c   2 g   3 a   4 f   5 b   6 d   7 e

Mettez-les en ordre

Page 60, Exercice 1
d, g, b, a, e, c, h, f

En veux-tu ? En voilà !

Page 61 et ▣
1 De quoi s'agit-il ?
  1 du café
  2 de la bauxite
  3 des déchets toxiques ou radio-actifs
  4 du riz
  5 de l'aide
2 Qui en a ?
  1 La Côte d'Ivoire en produit.
  2 L'Union européenne s'en débarrasse.
  3 Les pays du Sahel en reçoivent beaucoup plus qu'ils n'en ont besoin.
  4 Les pays occidentaux en recherchent toujours.

Rap Tout

Page 62, Exercice 1
Demandez la transcription de la chanson à votre professeur.

Le bon registre ?

Page 62, Exercice 2 et ▣
1 Le reconnaissez-vous ?

1 a LE	b LPC	c LPF	d LA
2 a LE	b LA	c LPF	d LPC
3 a LA	b LE	c LPC	d LPF

2 Le trouvez-vous ?
Passer, filer
Aboule
pas mal (de)

1 Tu me files ce bouquin, s'il te plaît.
2 Ramène-toi illico !
3 Il a bu un verre de vin en le dégustant.
4 Ma sœur a rien eu comme cadeau pour son anniversaire.
5 Un clochard a sifflé son pinard.

Contrôle 2 answers

Vocabulaire

1 Traductions
Version

a	miserly	e	shame
b	cornered	f	team games
c	to have use of	g	short of breath
d	to nibble	h	never mind !

Thème

a	hébergement, logement	g	à temps partiel
b	équilibré	h	prendre le contre-pied
c	aménager	i	un outil
d	gérer	j	au chômage
e	bouger	k	gaspiller
f	les matières premières	l	ça (en) vaut la peine

2 Complétez
a Maghrébin
b claquettes
c boucler
d déchet
e défavorisée

3 Synonymes
a un gamin
b du fric
c terminer
d une clope
e une location
f le farniente

Grammaire

1 à, en ou dans
Pendant mes vacances, je vais aller *au* Portugal. En route, je ferai un petit séjour *dans* le Roussillon, cette région charmante *du* sud de la France. Puis, il faudra bien sûr que je m'arrête *en* Espagne. Je crois que je resterai quelques jours *à* Saint-Jacques de Compostelle, *en* Galice. Puis je suivrai la côte jusqu'*à* Porto, *au* Portugal.

2 Conjugaisons
Inf. ; imparfait ; plus-que-parfait ; conditionnel
a manger ; il mangeait ; il avait mangé ; il mangerait
b revenir ; je revenais ; j'étais revenu(e) ; je reviendrais
c être ; nous étions ; nous avions été ; nous serions
d mettre ; tu mettais ; tu avais mis ; tu mettrais
e pouvoir ; elles pouvaient ; elles avaient pu ; elles pourraient
f lire ; vous lisiez ; vous aviez lu ; vous liriez
g faire ; nous faisions ; nous avions fait ; nous ferions

h réussir ; elle réussissait ; elle avait réussi ; elle réussirait
i partir ; ils partaient ; ils étaient partis ; ils partiraient
j voir ; vous voyiez ; vous aviez vu ; vous verriez

3 Forme correcte

a grandement   **e** heureusement
b irrégulièrement   **f** nullement
c doucement   **g** nouvellement
d modérément   **h** violemment

4 du, de la, de l' ou en ?

*De l'*argent ? Tout le monde *en* voudrait, mais il faudrait que tout le monde ait *du* travail, or, actuellement, tout le monde n'*en* trouve pas facilement. Pour *en* trouver, il faut parfois *du* temps et surtout *de la* patience.

5 Thème

a En atteignant la plage, nous avons vu le soleil.
b En passant par Paris, vous verrez Paul.
c Ayant voyagé par le train, elle se sentait plus reposée.
d Elle est descendue en courant.

Pour communiquer

1 Que diriez-vous ?

a Voir page 36.
b Voir page 47.
c Voir page 57.
d Voir page 58.

2 Interprétation

Voir page 34.

3 Prenez position

Voir pages 34, 36, 49, 58, 61.

Des idées

1 Des faits

a Voir de page 33 à la page 42.
b Voir de page 43 à la page 52.
c Voir de page 58 à la page 61.

2 En combien de questions ?

a Voir chapitre 4 (pages 33 à 42).
b Voir chapitre 5 (pages 43 à 52).
c Voir chapitre 6 (pages 53 à 62).

3 Pendant une minute

a Voir chapitre 4 (pages 33 à 42).
b Voir chapitre 5 (pages 43 à 52).
c Voir chapitre 6 (pages 53 à 62).

7 Ce que je crois

Chapter overview

Page	Reference	Activities	Possible extension
85	Pour commencer		
	Ce que je crois	■ Useful revision of *ce que* = what	■ Revise tenses of *croire*. ■ Differentiate between *croire* and *penser*.
	Photos et sondage	■ Study of linking theme of belief. Initial exploration of strongly held beliefs.	
	Le système solaire	■ Look at diagram then recap sequence of planets from memory.	
86–87	Rêves et superstitions	■ A light-hearted look at dreams and superstitions.	
	Rêves et cauchemars	1 Group conversation about common dreams supported by realia and **Pour communiquer**.	
	J'écris mes rêves 💾	2 Written descriptions of dreams, best done by wordprocessor. Displayed anonymously. Descriptions should lead to lively and, perhaps, humorous discussion of interpretations.	
	Croyances diverses	3 Table of statistics to be studied and discussed in class.	■ Students carry out similar survey in their school or college and make a formal presentation of results.
	Tu y crois, toi ?	4 Pair work; oral activity.	■ Questions could involve working with a range of partners.
	Définitions	5 Precise meanings to be sought in dictionaries.	
	Bonne chance !	6 Pair-work question and answer work supported by realia.	
	📼 Le hasard du chiffre 7	7 Short humorous item, off-air recording.	
	Au fait	■ Some natural phenomena linked to folklore.	
	Travail de recherche	■ Survey work linked to theme of chapter.	■ Class could pool results and draw up complete list.
88–89	Vivre sa foi… ou pas	■ Young people's religious beliefs are the focus for these pages.	
	Croire en Dieu ?	1 Students respond personally to questions about belief in God. Support from realia and **Pour communiquer** : *Parler de sa religion*.	
	📼 Les jeunes et la religion	2 Listening exercise: Seven young people describe their situation. Note-taking leading to sentence completion task specifically about religious beliefs.	■ Students could summarise and record belief, as if participating in the interviews.
	📼 Pratique de prononciation + Bonne idée.	3 Reminder of noun suffix *-isme* and repetition practice.	
	Comment ça se dit ?	4 Students scan text to match English phrases to French equivalents.	
	Où en êtes-vous ?	5 Using vocabulary and phrases acquired in the chapter so far students write a paragraph summing up their attitudes towards religion.	
	Plus ou moins important ?	6 Setting priorities. Students individually create their own lists then compare with a partner before summing up for whole class. **Point Grammaire:** reminder about comparative constructions, with more practice on 34.	
90	Qu'y a-t-il après ?	■ This page considers the afterlife, through a song, statements from young people and official doctrine of 4 religions.	■ See also page 95.
	Qu'y a-t-il après ? 📼 + 35	1 Song by Yves Duteil with activity on 35.	
	Images de l'au-delà	2 Reading exercise.	

Page	Reference	Activities	Possible extension
	Point final sur les religions	**3** Reading activity, matching religions to the appropriate position of faith.	
	Travail à deux	**4** Summing up oral or written activity. Students to work in pairs after personal reflection.	■ Essay writing task responding to question at the top of this page.
91	Grammaire : Le subjonctif **36**	■ Introduction of this mood focusses primarily on present tense formation and usage. More support on pages 242-243. Pronunciation practice provided on 🖭 *Verbes irréguliers au subjonctif*.	
92–93	Rock et sacré	■ Challenging article which draws links between concerts and religious rituals. Opportunities to explore and discuss pop music.	
	Orientation	**1** Warm-up activity. Students describe the atmosphere generated in a rock concert.	■ Poster work activity could expand on initial exposure of feelings and sensations.
	Vrai ou faux	**2** Straightforward comprehension exercise.	
	Points descriptifs	**3** Focus on adjective agreements table to be completed. Support provided by **Déjà vu**.	■ Students think of/research other adjectives with similar endings.
	La séquence des idées **37**	**4** Text reconstruction exercise best done after several readings of text *Rock et sacré*. Simple support in **Bonne idée**.	■ Activity should provide valuable support for constructing essays.
	🖭 Utile	**5** Popular song of 1993. Listening for pleasure.	
	🖭 + **38** Julien Clerc au micro	**6** Interview with singer of song *Utile*. Exercise on **38**. Some vocabulary support provided.	
	En parlant de chansons	**7** Vocabulary building activity, leading to class discussion, supported by **Pour communiquer :** *Exprimer ses préférences artistiques*.	■ Discussion of other singer/ songwriters and the French tradition of this style of popular music. Topic for coursework?
94–95	Les choses de la vie	■ Extract from Paul Guimard novel provides opportunity for developing literary appreciation skills.	■ Read the whole novel.
	Compréhension	**1** Reading comprehension task, establishing correct order of sentences. Establishing facts. Written or oral exercise.	
	Interprétation	**2** More searching questions to be answered. Oral or written work.	■ Question **a** could be basis for paired work activity.
	Appréciation	**3** Selection of adjectives describing style and language of passage. Each choice must be justified. Leads to summary activity.	
	🖭 Destin ou coïncidence ?	**4** A bizarre *fait divers*, off-air recording.	■ Class identifies and describes other strange coincidences.
96	Quelque part dans l'Univers	■ Is there life out there? This is the essential question posed by the final page of this chapter.	
	Pour mieux comprendre	**1** Straightforward written comprehension task.	■ Students devise other questions to ask each other.
	Article à la une 💾	**2** Preparation, design and production of front page article for school/college magazine, using DTP package.	■ Send copy to partner school/college in French speaking country and invite comment and reaction.
194–196	Lectures	■ Newsy article about young writer Dominique Rouch's book: *Dieu seul le sait !* plus articles on topic of hypnosis. ■ *La religion : définitions, chiffres et graffiti*. ■ Extract from Zola's novel *Thérèse Raquin*.	

Class cassette transcripts

Les jeunes et la religion

Page 88, Exercice 2 (2' 40")

Louise : J'allais tous les dimanches à la messe mais ça fait deux ans que je n'y vais plus. Comme je suis maintenant dans un collège privé catholique je suis obligée de… c'est à dire j'ai des cours, une heure par semaine de catéchisme et on a une messe toutes les semaines aussi. Je trouve que c'est suffisant. Je préfère qu'on me laisse choisir, quoi.

Frédéric : J'ai eu une éducation catholique, c'est que j'ai été baptisé. J'ai fait ma première communion à l'âge de neuf ans parce que mes parents estimaient que je devais la faire. Ce n'est pas une mauvaise chose, en fin de compte, parce qu'au moins je sais ce que c'est.

Aïsha : Je ne sais pas exactement quand j'ai commencé à avoir la foi. Mais je me suis mise à suivre les rites musulmans petit à petit. Peut-être c'était quand j'avais douze ou treize ans que ça a pris plus d'importance dans ma vie. Oui, c'était à cet âge-là que j'ai voulu en savoir plus. La foi a donné une dimension tout à fait différente à ma vie. Ça m'aide beaucoup. J'en ressens un grand bien-être intérieur.

Philippe : Je ne suis pas sûr de l'existence de Dieu. Croire en quelque chose, c'est parfois utile. Quand on est dans une situation difficile, on espère toujours qu'il y a quelque chose comme Dieu. Quelque chose ou quelqu'un qui nous surveille. C'est naturel. Mais je ne peux pas dire que j'y croie tout le temps. Et puis, si Dieu existe seulement pour aider dans des situations difficiles, c'est pas la peine d'y croire.

Robert : Je ne suis pas trop attiré par la religion. En effet, tout ça, je trouve ça totalement inutile. Pour moi, Dieu n'existe pas. Quand je regarde à la télé les images des enfants affamés en Afrique et ailleurs, et des guerres un peu partout qui font tant de morts inutiles, ça me fait tellement mal au cœur que je me dis : «Non, j'ai raison. Dieu n'existe pas.»

Françoise : Je suis croyante mais pas vraiment pratiquante. Je vais à l'église le dimanche des Rameaux, à la Toussaint, à Noël… Aussi il y a des communions, des mariages, des baptêmes etc, mais sinon je n'y vais pas. Parce que, beh… à part ces occasions spéciales je trouve l'église assez ennuyeuse.

Elodie : J'ai été baptisée oui, mais ça ne signifiait pas grand'chose à l'époque. Maintenant, c'est plus important pour moi. Je ne sais pas. Je cherche quelque chose et c'est peut-être Dieu. C'est pour ça probablement que j'ai repris l'habitude d'aller à l'église. J'espère qu'avec le temps je deviendrai plus sûre de ma foi.

Qu'y a-t-il après ?

Page 90, Exercice 1 et 🔲35 (2' 10")

Qu'y a-t-il après
Quand nos âmes ont disparu
Quand nos cœurs ne battent plus
Près de ceux qu'on aime ?

Si nos souvenirs se diluent dans l'infini
Qu'en est-il de nos amours et nos amis ?

Quand je m'en irai
Pour ailleurs ou pour après
J'aurai si peur de n'y trouver que des regrets

Je cherche déjà les chemins d'éternité
Qui pourront guider mes pas pour te trouver…

Qu'advient-il de nous
Quand nos yeux se sont fermés
Sur tous ceux qu'on va laisser
Terminer nos rêves

Au bout du chemin, si le temps n'existe pas
Où s'en vont tous les visages d'autrefois ?

Quand je m'en irai
Pour toujours ou pour jamais
Je voudrais tant te dire encore que je t'aimais

Si les mots parfois sont trop lourds au fond du cœur
Les silences ont la couleur de nos secrets…

Il me reste encore tant de larmes et tant de rires
Tant de choses à découvrir
Des bonheurs à vivre

S'il fallait partir, moi mon ciel ou mon enfer
Ce serait de te chercher dans l'Univers…

Qu'y a-t-il après
Quand nos âmes ont disparu
Quand nos cœurs ne battent plus
Près de ceux qu'on aime ?

Si nos souvenirs se diluent dans l'infini
Qu'en est-il de nos amours et nos amis ?

Quand je m'en irai pour ailleurs ou pour après
J'aurai si peur de n'y trouver que des regrets

Et je sais déjà les chemins d'éternité
Qui pourront guider mes pas pour te trouver…

Julien Clerc au micro

Page 93, Exercice 6 et 🔲38 (1' 35")

Julien Clerc : Il faut que ça ait du style. Il faut que ça soit d'abord une chanson avant que ça soit un engagement, si vous voulez. Et si on a trouvé la formule pour dire quelque chose, c'est bien. Mais il faut d'abord que ce soit, disons, un acte artistique et après, je trouve, ben, enfin… c'est… c'est toujours comme ça que je l'ai senti… plus ou moins. C'est comme ça que je fonctionne… par exemple, il y a de très belles chansons d'ailleurs dans les protest-songs. Il y a certaines chansons où je trouve la charrue est mise avant les bœufs. Le protest-song… c'est d'abord un truc pour gueuler à la face du monde et après une chanson. Moi, je préfère que ce soit le contraire, soit d'abord… essayer d'abord de faire une bonne chanson. Tant mieux si on peut y mettre quelque chose dedans… Mais c'est aussi le rôle des musiciens, des chanteurs, des poètes, des artistes de rock de… de… de ramener un peu ce que les gens ont dans la tête… Il y a pas une conversation dans les dîners en ville, comme on dit, où il n'est pas question de se rendre utile : Qu'est-ce qu'on pourrait faire ? etc. On sent bien qu'en ce monde… on vit… tout le monde sent consciemment ou inconsciemment qu'on… qu'on… qu'on vit une période-là charnière et… c'est aussi le rôle des… des… des artistes de parler de ça.

Answers

📖 Les jeunes et la religion

Page 88, Exercice 2
Résumés

Frédéric : Il a eu une éducation catholique et il a été baptisé. En plus il a fait sa première communion parce que ses parents le voulaient. Il ne regrette pas de l'avoir faite.

Aïsha : Elle est musulmane. A l'âge de douze ou treize ans la religion est devenue plus importante pour elle. Elle trouve que sa foi l'aide beaucoup et lui donne un sentiment intérieur de bien-être.

Philippe : Il est plutôt agnostique. Il n'est pas sûr de l'existence de Dieu. Il pense que c'est naturel de croire en quelque chose mais sa foi n'est pas constante.

Robert : Il est athée. Il ne croit pas en Dieu et il n'aime pas les religions. Quand il voit des images de souffrance à la télé, il est sûr qu'il a raison de ne pas y croire.

Françoise : Elle croit en Dieu mais elle n'est pas pratiquante. Elle ne va à l'église que pour les fêtes les plus importantes. Autrement elle trouve l'église assez ennuyeuse.

Elodie : Elle a été baptisée mais la religion est devenue importante pour elle seulement maintenant. Elle a repris l'habitude d'aller à l'église. Elle espère devenir plus sûre de sa foi.

L'attitude actuelle

b Frédéric – parce qu'au moins il sait ce que c'est.
c Aïsha – un sentiment de bien-être intérieur et une dimension tout à la fait differente à sa vie.
d Philippe – de croire en Dieu si c'est seulement pour s'aider dans des situations difficiles.
e Robert – la religion est totalement inutile.
f Françoise – elle serait ennuyée.
g Elodie – sa foi est devenue plus importante et elle espère en devenir plus sûre.

Comment ça se dit ?

Page 89, Exercice 4
a Il vit sa foi à sa façon.
b Ça a été le déclic.
c Ce n'est pas évident.
d lui aussi s'intéresse
e une éducation chrétienne
f aller jusqu'au bout

La pratique de la religion en France

Page 89 et 34
a moins de musulmans que de catholiques.
b de moins en moins de catholiques
c de plus en plus de musulmans
d beaucoup plus nombreux que les protestants

e moins de juifs que de protestants
f si pratiquants que les gens de 40 ans
g moins pratiquants que les personnes âgées
h si fréquentées qu'autrefois

📖 Qu'y a-t-il après ?

Page 90, Exercice 1 et 35

1 âmes	11 éternité	21 silences
2 cœurs	12 pas	22 couleur
3 souvenirs	13 yeux	23 secrets
4 infini	14 rêves	24 larmes
5 amours	15 chemin	25 rires
6 amis	16 temps	26 choses
7 ailleurs	17 visages	27 bonheurs
8 après	18 toujours	28 ciel
9 regrets	19 jamais	29 enfer
10 chemins	20 mots	30 univers

Point final sur les religions

Page 90, Exercice 3
Christianisme = **d**
Hindouisme = **c**
Islam = **a**
Judaïsme = **b**

Indicatif ou subjonctif ?

Page 91 et 36
a dis – aient
b fasse – arrive
c suis sortie – sachent
d peut – soit
e danse – soient
f puisse – suis

Vrai ou faux

Page 92, Exercice 2

a faux	d vrai
b vrai	e vrai
c faux	

Points descriptifs

Page 92, Exercice 3
Les règles :
a Les adjectifs qui se terminent en -el :
rituel/rituelle/rituels/rituelles
sing. masc : -el ; sing. fém : -elle ; plur. masc : -els ; plur. fém : -elles
b Les adjectifs qui se terminent en -teur :
révélateur/révélatrice/révélateurs/révélatrices
sing. masc : -teur ; sing. fém : -trice ; plur. masc : -teurs ; plur. fém : -trices
c Les adjectifs qui se terminent en -eux :
religieux/religieuse/religieux/religieuses
sing. masc : -eux ; sing. fém : -euse ; plur. masc : -eux ; plur. fém : -euses

Les vides :

a un problème sexuel – la sensibilité sexuelle – des images sexuelles

b une activité rituelle – des décors rituels – des fêtes rituelles

c un mélange destructeur – l'agressivité destructrice – les dieux destructeurs

d l'habillement oriental – la civilisation orientale – les objets orientaux

e un public nombreux – une famille nombreuse – de nombreuses définitions

f une dimension révélatrice – des points de vue révélateurs – des expériences révélatrices

La séquence des idées

Page 93, Exercice 4 et 37

a point de vue anthropologique

b Il y a, dans le rock, des structures qui se ressemblent à des structures religieuses.

c trois

d le développement de rites et de symboles

e le décor rituel

f le lieu, l'habillement

g les gestes

h la chanson, la danse, le mouvement

i la flamme, le jeu de lumière, les nuages de fumée

j Un concert de rock est comme une fête rituelle.

k Le désir de participation et de fusion

l On devient partie d'une foule – une espèce d'harmonie cosmique.

m le recours à la drogue, la recherche d'une autre dimension

n la sacralisation des rockstars

o Elles sont vénérées comme des êtres surhumains.

p Mick Jagger, David Bowie, Madonna, Michael Jackson, Prince

q Le meurtre de John Lennon

r Quelle conclusion peut-on faire ?

s On ne peut pas dire que le rock soit une religion mais il y a, tout de même, quelque chose de sacré là-dedans.

t La définition du mot «sacré».

Il faut que ce soit

Page 93 et 38

a ait

b mettent

c soient

d aient

e puisse

f expliquent

Compréhension

Page 94, Exercice 1

1 g 2 e 3 a 4 c 5 f 6 b 7 d

Interprétation

Page 94, Exercice 2

a Une image traditionnelle dans laquelle le diable attendait pour le brûler dans ses fournaises.

b Parce qu'il se sentait déjà damné à cause de ses premières expériences sexuelles.

c Dieu lui semble un dieu en colère et plein de rancunes infinies d'où vient sa répugnance.

Pour mieux comprendre

Page 96, Exercice 1

a Les progrès de l'informatique, le perfectionnement des satellites ; le perfectionnement des télescopes, les avancées théoriques des astrophysiciens.

b Il décrit comment la naissance de nouvelles étoiles ressemble à celle d'un papillon ou d'un ver à soie qui sort de son cocon. La pouponnière est une salle dans une crèche réservée aux tout petits enfants.

c Les chercheurs qui s'intéressent aux plus petits organismes de la matière collaborent maintenant avec ceux qui font de la recherche spatiale.

d Les physiciens observant les explosions d'étoiles, les astrophysiciens reconstituent la fusion nucléaire du Soleil.

e Le fait qu'on a découvert des planètes en dehors de notre système solaire.

Chapter overview

Page	Reference	Activities	Possible extension
97	Pour commencer.	■ Teacher asks questions on the various aspects of page 97.	■ Dictionary work on *futur* and *avenir*.
	Terre, où est ton avenir ?	■ Brainstorm: *Pourquoi ce titre ? Qu'est-ce qui menace la planète à votre avis ?*	■ Students to prepare questions as to what they do to protect their environment.
	Dessin	■ Encourage students to brainstorm the themes these evoke. ■ Make students speculate on the French attitude to these various aspects of environmental issues.	
98–99	J'y pense et puis j'oublie	■ This double spread explores individuals' awareness of environmental issues. Ask students about the photo, and meaning of *sans plomb*.	
	Mini-Sondage : l'environnement	1 Oral work in pairs. Support provided to vary structures for *je pense... + conjonction de subordination de temps*.	■ Differentiation by outcome.
	🖳 L'interview de Catherine	2 Listening exercise and preparation for next task.	■ Students could rewrite times when Catherine thinks about environment in full sentences.
	Comparez vos résultats	3 To establish a list of when awareness of the environment is felt. Developing oral presentation skills. ■ **Pour communiquer** to support students in reporting back their group's findings. ■ **Bonne idée :** Use of *y* in *J'y pense*.	■ Differentiation by outcome. ■ **Grammaire** on *y* to replace places and objects introduced by *à*.
	Retrouvez dans le texte	4 Gap-filling exercise to check comprehension.	■ Students could be asked to summarise texts in their own words.
	Protéger l'environnement	5 Oral work in pairs to practise grammar (use of infinitive and negative in **Déjà vu**) and to start gathering ideas on environmental issues. ■ Information from **Au fait** on water consumption.	■ Students to pretend they are politicians and develop a one or two minute speech on one aspect of the environment, using the structure being practised.
	Des posters	6 Collages or posters to defend an environmental issue. Wording to use at least rhetorical figures of speech.	■ Differentiation by outcome.
100–1	Messages verts	■ This section looks at the influence of human beings on their environment.	
	La lettre d'Oïara 💾	1 Comprehension exercise. Students asked to re-order paraphrases of the extracts of the text in the text order.	
	Oïara dénonce	2 Dictionary work, matching nouns to verbs with an outcome: a list of the problems to which Oïara draws attention.	■ Students could be asked to draw up their own list of environmental concerns, using nouns.
	La lettre de Philippe	3 Comprehension of a more open nature which involves answering questions in French.	
	Négativement parlant	4 Students to ■ find more examples of negatives (*ne...pas, ne...plus* and *ne...que*) with the infinitive. ■ draw conclusions on usage.	■ Students could write more sentences of their own and/or could be asked to do their own research on other negatives (*ne...rien, ne...jamais, ne...personne*).
	Oïara et Philippe, ironiques	5 The use of irony: ■ reading definitions of irony. ■ Identifying ironic phrases from letters.	
	Ironiquement vôtre	6 Creative writing to practise expressing irony.	■ Students could be encouraged to write a short paragraph (50-60 words) on one or two of the topics in an ironical tone.
102	Grammaire : Le passif 39 40 41	■ Explanation of how the passive is formed and of other structures which have a passive value. ■ Students are asked to find two examples of usage of *on* in Philippe's letter, page 101. More practice on Copymasters.	
103	Pan ! Paf ! Plouf !	■ Section which looks at the issue of noise pollution.	
	Bruit : gêne ou nuisance	1 Oral exercise in twos and threes. Personal reflection and reaction.	■ Differentiation by outcome.
	🖳 Je connais trop bien le problème 42	2 Multiple choice questions in French + summary in English.	■ Students could be given only the opening statements (eg *Cette femme habite...*) on OHT and asked to complete them. ■ Summary could be written in French.

Page	Reference	Activities	Possible extension
	PSST !	3 Light-hearted exercise, asking students to work out the meanings of various onomatopoeia.	■ Students could research more by reading comic strips in French.
	Travail de recherche	■ Life skill/observation skills leading to work on *verbes de perception* + *infinitif*. Support from **Point Grammaire**.	■ On-site recordings could be made during a visit to France and described on return.
104–5	Risques majeurs	■ An overview of contemporary environmental problems.	
	Glossaire écologique 💾	1 Using the database created in the first chapter to compile a glossary of environmental terms. (Alternative offered for students who cannot access a database.)	■ Students could be encouraged to add new words as they meet them and reprint and learn them regularly.
	Lecture	2 Instruction to use glossary while reading.	
	Corrections 💾	3 Students to correct the errors which appear in a summary of the main text. 💾 should facilitate the task.	■ Students can be encouraged to write to greater or lesser extent.
	📼 La centrale ? On finit par l'oublier !	4 Listening exercise which contributes to collecting ideas on the nuclear question.	■ Students could be encouraged to find more ideas on their own or in library, news items, etc.
	📼 J'habite à côté d'une centrale	5 Detailed comprehension + ideas collection, noting points for and against nuclear energy.	■ Each point could be written in full sentences rather than in note form.
	Contribuez au débat sur le nucléaire	6 Oral work: debate on nuclear energy. Reminder of debating and note-taking skills in previous chapters in **Déjà vu**.	■ This could lead into an essay: *Le pour et le contre de l'énergie nucléaire*.
106–7	Grammaire : Le superlatif 43 44	■ Explanation and exercises on the superlative. More exercises on 43 44	■ Some controlled exercises could be created on superlative + subjunctive.
	La Terre, une déchetterie ?	■ This section looks briefly at the issue of waste and the length of time needed for some products to disintegrate.	
	C'est dans quel texte ?	1 Comprehension exercise, asking the student to match a summary of a text with the appropriate text.	
	Réactions personnelles	2 Students are asked to judge the effectiveness of the five texts. ■ **Pour communiquer** : *Exprimer ses réactions à un texte* provides support.	
	Imaginez	3 Oral pair work to consider the issue of the sort of environmental inheritance tomorrow's children will be left.	■ Students could collect other cartoons on the theme of the environment, translating captions into French where necessary.
108	L'eau : source de vie	■ This section looks briefly at the issue of water in France and a few French speaking countries.	
	📼 La sécheresse au Sénégal	1 Note-taking exercise highlighting the problems associated with water or the lack of it in African French-speaking countries.	
	Objectif pollution zéro 45	2 Students to read text and answer questions.	
	📼 La falaise menacée 46	3 Off-air recording of a news item. Students to listen to tape and sort statements for and against.	■ Students could be asked to take notes, without being given the support of 46.
	Au fait	■ Some thought-provoking facts and figures.	
	Travail de recherche	■ Students to research and present the state of the environmental issues in their country.	
197–9	Lectures	■ *A vous de jouer !* : selection of texts on various issues of an environmental nature. ■ *La mort de la planète Terre* : an imaginary chapter. For students to successfully compare this pastiche to Saint-Exupéry's novel *Le Petit Prince*, encourage them to find a copy of the novel for themselves and read it. ■ *Scènes de rue* : selection of literary texts written by French authors describing various street environments.	

Class cassette transcripts

L'interview de Catherine

Page 98, Exercice 2   (0' 40")

Je pense à l'environnement euh… quand… bien sûr… quand je regarde la télévision, ou alors euh… quand je fais mes courses. Alors, là… par exemple les choses très très pratiques comme les déodorants sans CFC… euh… pour la couche d'ozone, tout ce qui est recyclable, tout ce qui peut être recyclé… j'y fais attention. Sur le coup j'y pense pas et puis quand je les vois, je me dis, tiens, ça serait bien, ce serait mieux que si tu achetais ça. Donc j'y pense pas tout le temps, hein !… J'y pense que quand… quand je tombe sur certains produits ou que je regarde la télé. Donc c'est pas tous les jours, c'est pas constamment quoi, c'est de temps en temps.

Je connais trop bien le problème

Page 103, Exercice 2 et 42   (2' 10")

Le bruit, c'est un problème que malheureusement je connais trop bien depuis que j'ai quitté Bordeaux pour venir habiter à La Rochelle. Si La Rochelle est une ville qui a beaucoup de charme et si le quartier dans lequel j'habite est un quartier qui a une âme, les problèmes énormes que je rencontre à La Rochelle me font regretter énormément d'être venue y habiter. Je pense que La Rochelle telle que je la vis, est une ville où il fait bon passer mais ce n'est pas une ville où il fait bon vivre. Je subis une nuisance extrêmement grave par le bruit qui est provoqué par un établissement ouvert au public installé au rez-de-chaussée de la maison où je vis. Cette nuisance me gêne depuis trois ans maintenant. D'ailleurs, ma santé a été affectée à plusieurs reprises. Les répercussions, pour moi, ont été extrêmement importantes parce que, lorsque le bruit que je subis est un bruit particulièrement désagréable et gênant par son intensité sonore et par la durée de cette intensité sonore, j'en arrive à avoir des malaises cardiaques et nerveux tels, qu'il est nécessaire d'appeler le médecin. Je vais vous citer un exemple : jeudi douze juillet entre 20 heures 30 et 21 heures 15 le bruit produit par un orgue électrique dont la mélodie et surtout les percussions étaient trop fortes… puissantes… ben… j'ai commencé à me sentir mal à l'aise vers neuf heures. Lorsque je subis ces crises, le cœur commence à battre plus vite. Ensuite je sens les fourmis au bout des doigts, puis la vue se trouble, l'audition se trouve diminuée et… je ne perds pas conscience parce que je reste totalement lucide mais je ne peux parler qu'extrêmement difficilement. J'ai appelé mon médecin qui est venu trois quarts d'heure après. Cette nuisance a été mesurée avec des appareils enregistreurs et par conséquent… On a très souvent l'impression que l'on n'est pas compris. Les gens ne vous considèrent pas comme une victime mais comme responsable de la gêne que vous éprouvez.

La centrale ? On finit par l'oublier !

Page 105, Exercice 4   (1' 10")

Gabriel : Nous sommes en très bonnes relations avec les gens du nucléaire. Cela a créé beaucoup d'emplois dans la région.

Martine : Maintenant que la centrale est là, il faut bien s'y faire, on n'a pas vraiment le choix.

Simon : La centrale, on finit par oublier. Elle fait partie du paysage.

Philippe : Le nucléaire je ne suis pas contre, mais on sait pas trop ce qu'ils bricolent là-dedans.

Anne : Vous savez l'eau est impropre à la consommation, mais tout le monde se tait !

Jean Paul : Bien sûr, on va pas retourner au feu de bois !

Jacques : Mon principe consiste à poser les questions les plus embarrassantes à EDF et à obtenir une réponse à chaque fois.

Bénédicte : Ici depuis l'arrivée d'EDF, la jeunesse roule à deux vitesses : il y a des enfants des centrales qui débordent de fric, et les autres.

Laure : A force de trop de confort, on arrive à endormir les gens. On n'investit pas assez pour l'avenir, et pourtant la centrale s'arrêtera un jour. Eh alors….

J'habite à côté d'une centrale

Page 105, Exercice 5   (3' 40")

Présenteur : Bonsoir, chers auditeurs, voici maintenant notre discussion sur l'énergie nucléaire qui a été enregistrée hier soir. Deux personnes qui habitent tout près de la Centrale y ont participé. Si vous voulez ajouter quelque chose à notre débat, téléphonez-nous au 73.43.86.98. N'hésitez pas à nous appeler.

Présentateur : Monsieur ? Est-ce que le nucléaire vous inquiète ?

Homme : Ah non absolument pas. J'habite pas loin de la centrale nucléaire, et ça ne représente vraiment aucun danger. Ça ne m'empêche pas du tout de vivre normalement.

Présentateur : Vous n'avez donc pas peur des accidents ?

Homme : Non ! Non ! Je ne crois pas, non. Il y a une très bonne sécurité dans les centrales nucléaires et je fais confiance aux ingénieurs, moi !

Femme : Ah moi non ! Pas du tout, alors ! Moi, je pense que dans toute centrale nucléaire, il y a des risques même quand… même… euh quelles que soient la technologie et les mesures de sécurité. Il y a toujours des risques ! Et puis on entend tellement de choses à propos des maladies parmi les populations vivant à proximité des centrales nucléaires ! Enfin, je pense que… Je suis toujours inquiète de toute façon, très inquiète.

Homme : Mais nous sommes tous dépendants de l'énergie nucléaire. C'est une des raisons principales pour laquelle on poursuit notre politique nucléaire euh euh… on produit énormément d'électricité grâce à cette énergie, et puis, cette électricité est bien plus propre et bien moins chère que celle qu'on produit autrement ! Je pense qu'il y a aucune raison pour qu'on abandonne le nucléaire.

Femme : Bon ! c'est sûr, mais quand on peut utiliser le charbon pourquoi utiliser le nucléaire ?

Homme : Oui, mais le charbon, c'est une énergie complètement dépassée euh euh et le charb…

Femme : Oui, je comprends ce que vous voulez dire. Ce que vous dites, c'est que, bon, le charbon, c'est une énergie dépassée, c'est aussi une énergie qui salit. On dit aussi que les centrales thermiques causent des dégâts à la couche d'ozone. Je sais, mais en fait, on sait se débarrasser des déchets du charbon mais que fait-on des déchets nucléaires ? Enfin je ne sais pas mais...

Homme : O.K. O.K. C'est vrai... C'est un problème qu'on n'a pas résolu complètement... euh... On les enterre quelque part... euh...

Femme : Et vous trouvez que c'est une bonne idée de commencer quelque chose quand on sait pas quoi faire des déchets ?

Homme : Ben, disons que l'énergie nucléaire est quand même bien maitrisée dans les centrales. Ça ne comporte pas de danger. On n'a jamais eu de... d'accidents en France depuis que...

Femme : Mais enfin ! On a eu l'accident de Tchernobyl, quand même ! Vous n'allez pas me dire que depuis Tchernobyl, vous ne vous faites pas de soucis ?

Homme : Oh ! Tchernobyl, c'est en Russie, quoi ! C'est pas en France.

Femme : Et quelle différence ça fait ?

Homme : Ben, la différence, c'est que l'énergie nucléaire est très bien maîtrisée en France alors qu'elle n'est pas du tout, à ce qu'on dit, dans les pays de l'est, hein ! De toute façon, ils utilisaient un tout autre système là-bas !

Femme : Bon ! Juste à côté des centrales nucléaires ici il y a des maladies, des cas de leucémie. Et ça ne vous inquiète pas, ça ?

Homme : Ces maladies je pense qu'elles peuvent être attribuées à d'autres causes. Moi, j'habite près d'une centrale nucléaire et je suis en très bonne santé.

Femme : Parfait ! Tant mieux pour vous.

Présentateur : Bon, je vous remercie. Maintenant, téléphonez-nous au 73.43.86.98. Je répète : 73.43.86.98. Notre standard est prêt à prendre vos appels !

La falaise menacée

Page 108, Exercice 3 et 46   (2' 00")

Présentateur : Ecologie – version terrain. Le port de Criel-sur-Mer en Seine-Maritime, doit-il aménager une digue ou un estuaire pour lutter contre l'érosion qui menace la falaise ? Les habitants votent aujourd'hui pour répondre à cette question qui divise la commune. Le maire est pour la digue, ou plutôt contre l'estuaire, comme l'explique le conseiller Dominique Bécourt :...

Dominique Bécourt : L'estuaire sera un site privilégié pour l'accumulation des déchets qui... qui... flottent en mer. Ainsi ils seront piégés. Il n'y aura pas de courant suffisant pour qu'ils puissent ressortir. Nous avons deux versants : l'un qui est habité par des résidences principales et secondaires, l'autre qui a quelques résidences mais essentiellement des... des campings. A partir du moment où on fera un estuaire les deux versants seront coupés et les campings seront complètment isolés de la partie commerçante de la plage. Euh... il faudra, au lieu de... de faire... euh... 600 or 700 mètres, comme à l'heure actuelle, il faudra faire quatre kilomètres et demi pour rejoindre la partie commerçante de la plage.

Présentateur : Autre position : Denis Courbe de l'Association de Protection de l'Environnement de Criel est contre la digue et veut l'estuaire.

Dominique Bécourt : Vous savez que les falaises sont protégées par des galets et actuellement, eh bien, il n'y a plus de galets devant la plage de Criel. Parce que, tout

simplement, eh... on a construit ça... depuis... euh... pratiquement le début du siècle... des jetées en mer... euh... on a construit des ports, notamment Tifferres. Donc, si on reconstruit la route, on refait... euh... ce qu'on a déjà fait au début du siècle et on se bat contre la mer à nouveau. Par contre, l'estuaire, on ne se bat plus avec la mer mais on fait avec. La mer rentrera doucement dans l'estuaire et il n'y aura plus de dégâts, il n'y aura plus d'érosion. Ce sera la... la première fois qu'on recrée un estuaire sur une falaise de craie.

Présentateur : Voilà ! Chacun ayant fait sa campagne, les habitants vont trancher aujourd'hui. Le résultat de ce référendum vert sera scrupuleusement respecté, assure le maire.

Answers

🔲 L'interview de Catherine

Page 98, Exercice 2
Catherine pense à l'environnement quand elle regarde la télévision et quand elle fait ses courses.

Retrouvez dans le texte

Page 99, Exercice 4
a   pleut
b   réserves
c   douche – bain
d   entendre – bruit
e   pétarade
f   hurle
g   mangent
h   terre

La lettre d'Oïara

Page 100, Exercice 1
Ordre correct : c - j - g - k - d - i - f - e - l - a - b - m - h
Paragraphe : Je suis le témoin d'une catastrophe : l'Amazonie est encore et toujours détruite par les feux de forêts et les machines-outils. Les reporters d'une grande chaîne de télévision disent qu'un groupe de population natif du Brésil meurt de maladies et trouve la mort parce qu'il n'a pas assez à manger. Des journalistes sont sur place. Pourquoi ne peuvent-ils pas aider ? Parce que ça ne fait pas partie de leur travail !

Oïara dénonce

Page 100, Exercice 2

verbe	nom
broyer	le broyage
dévaster	la dévastation
allumer	l'allumage
déboiser	le déboisement
annoncer	l'annonce
manquer	le manque

a Oïara dénonce le broyage de la forêt par l'homme.

b Oïara dénonce la dévastation de la forêt par les «queimadas».

c Elle dénonce l'allumage de feuxt qui détruisent la forêt.

d Elle dénonce aussi le déboisement de la région équatoriale.

e Elle dénonce encore l'annonce qu'il n'y a pas de médicaments pour soigner les Indiens.

f Elle dénonce enfin le manque de médecins.

La lettre de Philippe

Page 101, Exercice 3

a Il fait des randonnées en montagne et du ski.

b La beauté de la nature et sa défiguration par l'homme.

c Il veut protéger la nature. Il aime le ski.

d La conservation de la nature est devenue pour lui plus importante que sa passion pour le ski.

e amer, en colère, hors de lui, concerné.

Négativement parlant

Page 101, Exercice 4

a ne plus

b ne pas

c n'(entendre) que

d ne pas

e Ne (voir) que

f Ne plus

- *Ne pas* et *ne plus* se placent ensemble devant le verbe à l'infinitif.

- *Ne* se place devant le verbe à l'infinitif et *que* juste devant le nom ou le pronom qu'il infléchit.

Oïara et Philippe, ironiques

Page 101, Exercice 5

passages	définition
Comment eux sont-ils arrivés là?	1
Pourquoi n'ont-ils pas eux-mêmes amené de l'aide?	1
Il paraît que les Droits de l'homme existent aussi au Brésil	2
Suis-je du même peuple que ceux qui ont fait ça?	1

Grammaire : Le passif

Page 102

Usage

On n'entend que les oiseaux (Only birds can be heard)

On ne voit donc que des câbles et du béton (Only cables and concrete can therefore be seen)

39 Verbes, temps, accords

a L'eau est souvent contaminée.

b Après avoir cherché de l'eau, les femmes en Afrique étaient épuisées.

c Les forêts amazoniennes ont été détruites.

d Les puits seront payés par L'ONU.

e Les crayons de combustible seraient transférés dans une usine de retraitement en secret.

f Les voitures vont être interdites à La Rochelle.

40 Le cycle naturel de l'eau

1 est produite

2 est évaporée/s'évapore

3 est condensée/se condense

4 est collectée/se collecte

5 sont produites/se produisent

6 sont évaporés/s'évaporent

7 sont absorbés

8 s'infiltre

9 sont gonflés

41 Passivement invisible

1

1 Les forêts sont abîmées par les pluies acides.
Forests are damaged by acid rain.

2 Il est défendu de déverser des eaux polluées dans les rivières.
Discharging polluted water into rivers is forbidden.

3 On rencontre des agents polluants dans la nappe souterraine.
Polluting agents are to be found in the water table.

4 On a demandé aux fermiers d'adopter des engrais sans nitrate.
Farmers have been asked to start using nitrate-free fertilisers.

5 On pense que la couche d'ozone est moins épaisse aux pôles.
The ozone layer is thought to be thinner at the poles.

2

1 C'est facile à faire.

2 On dit que les Indiens sont très malades.

3 On m'a demandé de parler de ça.

4 On a dit aux enfants de se servir de papier recyclé.

5 On devrait interdire l'utilisation de nitrates.

6 Des produits chimiques dangereux se trouvent dans la nature.

7 On m'a téléphoné tard hier soir.

8 Il est conseillé de faire attention.

42 Je connais trop bien le problème

Page 103, Exercice 2 et **42**

1

1	C	5	A
2	C	6	D
3	D	7	A
4	B		

2

A woman who has been living in La Rochelle for only a few years finds that it is more a town to visit than a town to live in. Her quality of life in the house where she lives is badly affected by a restaurant or something similar on the ground floor: the noise levels are such that they are making her ill. When she has one of these attacks caused by the noise being too loud or the loudness too long, she has all the symptoms of a heart attack and has to call in the doctor. She feels that people treat her as the guilty party, not the victim.

PSST !

Page 103, Exercice 3

a Le bruit d'une chute dans l'eau
b Le bruit d'un moteur
c Un bruit sec, un coup de fusil
d Le bruit d'un coup
e Le bruit d'une sonnette
f Exprime le plaisir de manger
g Le chant du coq
h Le bruit d'un liquide qui coule
i Le bruit d'un horloge, d'une moteur
j Le bruit que fait un chien

Glossaire écologique

Page 104, Exercice 1

(Mots soulignés = mots dans le texte d'Alain Hervé)
augmentation (n. f.) *increase*
augmenter (v.) *increase*
composé chimique (n.m. + adj) *chemical compound*
consommation (n.f.) *consumption*
contaminé (adj.) *contaminated*
continu (adj.) *continuous*
couche d'ozone (loc. nom. f.) *ozone layer*
croissance (n.f.) *increase*
déchet (n.m.) *s'utilise souvent au pluriel (- waste)*
dérégler (v.t.) *unsettle, put out of order*
dilué (part. passé) *diluted*
diminuer (v.) *decrease*
diminution (n. f.) *decrease*
dispersé (adj.) *dispersed, scattered, broken up*
divers (adj.) *various*
durablement (adv.) *durably*
écosystème (n.m.) *ecosystem*
effet de serre (loc nom. m.) *greenhouse effect*
élévation (n.f.) *raising*
engloutir (v.) *engulf, submerge*
équilibre global (n.m. + adj.) *global balance*
faire fondre (loc. verb.) *melt*
faire monter (loc. verb.) *provoke (something) to rise*
gaz carbonique (n.m.) *carbon dioxyde*
goudron (n.m.) *tar*
incompatible (adj) *incompatible*
isotope radioactif (n.m. + adj) *radioactive isotope*
latent (adj.) *latent*
menacer (v.) *threaten*
nitrate (n.m.) *nitrate*
progressivement (adv.) *progressively*
radioactivité (n.f.) *radioactivity*
rayonnement (n.m.) *radiance, brightness*
risque (n.m.) *risk, hasard, threat*
soufre (n.m.) *sulphur*
subitement (adv.) *suddenly*
supprimer (v.) *suppress, get rid of*
survivant (adj.) *surviving*
taux (n.m.) *proportion*

Corrections

Page 105, Exercice 3

Même les plages les plus reculées sont couvertes de déchets. Une couche de déchets même très épaisse, ne présente qu'un très faible danger pour l'homme. Ce sont les pollutions invisibles, telles que l'effet de serre, la diminution de la couche d'ozone et le risque d'une explosion nucléaire, qui sont les plus dangereuses. L'effet de serre qui augmente les températures sur Terre risque de faire fondre les glaces polaires. Les scientifiques ne sont pas tous d'accord : certains pensent que la mer va monter de 2 à 4 mètres, d'autres pensent qu'elle va monter de 40 mètres. A cause de la diminution de la couche d'ozone il y a un accroissement des cancers de la peau. La fission de l'atome parfaitement maîtrisée par les hommes présente toujours des risques pour eux ; le risque militaire et le risque civil sont tous les deux aussi grands. Et s'il y avait une guerre atomique, seuls survivraient certains insectes.

▣ La centrale ? On finit par l'oublier !

Page 105, Exercice 4

– Centrale crée des emplois.
– Population n'a pas le choix.
– Centrale disparaît dans le paysage.
– On ne sait pas ce qui se passe dans la centrale.
– L'eau qui ressort de la centrale est polluée.
– Les gens ont peur de parler.
– La centrale est un progrès.
– Il faut oser poser des questions.
– La centrale crée des différences sociales.
– La centrale n'est pas une solution d'avenir.

▣ J'habite à côté d'une centrale

Page 105, Exercice 5

Pour	Contre
• il y a une très bonne sécurité	• il y a toujours des risques
• de bons ingénieurs	• on entend tellement de choses
• on est dépendant de cette énergie	• des maladies parmi la population vivant à proximité des centrales
• le charbon est dépassé • le charbon salit	• on pourrait utiliser le charbon
• les centrales thermiques abîment la couche d'ozone	• que faire des déchets?
• pas d'accidents en France	• pas une bonne idée de commencer quelque chose quand on ne sait pas quoi faire des déchets
• maladies attribuées à d'autres causes	

Le numéro de téléphone : 73. 43. 86. 98.

Grammaire : Le superlatif

Page 106
les plus reculées
les plus grands risques
les plus dangereuses
les plus invisibles
les plus diluées

Comparatif/superlatif

Page 106 et **43**

1
a bien/mieux
b bons/bon
c bien/mieux
d bonne/meilleure
e bonnes

2
a pire
b mauvais/pire
c mal
d mal/pire
e mauvaise

Thème

Page 106 et **44**
Le problème le plus grave qui se présente dans le monde est l'élévation de la température de la Terre provoquée par des gaz tels que le gaz carbonique. Un grand nombre de scientifiques croît que la température de la surface de la Terre augmente. Que la température augmente de deux à sept degrés, selon des chercheurs, le niveau des mers monterait et quelques villes seraient englouties. Les écologistes, les scientifiques et les hommes politiques ont le devoir de trouver les meilleures solutions aussi vite que possible.

C'est dans quel texte ?

Page 106, Exercice 1
a C   e A
b E   f B
c D   g A
d B

Objectif pollution zéro

Page 108, Exercice 2 et **45**
1 Il s'agit de la Seine.
2 Il était maire de Paris.
3 a 1980.
   b 1984.
   c 1984.
   d été 1991 et mai 1992.
   e 1984.
   f 1996.
4 6 milliards de francs

5 Le pourcentage des eaux sales traitées.
6 9 milliards de francs sur 4 ans.

▦ La falaise menacée

Page 108, Exercice 3 et **46**
Pour l'estuaire et contre la digue :
1 Les galets protègent la falaise.
4 Les galets ont disparu de la plage.
5 Chaque reconstruction de la route équivaut à une lutte contre la mer.
9 La mer sera assagie.
10 L'érosion se trouvera réduite.

Pour la digue et contre l'estuaire :
8 Les déchets s'accumuleront sur les rives.
2 Les courants ne sont pas assez forts pour transporter les déchets.
3 Les deux versants seront coupés l'un de l'autre.
6 Les campings seront loin des magasins.

9 Culture des masses ?

Page	Reference	Activities	Possible extension
109	Pour commencer	■ Teacher asks questions with books closed to start with and then on page 109 about newspaper-reading habits, preferences, etc.	
	Culture des masses ?	■ Brainstorm: *Si je vous dis «culture des masses», à quoi pensez-vous?*	■ Make spidergrams to record their brainstorm.
	Realia	■ Students to contribute as much as they can at this stage. Teacher encourages students to provide as many media as possible where journalists work. ■ Class will be expected to discuss the advert at a later stage, but they can still hypothesize as to what it advertises and offer some opinion as to whether they find it appealing.	■ Students could be made to record their hypotheses in writing and come back to them later on.
110–111	Influences	■ This double spread makes students consider some of the influences on human beings.	
	Sources	1 Writing and speaking task in two parts, deciding what pictures and texts represent.	■ Encourage students to go beyond the immediate meaning to the text/picture.
	▣ Le téléphone sonne	2 Listening to a phone-in radio programme; detail and gist comprehension exercise.	
	▣ Sim	3 The comic actor, Sim, speaks about factors which influenced his life. Short vocabulary exercise which precedes the listening task during which students fill in a grid.	■ Students could research influences on their own chosen celebrities and present them to the rest of class, pretending they are the celebrities.
	Un prénom…	4 A simple reading comprehension task on a text which explores what has influenced parents in their choices of their children's first names.	
	Point grammaire : Le pronom possessif **47**	■ Grammar explanation + an exercise giving students the opportunity to work pattern out logically. ■ Practice exercise on **47** .	■ More able students should be encouraged to extend the last part of the task on to a length of approx. 200-250 words.
	Jeu de mémoire	5 Oral game to recap information from the article.	■ Game could be done differently: – orally still, but whole class closes book and answers teacher's queries (could be team game if class size allows); – in writing, either in pairs, or with teacher calling out names; – the source could be given and the name found.
	A la trace	6 Vocabulary exercise: completing clues explaining words found in text.	■ Students could use the words they have found in their own sentences.
	Travail de recherche ▤	■ On the influences on first names in students' country.	■ Differentiation by outcome.
112–113	L'information au quotidien	■ This section considers the press, particularly newspapers; the material used is from Belgian sources.	
	Qui pense quoi ?	1 Reading exercise which leads the students into cross-referencing. This also enables them to start collecting ideas on the role of and form opinions on newspapers.	■ Students could make a class list of 10 or 15 *bonnes raisons de lire le journal*.
	Etes-vous au courant ?	2 A mini-quiz for students to assess their awareness of current affairs.	■ Students could be asked to read a French speaking weekly magazine and, in a rota, every week write a news bulletin in French for the rest of the school (to be displayed.)
	Au fait : Les journaux nationaux et régionaux	■ Information about French national press; political orientation and number of papers printed. ■ Information on circulation of French regional press.	■ Students could write titles of papers in their own country and provide a 'political' description in French..
	A la trace des mots	3 Vocab building exercise, finding words in texts.	■ Students could use these words in sentences of their own or they could be made to find more words coming from the same roots.
	Le vocabulaire de la presse écrite	4 Gap-filling exercise to work out meaning of types of publication (*quotidien*, *mensuel*, etc).	

Page	Reference	Activities	Possible extension
	🖭 Les problèmes de la presse écrite **48**	**5** This exercise, which invites students to match beginnings and ends of sentences provides more ideas on the press. The famous journalist's interview in a Belgian newspaper gives an interesting comparison with some European countries as well as information on young people's preferences with regard to the press.	■ Students could write a short paragraph, using the reconstituted sentences as a starting point.
	Travail de recherche 💾 **49**	■ Dealing with the front page of a newspaper: ■ Identifying its main parts by name. ■ Composing a front page 💾.	■ Support might need to be provided before students compose their front page: work could be done on journalistic styles, particularly the difference between *le style de la presse sérieuse et celui de la presse à sensation ou à scandale.*
114	Grammaire : Les pronoms relatifs **50**	■ Explanation and examples: *qui, que, où, dont, ce qui, ce que, ce dont, lequel, laquelle, lesquels, lesquelles.* ■ **Défis grammaticaux** provide practice with gap-filling exercises. Further practice on **50**.	
115	Au fil des ondes	■ A brief survey of French people's attitudes (including young people's) to radio.	
	Les jeunes Français et la radio	**1** Reading comprehension: students to answer French questions on a short text. Also, background information on French radio and French young people's listening habits.	
	A la recherche du vocabulaire	**2** Vocabulary building exercise: use the text to find words given in English.	
	Interprétation des résultats	**3** Comprehension exercise: deciding whether the interpretation of the graphs is correct or not.	■ Students could be made to correct the false sentences. ■ Students could use these sentences and revise work done as a model to comment on results of other surveys.
	Votre bilan	**4** Written exercise reporting on personal attitudes towards news reporting on radio and in the press.	■ Differentiation by outcome.
116–117	La télé-vérité est-elle bonne à voir ?	■ Double spread on some aspects of television.	
	Les mots-clés de la télé	**1** *Travail au dictionnaire* : vocabulary acquisition. ■ *Travail oral à deux* : giving one's opinion on statements/questions about television.	■ Students could write a short paragraph on three or four of the statements/questions.
	Mariez-les	**2** Matching words from the text to definitions.	
	🖭 C'est quelle émission ?	**3** A mixed skill exercise: finding in texts the programmes young people are talking about.	
	Les messages cachés **51**	**4** An exercise designed to help students handle concepts as well as more concrete ideas, in preparation for formal writing in later chapters.	
	Reproches adressés à la télé	**5** Written exercise in pairs to brainstorm accusations which can be levelled at television.	
	🖭 Le groupe Psy	**6** This extract provides a moment of light relief and offers a more positive image of the impact of television.	
	Contre-propositions	**7** Oral exercise with support available from **Pour communiquer** : expressing counter suggestions.	■ Students could write their recommendations.
	Lettre au CSA	**8** Provides written outcome to summarise work done on this double page.	■ Differentiation by outcome.
	🖭 Analyse des spécialistes **52**	**9** Listening comprehension about what the results of a survey on young people and news really conveys + some background facts on sources for news. The task invites the students to sort out statements.	
118–119	Publicité = Solliciter ?	■ About the form and place of advertising.	

Page	Reference	Activities	Possible extension
	La publicité, oui, mais où ?	1 Brainstorming exercise as a way into the topic – awareness of how surrounded we are by advertising. Extra information in **Au fait**.	
	La publicité, qu'en pensent-ils ?	2 Gap-fillling exercise interpreting data of a survey on advertising in Belgium. Exercise provides a manipulation exercise (examination practice) and enables students to start collecting language on advertising.	■ Students could add words to database and think of other useful words to describe advertising. ■ Students could collect alternative ways of expressing *penser*.
	La publicité, comment ? 53	3 Observation and reflection task using 53 and a collection of various French speaking magazines. **Note:** This task and the previous two are preparation exercises for the next task.	
	Et vous, la publicité, qu'en pensez-vous ?	4 Individual reactions of a general nature. **Bonne idée :** *Pour eviter de répéter «être»* provides support. ■ Outcome should be a poster but could if preferred be an oral discussion.	■ Differentiation by outcome. ■ Students could work out the semantic differences between all the words suggested to replace *être*.
	🎧 MCM 54	5 Two young students of graphic design discuss the advert for MCM on page 109. ■ Listening comprehension supported by 54 presenting language to discuss adverts. Preparation for a written piece.	■ Students and/or teachers might decide that notes are enough and use 54 to discuss the advert.
	La langue des publicitaires	6 Reading/writing exercise which provides more support to discuss adverts.	
	🎧 Pubs à la radio	7 Listening for pleasure.	■ The class might want to discuss the facilities radio offers to advertisers and extend the discussion to include television advertisements.
	La publicité, pour quoi faire ?	8 Brainstorming oral exercise.	■ The poster provided as a possible stimulus for ideas for the *A vous !* exercise is quite provoking and might be discussed at this point. It is one of five posters which have been diverted from their original purpose in order to promote AIDS awareness, with the consent and (financial) support of their original clients. The other four are *Les Trois Suisses*, *Elle*, *Mir* and *Benetton*.
	A vous !	9 Students to write or speak their own comments on an advert.	
120	Un jeu d'enfant	■ Looking at the influence of advertising on young people. This page provides useful exam practice.	
	Questions	1 A reading comprehension exercise: manipulating text and expressing own opinion.	
	Droit de réponse	2 Reading comprehension involving some grammatical manipulation of language.	
	Rédaction	3 Choice of four essays on media, particularly television and advertising.	■ Differentiation by outcome.
200–202	Lectures	■ *La télé :* Selection of texts on television. ■ *Créer :* Two texts , one by a 17 year old and one by Georges Duhamel on their experience as newspaper writers and printers. ■ *Un autre regard :* Two literary texts written by French authors (Alain Robbe-Grillet and Albert Camus) offering another way of looking at some of the issues met in the chapter.	

Class cassette transcripts

Sim

Page 110, Exercice 3   *(3'00")*

Reporter : Celui que vous allez entendre maintenant est… comment dire ? Un artiste comique, voilà, c'est ça ! Un artiste comique populaire dont le visage ne laisse pas indifferent et qui a su exploiter d'ailleurs… qui n'a pas échappé à Monsieur Federico Fellini lui-même entre autres, entre autres metteurs-en-scène. Alors, je veux parler de Sim. Comment était-il enfant ? Fils unique ou y avait-il d'autres enfants à la maison ?

Sim : Il y avait une sœur, Jacqueline, deux ans de moins que moi, euh ça se passait dans une ambiance extraordinaire, chez moi ça riait. Mon père était dans le cinéma ah oui ça c'est…

Reporter : Dans le cinéma, il travaillait, il faisait quoi ?

Sim : Ah ! Mon père était technicien de cinéma. Et quand j'avais 10 – 13 ans, mon père s'occupait d'un cinéma qui s'appelle le Majestic à Nantes, il était opérateur, directeur… il était l'homme à tout faire et moi je voyais tous ces films-là de l'époque et je m'en souviens… c'était des des films en noir et blanc, bien sûr avec tous les artistes de l'époque, les Emos, les Raimus et tout ça… et…

Reporter : Vous étiez admis dans la cabine de projection et tout ça comme dans Cinéma Paradiso ?

Sim : Ah complètement, quand j'ai vu Cinéma Paradiso, j'ai revécu mes mes mes mes… ces jours-là, ces années-là. C'était fabuleux. Je l'ai vu quatre fois, ce film, parce que ça m'a rajeuni et pour moi, c'est une période très très très présente.

Reporter : Ah oui ?

Sim : Ah, oui, oui. Euh quand j'ai eu treize ans, il s'est passé un événement effroyable: la déclaration de la guerre, le 3 septembre 1939… je suis né en 26 pile, hein… treize ans. J'étais à la pêche avec mon père. Et le premier poisson, je l'ai soulevé de la Loire quand notre voisin nous a dit, Monsieur Berrier, la guerre est déclarée. C'est pour ça que j'aime la pêche maintenant et je hais la guerre.
(… … Oui, oui, oui je lui transmettrais.)

Reporter : Et alors à l'époque, à la maison, on parlait de cinéma, on parlait de choses artistiques. Donc, vous avez baigné là-dedans. Est-ce que vous aviez une petite idée… on va pas dire une vocation…

Sim : Oui, ben forcément, je crois que c'est à voir jouer les acteurs sur les écrans de mon papa que la vocation m'est venue, aidée en cela par euh euh le côté clownesque de mon père qui n'arrêtait pas de me faire rire. Mais c'était un homme sérieux, mais quand il était à la maison, il faisait n'importe quoi… Il se faisait engueuler par ma mère, forcément parce que pour faire rire ma sœur Jacqueline et moi, il se mettait carrément une bouteille sur la tête en plein milieu du repas, ce qui était interdit aux enfants, mais c'était… c'est beaucoup plus drôle quand c'est interdit, forcément. Nous, on n'avait pas le droit de le faire, mais on avait le droit de rire. Ma mère qui était soupe au lait, c'était une dame des Hautes-Pyrénées, elle avait un accent… et elle engueulait Riquet, elle l'appelait… mon père s'appelait Henri, elle l'appelait Riquet. Riquet, ne fais pas ça devant les enfants. Quand ils seront plus grands, ils vont faire pareil devant les leurs. Eh ben, c'est ce que j'ai fait devant les miens.

Reporter : Non seulement devant les vôtres, mais enfin même devant le public.

Les problèmes de la presse écrite

Page 113, Exercice 5 et 🔲 48   (2'50")

Reporter : Serge July, merci d'avoir accepté de répondre à nos questions. La première a trait à l'attitude des différentes nationalités à la lecture de la presse écrite. A l'image du Belge, le Français lit-il peu ?

Serge July : Il lit des magazines. Au plan mondial, la France est le deuxième pays producteur de titres de magazines… mais le premier pays consommateur. La Grande Bretagne est le pays symétriquement inverse. Des journaux mais peu de magazines. Pour preuve, quand la Grande Bretagne produit un hebdomadaire, elle lui donne la forme d'un quotidien.

Reporter : Et pourquoi, selon vous, le quotidien est-il moins attentif à préserver la fidélité de son lectorat ?

Serge July : En France les journaux sont trop politiques. C'est qu'à la fin de la guerre, la Libération a profondément imprégné les mentalités. La presse quotidienne, surtout nationale, a été pendant longtemps gérée par des mouvements nés de la résistance. La presse régionale s'est heureusement débarrassée plus vite de cette empreinte en se tournant davantage vers l'information de service.

Reporter : La télévision n'est-elle pas coupable ?

Serge July : Non, la télé n'est pas le principal obstacle au développement de la presse quotidienne. C'est plus compliqué que cela. Les quotidiens japonais sont diffusés à des millions d'exemplaires. La télé est un élément qui suscite et encourage la lecture. A condition de bien le comprendre et de transformer les journaux, il faut partir à la reconquête des lecteurs.

Reporter : Comment ?

Serge July : En se préoccupant d'abord du prix de vente. Le journal est quasiment devenu, chez nous, un produit de luxe. En France, si l'on veut suivre les standards occidentaux, il faut vendre le journal à moitié prix. Comment voulez-vous que les jeunes dépensent 150 FF par mois pour lire un journal tous les jours ? Ils préfèrent consacrer cet argent à l'achat des magazines. Pour séduire les lecteurs, les journaux doivent donc offrir un service complet, y compris dans la manière de traiter et de présenter l'information. Libération a d'ailleurs adopté cette stratégie de magazine au quotidien. C'est dans cette optique qu'en 1981, nous avons inventé les pages «Evénement». Le journal télévisé s'ouvre sur l'événement du jour puis décline le reste de l'actualité. Nous avons fait la même chose.

Reporter : Certains quotidiens ont développé une politique de suppléments. Une voie que vous ne rejetez pas tout à fait puisque vous lancerez dès l'automne un super quotidien du samedi… mais comment amener les jeunes à lire le journal ?

Serge July : Il faut que les jeunes trouvent, dans le quotidien, l'émotion de l'actualité. L'actualité culturelle doit être l'un des piliers du journal. Il faut une chronique de musique rock, de la BD, du cinéma, autant d'univers essentiels de la culture des jeunes.

C'est quelle émission ?

Page 116, Exercice 3   (1'00")

A : Moi, je m'appelle Aline et j'adore cette émission où des gens viennent rechercher d'autres personnes.

B : Salut ! Moi, c'est Bernard. Au cours de l'émission de télé-vérité que je trouve la moins débile, on montre les actions quelquefois extraordinaires de gens très ordinaires.

C : Bonjour, ici Sandrine. Je ne pense pas qu'il soit juste d'exhiber ces personnes qui ont subi un coup du sort mais qui ont quand même réussi à se refaire une vie plus que correcte. Ça donne de faux espoirs à d'autres gens.

D : C'est Daniel qui vous parle. Moi je ne comprends vraiment pas les personnes qui viennent faire étalage de leurs problèmes maritaux en public. Je ne regarde jamais cette émission.

Analyse des spécialistes

Page 117, Exercice 9 et 🔲   (3'00")

Reporter : Ce soir, dans notre studio, nous avons des représentants des différents moyens d'informations: Jean-Marie, rédacteur en chef d'un magazine bien connu.

Jean-Marie : Bonsoir.

Reporter : Ivan, directeur de l'information à Radio France.

Ivan : Bonsoir.

Reporter : Bruno, présentateur de journal télévisé.

Bruno : Bonsoir.

Reporter : Patrick, aussi présentateur de journal télévisé.

Patrick : Bonsoir.

Reporter : Et enfin, Yves-Marie, journaliste d'un grand quotidien français.

Yves-Marie : Bonsoir.

Reporter : Ils vont réagir à un sondage récent qui montre que 40% des jeunes croient la télé contre 28% qui croient le journal et 13% la radio. Je rappellerai qui ils sont au fur et à mesure de leurs interventions. Ecoutons d'abord notre reportage dans la rue.

Voix de fille : L'information est plus neutre à la télé. Le présentateur ne donne jamais son avis. Les journaux expriment toujours plus ou moins une opinion politique. Et puis l'image, ça ne trompe pas.

Voix de garçon : On vous montre un gros plan sur une poignée de manifestants, et on prétend qu'il y avait une foule immense, un gros plan sur un flic qui tabasse un manifestant, et on parle de répression brutale. Sans compter tout ce qu'on ne vous montre pas. En presse écrite, les ficelles sont plus visibles, on a le temps de relire, d'analyser. Devant la télé on est plus passif.

Reporter : Jean-Marie, vous êtes rédacteur en chef d'un magazine bien connu. Comment réagissez-vous aux propos de ces jeunes ?

Jean-Marie : Je pense qu'en fait ce que nous venons d'entendre ainsi que les résultats des sondages récents ne prouvent qu'une chose : les jeunes s'informent plus souvent par la télévision que par les journaux ou la radio.

Reporter : Ivan, directeur de l'information à Radio France, vous voulez intervenir.

Ivan : Oui. Il faut aussi se souvenir de ce qui se passe dans les foyers: quand arrive l'heure du journal télévisé, comme beaucoup de parents, je demande à mes enfants de faire un peu moins de bruit. Ceci contribue à sacraliser la télévision.

Reporter : Bruno, présentateur du journal télévisé.

Bruno : Ce que nous avons entendu et les résultats des derniers sondages sont injustes pour les journalistes de radio et de presse écrite. Nous avons tous les mêmes sources d'information, travaillons avec les mêmes agences de presse, à savoir l'Agence France-Presse, Reuter et Associated Press.

Reporter : Patrick, présentateur du journal télévisé.

Patrick : Tout le monde s'est trompé à propos du charnier de Timisoara, aussi bien les journalistes d'agence, que de télé, radio ou presse écrite.

Reporter : D'ailleurs, les journalistes ne s'inspirent-ils pas les uns des autres, dans la peur de rater une info ? Yves-Marie, journaliste d'un grand quotidien national.

Yves-Marie : A notre journal, à la conférence de rédaction du matin, il arrive que nous évoquions les sujets du journal télévisé de la veille. Et le soir, on retrouve souvent les sujets de la «Une» de notre quotidien au journal de vingt heures.

MCM

Page 119, Exercice 5 et 🔲   (1'30")

Garçon : Oh dis ! T'as vu cette pub un peu ?

Fille : Fais voir… Hum… C'est différent !

Garçon : Moi, je trouve que c'est vachement chouette. D'abord, ce texte superposé à la photo, c'est rigolo… ils étalent les renseignements comme du beurre, ça reflète vachement bien le jeu de mot «Lisez cette tartine». J'aime bien ce sens de l'humour ! Et puis, cette superposition, c'est très subtil ! Ça crée une unité de style qui n'est pas déplaisante du tout !

Fille : Peut-être, mais si on ne sait pas ce que MCM représente, on n'a aucune idée du produit pour lequel on fait la réclame : non, si tu veux mon avis, vraiment, cette pub n'a rien à voir avec le produit en question !

Garçon : Mais c'est justement ce qui fait son attrait ! Comme on se demande ce que c'est, on est obligé de tout lire ! Et ce n'est qu'à la fin qu'on découvre que ce doit être une chaîne de télé ! C'est génial, ça force les gens à vraiment regarder la pub ! Et puis tu dois admettre… le texte est bien intégré dans la composition et MCM ressort bien…

Fille : Si tu veux… Mais, tu sais, c'est vraiment pas mon truc !

Garçon : T'as lu le texte ? Ecoute ça un peu : «Petites annonces de Casting – stop – cinéma, pub ou clip – stop». Ce style télégraphique est remarquable ! Il permet de donner tout un tas de renseignements sur la chaîne sans – justement – en écrire des tartines… Ça interpelle vachement le lecteur, non ?

Fille : Bof ! Je suppose qu'il y a un ou deux trucs rigolos qui font preuve d'humour, mais vraiment, ça ne m'accroche pas !

Answers

Sources

Page 110, Exercice 1

Les influences suggérées par les textes et les images :

- parents, grands-parents, famille
- mode
- son propre prénom
- l'armée, le service militaire, les scouts
- son propre nom de famille
- un prof, l'école, l'éducation
- la publicité, des images subliminales, la chaleur, le froid, les conditions ambiantes
- la religion, une personnalité religieuse, politique ou autre
- la culture, l'éducation
- les films, les arts, les lectures
- la culture
- l'opinion des autres, la représentation des opinions des autres

🔊 Sim

Page 110, Exercice 3

une ambiance	*environment, atmosphere*
rajeunir	*to rejuvenate*
haïr – je hais	*to hate – I hate*
baigner	*to be immersed*
un écran	*a screen*
engueuler (grossier)	*to tell off*
(être) soupe au lait	*to fly off the handle easily*
le public	*the audience*

Influence	Comment elle se manifeste maintenant
ambiance extraordinaire	aime faire rire
père/cinéma	Sim est acteur
père/pêche	aime la pêche
déclaration de guerre	déteste la guerre
cinéma/les acteurs	vocation
père/clown	aime faire rire

Un prénom…

Page 110, Exercice 4

d – e – b – a – c

A la trace

Page 111, Exercice 6

a insuffler
b entraîne
c fait
d nouveau-né
e lance
f franc succès

comédien/comédienne = acteur

Qui pense quoi ?

Page 112, Exercice 1

a Pierre-Yves
b Séverine
c Marie
d Nathalie
e Bertrand

A la trace des mots

Page 113, Exercice 3

Source	Mot du texte
contenir	contenu
couleur	coloré
important	importance
informer	informations
lien	(se) relier
nation	national
négligence	négliger
oppression	opprimées
personne	personnellement
région	régional
renseigner	renseignements
sport	sportif

Le vocabulaire de la presse écrite

Page 113, Exercice 4

a jours
b semaines
c mois
d trimestres/trois mois
e an

🔊 Les problèmes de la presse écrite

Page 113, Exercice 5 et 🔲48

a *vii* La France est le deuxième producteur de magazines au monde.
b *v* La France est le pays du monde qui lit le plus de magazines.
c *i* La Grande Bretagne produit beaucoup de journaux mais peu de magazines.
d *vi* En Grande Bretagne les magazines ressemblent aux quotidiens.
e *xii* En France les journaux nationaux sont trop influencés par la politique.
f *ix* En France, les journaux nationaux subissent toujours l'influence de mouvement qui ont vu le jour vers la fin de la deuxième guerre mondiale.
g *xiii* En France, la presse locale est moins influencée que la presse nationale.
h *iv* En France, la télévision n'empêche pas la presse de se développer.
i *ii* Au Japon, la télévision encourage les gens à lire.
j *xi* En France, les quotidiens coûtent deux fois trop cher.
k *viii* En France, les jeunes économisent pour acheter des magazines.
l *x* Pour attirer plus de lecteurs, certains quotidiens imitent les techniques des journaux télévisés.
m *iii* Pour attirer les jeunes, les journaux doivent leur présenter des articles qui reflètent leur culture.

Travail de recherche

Page 113

a Une (n.f. fam) : première page d'un journal (*the front page*)
b Manchette (n.f.) : titre en gros caractères en tête de la première page d'un journal (*headline*)
c Le gros titre (loc. nom. m.) : titre en gros caractères en tête de la première page d'un journal (*headline*)
d Le sous-titre (n.m.) : titre secondaire d'un texte placé sous le titre principal ou titre donné à une partie d'un texte (*subheading*)
e Colonne (n.f.) : chacune des sections verticales qui divisent une page (*column*)
f Préambule (n.m.) : paragraphe court, placé sous le gros titre qui résume les points principaux de l'article (*preamble*)

Composantes de la première page d'un journal :

1 = le gros titre ou la manchette
2 = le préambule
3 = la colonne

Les pronoms relatifs

Page 114
Pierre-Yves
- un moyen de se relier avec ce qui nous entoure
  qui, sujet de «entoure»

Séverine
- ce qui a le plus d'importance
  qui, sujet de «a»

Nathalie
- les films et les concerts qui passent
  qui, sujet de «passent»

Défis grammaticaux : Qui, que, quoi ou dont ?

Page 114
a
1 que
2 qui
3 que/dont/qui
4 quoi
5 qui/quoi *or* quoi/qui

b

	M	F	M. Pl	F. Pl
dans/sur	lequel	laquelle	lesquels	lesquelles
à	auquel	à laquelle	auxquels	auxquelles
de	duquel	de laquelle	desquels	desquelles

c
1 laquelle
2 lesquelles
3 lesquels
4 auxquelles
5 dont
6 lesquelles

Jeu des devinettes

Page 114 et 50
Première devinette
a Ce dont
b dont
c lequel
d Ce à quoi
Solution : la télévision

Deuxième devinette
a Ce dont
b lequel – qui
c Ce que
d dont
Solution : les journaux

Troisième devinette
a Ce à quoi
b Ce dont
c qui
d que
Solution : la radio

Les jeunes Français et la radio

Page 115, Exercice 1
a C'est plus que je ne pensais. C'est énorme.
b Ils préfèrent les stations musicales, sur la FM.
c Ces trois sortes d'auditeurs correspondent aux âges des auditeurs et aux moyens techniques qui existaient quand ils étaient jeunes.
d Parce que son approche est très similaire à celle des stations musicales sur la FM : c'est rapide et c'est rythmé.

A la recherche du vocabulaire

Page 115, Exercice 2
a indépendant(s) de
b les choses se sont passées
c à peu près
d pas mal de
e en matière de
f parmi
g vous faites confiance
h vous faites la plus confiance

Interprétation des résultats

Page 115, Exercice 3
a Vrai
b Faux – elle s'est améliorée
c Vrai
d Vrai
e Faux – la télévision et la radio sont loin devant les journaux et les magazines à ce sujet.

Les mots-clés de la télé

Page 116, Exercice 1
le direct *live television*
le différé *recorded programmes*
le ralenti *slow motion*
le duplex *simultaneous broadcast*
zapper *to swap channels*
des écrans publicitaires *adverts*
ludique *to do with games*
l'audimat *TV audience*
la télévision interactive *interactive television*
le câble *cable television*

Mariez-les

Page 116, Exercice 2
a 3
b 5
c 4
d 1
e 2

▣ C'est quelle émission ?

Page 116, Exercice 3

a Perdu de vue   TF1
b La nuit des héros   France 2
c La vie continue   TF1
d L'amour en danger   TF1

Messages cachés

Page 116, Exercice 4 et ▪51▪

a vi   d iii
b i   e iv
c v   f ii

▣ Analyse des spécialistes

Page 117, Exercice 9 et ▪52▪

 1 la télévision
 2 la télévision
 3 les journaux/la presse écrite
 4 la télévision
 5 les journaux/la presse écrite
 6 la télévision
 7 la télévision
 8 la télévision, la radio/la presse parlée, les journaux/la presse écrite
 9 la télévision, la radio/la presse parlée, les journaux/la presse écrite
10 la télévision, les journaux/la presse écrite

La publicité, oui, mais où ?

Page 118, Exercice 1

- Murs
- Magazines
- Journaux
- Télévision
- Radio
- Bus
- Métro
- Hommes-sandwichs
- Sacs (de plastique)
- Chaussures
- Vêtements

La publicité, qu'en pensent-ils ?

Page 118, Exercice 2

a influence   e mensonges
b réglementer   f utilité
c amuse   g sans
d immorale

▣ MCM

Page 119, Exercice 5 et ▪54▪

Le garçon aime cette publicité. Il apprécie le texte superposé à la photo. Il juge que la composition et le texte sont humoristiques, et ça lui plaît. Selon lui, le texte et l'image s'intègrent bien. Il pense que le fait que la publicité n'ait rien à voir avec le produit est important pour le succès de la publicité. Il apprécie aussi le style télégraphique qui interpelle le lecteur.

La fille n'apprécie pas particulièrement cette publicité ; elle n'aime pas que la pub n'ait rien à voir avec le produit. Elle condescend à trouver une ou deux choses humoristiques.

Questions

Page 120, Exercice 1

a Il est optimiste parce qu'elles semblent mieux informées.
b La publicité influe beaucoup sur leur préférences quant aux médias : leur fascination pour les images fait qu'ils aiment la télé et les affiches. La publicité à la radio leur plaît moins ; ils délaissent donc les stations de radio qui passent des publicités.

Droit de réponse

Page 120, Exercice 2

a évolué
b effectués
c contribué
d avaient
e seraient

10 Sur un pied d'égalité ?

Chapter overview

Page	Reference	Activities	Possible extension
121	Pour commencer	■ An approach to the topic of equal opportunities.	
	Sur un pied d'égalité ?	■ Dictionary work based on the word *égal: également, égaler, égaliser, égalisation, égalité, égalitaire* etc.	■ More vocabulary building by means of a word association exercise with *égalité* and *inégalité* at the centre of the web.
	Déclaration universelle des droits de l'homme	■ Students' translations of the extracts from the *Déclaration* could be compared to the official English version.	■ Students could write to obtain a complete French edition of the *Déclaration* from the UN or from Amnesty International, 4, rue de la Pierre Levée 75553 Paris Cedex 11.
122–3	Le chemin de l'égalité sera long	■ This section looks at the influence of curriculum choices on girls and boys.	
	Travail individuel	1 A comprehension exercise requiring reading for detail. The framework suggested should help focus attention on relevant sections of the text.	■ Analysis of the actual language used to denote superiority or inferiority. e.g. *deux fois plus…, la suprématie, le meilleur taux de réussite, les statistiques moins glorieuses* etc
	Travail à deux	2 Straightforward pair work activity, but teacher could stress some of the pronunciation pitfalls first, e.g. *qualitatif, qualifié.*	■ Students should be encouraged to check each other's spelling after note-taking.
	Point grammaire : Les fractions	■ Students could make up other fractions and do some maths based on fractions.	■ Teacher should remind class of the use of the definite article with fractions in French, i.e. half the time = *la moitié du temps*
	Images traditionnelles	3 Group work : brainstorming activity involving use of dictionaries. The poster display should raise important questions about stereotyping.	■ Having discussed the differences, students might like to consider how their own image may differ from those of the past. Other posters could be created entitled: *La femme/l'homme moderne*
	Au fait	■ Information about different *baccalauréats*.	
	Tentatives d'explication	4 More extended discussion on stereotyping in various contexts.	
124–5	L'orientation a un sexe ?	■ A light-hearted and more serious look at sex stereotypes.	
	Lecture rapide	1 The article should provoke an instant reaction. Teacher could add to the list of possible responses in **Pour communiquer**.	■ Discussion of register with regard to tone of negative reactions.
	Expressions utiles	2 These expressions should be useful in reporting results of the **Travail de recherche** activity.	
	🎧 Un métier moins traditionnel 55 56	3 Oral work in pairs leading to formulation of written questions. ■ A two-stage activity: a) word-completion by deducing from context b) checking answers by listening to cassette.	■ The *Offre d'emploi* is a genuine newspaper advert with the company name removed. Students could consider how this kind of stereotyped advertising is still permitted in France.
	Travail de recherche	■ Practical individual or group task followed by oral report in French and follow-up discussion.	■ Results from trials suggest that many individual differences will be noted regardless of sex of respondent e.g. accuracy in reporting distances.
	Grammaire : les pronoms démonstratifs	■ Definition and examples. **Défis grammaticaux** exercises re-capping on examples in earlier chapters + gap-filling exercise.	
126–7	Prise entre deux feux	■ An emotive account of experiences and attitudes of a young Moroccan girl living in Belgium.	
	La langue de chez nous	1 Matching exercise based on detailed reading of text.	■ Opportunity to explore some French swear words. Students may already know more than those used in this passage! Discussion of different language and cultural taboos i.e. Is *merde* really the same as its English translation?
	La vie de Jamila	2 Simulation following on from intensive reading for facts.	
	Interprétation	3 A range of questions demanding a more personal response, best done as an oral activity.	■ Questions **c** and **d** offer an opportunity for further work on adjectives and *faux-amis* (*compréhensive, pathétique* etc.) Students should be asked to describe their own emotions after reading Jamila's journal.

Page	Reference	Activities	Possible extension
	Discussion	4 Questions designed to take the discussion from the personal to the more general, social level. This discussion should act as a bridge between these pages and the second part of the chapter.	
	Grammaire : la concordance des temps après si		
	Défis grammaticaux	a Verb substitution exercise, written work advised in order to be sure of agreements of past participles.	■ Other conditional sentences could be made up, based on the Jamila text or other items in **Au point**.
	▭ Conjugaisons et interragations	■ Poem for listening to and reading aloud, allowing a range of interpretations, given its abstract and indefinable nature.	■ Poetry writing with a grammatical subtext.
128–9	La question «logement»	■ Aspects of urban life explored through an article and a song.	
	Equivalence	1 Matching definitions to words in text.	
	Interprétation	2 Oral comprehension exercise.	
	Un style ironique	3 Re-reading of passage to find examples of ironic style. Support from **Déjà vu** reference to previous chapter.	
	Point grammaire : La plupart 57	■ Sentence completion exercise demanding understanding of the rule.	■ It should be pointed out that the rules are less rigorously applied with the word *la majorité* (See example page 122: *La majorité des parents a tendance à renforcer…*)
	▭ Les travailleurs étrangers	4 Listening comprehension exercise with true or false written statements.	■ Using the verbs in the statements (*constater, considérer, annoncer*, etc.), students could write a short summary of the interview as if reporting the story for newspaper article.
	▭ Banlieue	5 Song recorded in 1984 by a young Algerian singer, Karim Kacel.	■ Students could write to penpals for information about and recordings by other singers of Algerian origin in Francophone countries.
130–1	Les racines du racisme	■ In-depth consideration of the topic of racism in society through personal written statements and statistics.	
	A propos de racisme	1 Reading comprehension. There should also be some discussion about the categories under which to place the comments.	■ Consider definition provided. Any amendments suggested?
	Et votre point de vue ?	2 Pair-work oral activity requiring further consideration of central question. Support from **Pour communiquer**.	■ Students could attempt to write their own interpretation based on the evidence gathered from the readings.
	Sondage	3 A two-part activity, the first involving reading and reacting, orally, to the results of a survey, the second involving a short translation.	
	▭ Le racisme à Moscou 58	4 Intensive listening exercise, quite difficult unless students are accustomed to African French accents.	■ *Question à discuter : Croyez-vous que si ces jeunes Africains avaient fait leurs études dans votre pays, ils auraient eu des expériences pareilles?*
132	L'intégration : échec ou succès ?	■ Discussion on integrationist policies. ■ Essay topics on theme of chapter.	
	▭ Table ronde sur l'immigration	1 Demanding extended listening exercise based on a studio discussion. Students should listen several times, taking notes on the main *prises de position* of the contributors before tackling the exercise itself.	■ Collection of useful language for essay writing e.g. *d'une part… d'autre part, du point de vue de…, prendre des mesures…, du haut en bas de l'échelle sociale* etc.
	Et pour finir Dessins humoristiques	2 Matching captions to cartoon drawings.	■ Discussion of the impact of the three cartoons. Discussion of sexist and racist humour.
	Sujets de rédaction 59	3 A choice of essay writing topics supported by detailed guidance notes for checking essays on 59.	
203–5	Lectures	■ *La femme à travers les siècles* : various articles on women. ■ *Mon pays, ce n'est plus mon pays* : experiences of 16 year old Algerian girl living in France. ■ *Questions de nationalité* : selection of pieces on theme of nationality.	

Class cassette transcripts

Un métier moins traditionnel

Page 124, Exercice 3 et 55   *(5' 00")*

Au point : Vous vous appelez comment ?

Marie-Christine : Je m'appelle Marie-Christine Primault. J'ai 35 ans. Je suis astronome, plus précisément astro-physicienne. C'est-à-dire, si vous voulez, je passe tout mon temps à regarder les étoiles ! Je travaille actuellement à l'observatoire de Meudon, au sud-ouest de Paris.

Au point : Et vous avez suivi quelles études exactement ?

Marie-Christine : Jusqu'à un âge assez avancé, je ne savais absolument pas quel métier choisir. Au lycée, j'étais bonne en maths, mais sans plus. Les profs et mes parents m'ont encouragée. Je suppose que si j'avais été bonne en lettres, on m'aurait poussée vers les lettres. Je me suis retrouvée en fac parce que je n'avais pas été admise en classe préparatoire. J'ai mis quatre ans à passer mon DEUG. Ça a été long ! Mais c'est peut-être à cause du fait que… à cette époque, je découvrais en même temps la musique, la politique, l'actualité… l'amour, bref, la vie ! Vous savez, les études longues, ça permet au moins de réfléchir à son avenir, de ne pas se tromper de métier. Petit à petit, j'ai découvert ce qui m'intéressait vraiment – l'astronomie. Enfin, j'ai présenté ma thèse de doctorat en '86… et depuis, ben…

Au point : Excusez-nous de vous poser la question traditionnelle… banale même, mais, comment conciliez-vous votre vie de chercheuse et votre vie de mère de famille ?

Marie-Christine : Oh, ça va, à peu près. Je m'organise comme je peux. On s'entraide mon mari et moi. Lui, il est prof. On travaille beaucoup mais moi, bien sûr, surtout la nuit. Et puis les enfants sont à l'âge où ils peuvent se débrouiller tout seuls quand nous ne sommes pas à la maison. J'admets, quand même, qu'il y a des moments où je me sens, comment dirais-je… euh… légèrement débordée !

Au point : Vous vous sentez, en quelque mesure, pionnier, ou plutôt, pionnière… dans le domaine que vous avez choisi ?

Marie-Christine : Non. Non, pas du tout. C'est-à-dire que… C'est vrai qu'il n'y a pas encore beaucoup de femmes qui poursuivent leur carrière dans ce domaine précis. Mais ça va sans doute changer. La recherche est vraiment un milieu ouvert, sans préjugés. C'est vrai qu'en mathématiques et en sciences, en général, les femmes sont encore minoritaires mais les élèves, les étudiantes ne manifestent pas moins d'imagination et de créativité mathématique ou scientifique que leurs camarades garçons. Ce qui détermine, c'est la personnalité de chacun, pas le sexe.

Au point : Merci.

Marie-Christine : Il n'y a pas de quoi.

Au point : Vous vous appelez comment ?

Jérôme : Jérôme, Jérôme Joubert. J'ai vingt ans et j'habite à Rennes.

Au point : Et vous faites des études de secrétariat, n'est-ce pas ?

Jérôme : Oui, c'est ça. Je suis étudiant en seconde année de BTS bureautique et secrétariat trilingue au Lycée Jean-Macé de Rennes.

Au point : Vous pouvez expliquer un peu ce que c'est qu'un BTS ? Et pourquoi vous avez choisi cette orientation ?

Jérôme : Oui, bien sûr. Alors le BTS, ça signifie Brevet de Technicien Supérieur. C'est une formation professionnelle courte. Normalement les études ne durent que deux ans. Il y a toutes sortes de sections. Moi, j'ai choisi celle du secrétariat. Le programme est assez chargé. Je dirais que le rythme de travail est un peu pareil à celui du lycée. On a… on a à peu près… euh… trente heures de cours par semaine. En plus des langues on apprend la gestion, le droit et le secrétariat… et puis, quoi encore ?… Et puis il y a des stages. Je viens de faire mon deuxième stage en entreprise. On n'a pas beaucoup de temps libre.

Au point : D'accord. Mais pourquoi avez-vous choisi de devenir secrétaire ? Qu'est-ce qui vous a influencé le plus dans votre choix de carrière ?

Jérôme : Vous n'êtes pas le seul à trouver ça un peu bizarre, euh… l'image du secrétaire-homme.

Au point : Peut-être…

Jérôme : Bon, je vais vous l'expliquer. Euh… A l'âge de quatorze… quinze ans déjà je savais que je voulais faire quelque chose qui sortait de l'ordinaire. J'aime les ordinateurs et j'adore aussi les langues étrangères. Je parle anglais, allemand et un peu d'espagnol. J'avais envie surtout d'être indépendant, rapidement. J'ai quatre sœurs et ma mère est divorcée. En plus, je crois que j'ai besoin d'être encadré. Je ne suis pas fait pour la fac. Je crois que je n'aurais pas tellement bossé. Et puis, je me suis dit que pour un employeur un BTS valait mieux qu'un DEUG.

Au point : Etre le seul garçon dans une classe de filles ça ne vous gêne pas ?

Jérôme : Absolument pas.

Au point : Et vous pensez que vous allez facilement trouver du travail ?

Jérôme : Pendant les stages, ça a bien marché mais peut-être que la réalité sera différente. J'ai déjà commencé à chercher dans les petites annonces. Je me lancerai dans les candidatures spontanées quand le BTS sera terminé. Reste à voir si un employeur fera le pari d'engager un homme au lieu d'une femme. La France est peut-être un peu traditionnelle, même sexiste. Mais si ça marche pas en France, je pourrais facilement aller à l'étranger, en Angleterre peut-être. Il y a peut-être des hommes secrétaires là-bas ?

Au point : Mais, je ne sais pas… peut-être… ouf… mais pas beaucoup…

Les travailleurs étrangers

Page 129 Exercice 4   *(1' 25")*

La France ne peut plus continuer à accueillir largement des travailleurs étrangers. C'est la principale conclusion d'un rapport que vient de publier le Haut Conseil à l'Intégration. «Il n'y a pas suffisamment de travail» dit ce conseil, à quelques exceptions toutefois, car il est des secteurs d'activité où seuls les étrangers acceptent de travailler. Ecoutez au micro de Jean-Marc Four, le témoignage de Jean Merafina. Il est PDG de *C'est propre*, la deuxième entreprise française de nettoyage industriel.

– Nous avons des difficultés énormes de trouver du

personnel français. Donc, à ce jour, je peux vous assurer que 90% du personnel qui travaille chez *C'est propre* est du personnel étranger. Je pense que les Français refusent pour deux raisons : une première, c'est que malheureusement nous faisons un métier qui est loin d'être un métier valorisé, un métier qui est un métier, travail à temps partiel où les gens travaillent le matin et travaillent le soir, travaillent trois heures le matin de cinq heures et demie du matin à huit heures et demie et puis travaillent de dix-sept heures trente le soir à vingt heures trente. Donc déjà un métier qui est pas facile ; ou, aller nettoyer, si vous voulez, la saleté des autres, c'est pas un métier qui est très valorisé ou, en effet, ni très valorisant, eh bien d'accord. Donc, actuellement on peut dire que les seules personnes qui acceptent de venir travailler dans les sociétés de nettoyage ou dans les sociétés de gardiennage, ce sont du… des personnels étrangers. Quand on passe une annonce ou quand on essaie, si vous voulez, de s'intéresser à un bureau de chômage pour demander du personnel français, malheureusement, si vous voulez, on ne trouve absolument personne parce que je vous dis payer des gens à 36 francs l'heure, on a beaucoup de difficulté à trouver du personnel français. Ils préfèrent, si vous voulez, rester au chômage et puis être payés. Ils veulent pas des A.S.S.E.D.I.C.

Table ronde sur l'immigration

Page 132, Exercice 1   (4' 20")

Michel Gaillou : Un certain nombre de grands Etats (par exemple, la Suisse, l'Allemagne ou l'Israël) sont des Etats où l'acquisition de la nationalité est principalement fondée sur le droit du sang. Je pense que c'est vers cela qu'il faut aller en France. D'après les statistiques, en 1968, un étranger sur trente ayant acquis la nationalité française était d'origine maghrébine : en 1993, parmi les étrangers acquéreurs de la nationalité française un sur trois était d'origine maghrébine. Alors, je crois que le Français moyen se demande : jusqu'à quand pourrons-nous être si accueillants ? La France continue sa politique d'accueil sans se rendre compte qu'un jour la bombe de l'immigration va exploser.

Abdelkrim Benki : Moi, j'éviterai de parler de bombes… Et là vous parlez des gens qui viennent essentiellement du Maghreb. Ce que vous semblez craindre le plus, c'est la possibilité que la France soit submergée par une marée islamique. Mais l'intégration… ça veut dire… ça mène aussi à une assimilation qui respecte les apports originaux d'autres gens et en fait même une source d'enrichissement pour notre pays dans les domaines de la pensée, des arts, de la musique, voire de la gastronomie ou de la mode.

Claire Duval : Vous oubliez aussi que de nombreux immigrés et descendants d'immigrants sont déjà parfaitement intégrés dans notre pays. D'ailleurs, il ne faut jamais oublier que la plupart des immigrés dont on parle, ce sont des gens que l'on a fait venir travailler quand nos entreprises avaient besoin de leur main d'œuvre. On ne peut pas les renvoyer brutalement chez eux, même avec une allocation, le jour où l'on estime qu'on n'a plus besoin d'eux.

Michel Gaillou : Vous parlez de l'intégration. Ça fait vingt ans qu'on en parle. Mais il faudrait maintenant constater l'échec de cette politique, à la fois du point de vue des populations intégrées, si je peux dire, et du point de vue de la population française. Du point de vue des populations intégrées, on note, notamment chez les jeunes, le surchômage, la surdélinquance, les émeutes à répétition et, oui, d'accord, la ré-islamisation : on comptait 75 mosquées en France en 1975, et aujourd'hui ? Presque deux mille. Du côté de la population française, il y a un rejet de l'intégration de deux manières : d'une part, par le vote des partis de l'extrême-droite, par exemple, et d'autre part, par le refus de cohabiter dans les mêmes logements. Il faut constater que l'intégration, ça ne marche pas. Cela ne veut pas dire que des individualités ne puissent pas s'intégrer, mais globalement, cela ne marche pas. Il faut donc en venir à une politique de refus.

Abdelkrim Benki : Et comment cela ? On ne peut pas résoudre le problème par la multiplication des gendarmes le long de nos frontières. Nous devons certainement prendre des mesures pour contrôler ce flux mais il faut aussi agir auprès des pays d'origine pour les aider à se développer. C'est à cause de l'aggravation de la misère, la pression sociale ou religieuse dans nombreux pays que des hommes et des femmes veulent venir en France et en d'autres pays européens.

Claire Duval : Moi, je me permets de penser que l'intégration, en effet, est en train de se faire, même si elle se réalise dans les pires moments sur le plan économique et social. L'intégration fait que l'on retrouve aujourd'hui des immigrés du haut en bas de l'échelle sociale, depuis l'éboueur jusqu'à l'officier supérieur des armées, du chanteur de variétés au restaurateur…

Michel Gaillou : Oui, mais, effectivement…

Claire Duval : Laissez-moi finir… Alors, dans cette intégration, il y a un paradoxe : c'est parce qu'ils sont en train de s'intégrer qu'ils suscitent une réaction de rejet, non parce qu'ils refusent de s'intégrer. C'est cette envie de faire partie du jeu de la société qui provoque une réaction.

Abdelkrim Benki : Oui, mais vous présentez, quand même, une image plutôt optimiste de la situation des immigrés, je crois. Il y en a qui réussissent dans la vie, mais il y en a d'autres, beaucoup, qui souffrent encore de handicaps… à cause de leur méconnaissance de la langue française ou d'une mauvaise qualification ou autre chose. Ils se retrouvent très souvent dans les mêmes quartiers dégradés que les Français pauvres. Ils ont les mêmes besoins en matière de formation, de logement, d'aide financière. Leurs enfants se retrouvent dans les mêmes écoles avec des difficultés identiques. Il faut que les mêmes politiques aident les uns et les autres à surmonter leurs handicaps. En bref, l'intégration des immigrés exige avant tout une réduction des inégalités qui existent déjà dans notre société.

Answers

Travail individuel

Page 122, Exercice 1

Points positifs

Les filles réussissent mieux à l'école.

Elles ont un meilleur capital scolaire que les garçons.

Plus de filles obtiennent le bac que de garçons.

Les filles de Terminale C ont le meilleur taux de réussite.

Points négatifs

Les filles exercent seulement 10% des métiers.

Elles ont deux fois plus de risques de se retrouver au chômage.

70% des filles quittent le lycée avec un bac «féminisé» qui n'a pas grande valeur sur le marché de l'emploi.

Peu de filles font le bac scientifique, donc, très peu de filles ingénieurs.

La grande majorité des filles s'engouffrent dans les métiers bouchés et peu qualifiés.

A l'orientation, elles n'ont pas accès aux sections technologiques et professionnelles, ni aux sections scientifiques.

L'école restreint l'intégration égalitaire des filles.

Dans les familles on écoute plus les fils que les filles ; on s'occupe davantage des garçons intellectuellement et professionnellement.

La majorité des parents ont tendance à renforcer les valeurs traditionnelles qui conduisent à un manque d'audace et d'initiative chez les filles.

Dans l'entreprise, il semble que les femmes ont les salaires égaux mais, en réalité, il y a, en moyenne, 30% de différence.

Expressions utiles

Page 124, Exercice 2

a de la même manière

b Les deux méthodes se valaient.

c qu'on soit fille ou garçon

d l'important

🎧 Un métier moins traditionnel

Page 124, Exercice 3 et 55

Marie-Christine Primault

a quel métier choisir

b maths (mathématique)

c son professeur et ses parents

d en classe préparatoire

e réfléchir à son avenir

f thèse de doctorat

g comme elle peut

h légèrement débordée

i milieu ouvert, sans préjugés

Jérôme Joubert

a formation professionnelle courte

b assez chargé

c gestion, le droit et le secrétariat

d stages en entreprise

e sortait de l'ordinaire

f encadré

g dans les petites annonces

h pourrait facilement aller à l'étranger

Offre d'emploi

Page 124, Exercice 3 et 56

a C'est un homme

b Il n'a pas assez d'expérience

c Il est trop jeune

Grammaire : Les pronoms démonstratifs

Page 125

a

(1) le problème principal

(2) ces pollutions spectaculaires

(3) les vacanciers/les Français

(4) les auditeurs les plus âgés

(5) les calories

(6) la quête

b

(1) cela

(2) celui

(3) celles-ci

(4) ceux

(5) celle – celle

(6) ceci

La langue de chez nous

Page 127, Exercice 1

a dégueulasse

b des conneries (f)

c travailler comme un forçat (*convict*)

d le boulot

e taper la carte

f balancer

g en avoir marre

h embobiner

i salopards (m)

j merde

Interprétation

Page 127, Exercice 3

a Pour devenir riche et pour se faire une réputation.

b Parce qu'elle est prise entre le poids des traditions et de la culture de sa famille et de sa religion d'une part, et d'autre part l'appel du monde moderne dans lequel elle vit. Ce qui est encore pire, elle se sent, à la fois, éloignée de ses parents et rejetée par la société belge.

c et d : réponses suggérées :

envers père : compatissante, fâchée, mais aussi dégoûtée, répugnée

envers les Belges : fâchée, compréhensive

envers les politiciens : fâchée, impatiente mais aussi exaspérée

envers elle-même : désorientée, inquiète, mais aussi perplexe, déchirée

Grammaire : La concordance des temps après «si»

Page 127

a

(1) S'il avait été plus tenace, peut-être aurait-il retrouvé du travail.

(2) S'il avait retrouvé du travail, peut-être se serait-il comporté différemment.

(3) S'il s'était comporté différemment, peut-être aurait-il arrêté de boire.

(4) S'il avait arrêté de boire, peut-être n'aurait-il pas frappé sa fille.

(5) S'il n'avait pas frappé sa fille, peut-être ne l'aurait-il pas dégoûtée.

(6) S'il ne l'avait pas dégoûtée, peut-être aurait-il pu dialoguer avec elle.

Equivalence

Page 128, Exercice 1

a vétuste

b rambarde

c frôler

d une aubaine

e un taudis

f un éboueur

Interprétation

Page 128, Exercice 2

a une rambarde pour l'escalier, de la lumière dans le couloir, de l'eau courante - en un mot : le confort !

b Ils viennent du Mali, de la Mauritanie et du Sénégal.

c Non, la plupart d'entre eux ont les papiers en règle.

d Un «frère», c'est-à-dire un autre immigré, lui a proposé de venir prendre sa place dans l'immeuble.

e Le choix de logements qui sont «réservés» pour les immigrés. L'article fait mention de foyers [d'accueil], [appartements] meublés, squats. Le mot «panoplie» se réserve normalement pour décrire des choses plus grandioses d'où vient, donc, un des aspects du style ironique de l'article.

Un style ironique

Page 128, Exercice 3

la panoplie du logement africain ; une aubaine

La plupart etc.

Page 128 et 57

a participent – sont

b disent – peuvent

c proviennent – savent

d se posent – deviennent

e souffre

f reste

▣ Les travailleurs étrangers

Page 129, Exercice 4

Le Haut Conseil : a vrai b vrai c pas vrai

Jean Merafina : a vrai b pas vrai c vrai d vrai e pas vrai f pas vrai

A propos de racisme

Page 130, Exercice 1

Réponses à discuter :

Christelle : émotive, historique, psychologique

Loukoum : culturelles, émotive, psychologique

Fatima : économique, émotive, psychologique, socio-politique

Maryse : historique, psychologique, socio-politique

▣ Table ronde sur l'immigration

Page 132, Exercice 1

Michel Gaillou : **b, c, d.**

Abdelkrim Benkri : **a, c, f, g, i.**

Claire Duval : **a, e, h, j.**

Dessins humoristiques

Page 132, Exercice 2

1 Centre 2 Right 3 Left

11 Citoyen, citoyenne

Page	Reference	Activities	Possible extension
133	Pour commencer	■ Teacher asks questions on page 133. Ideas given here are only examples and may be reduced or extended.	
	Photos	■ Work through photos one at a time, asking what they represent and encouraging the students to volunteer as much information as possible : ■ Picture 1: *L'hémicycle de l'Assemblée nationale. Quelle est la forme de cette salle ? A votre avis, qu'est-ce que c'est ? A votre avis, si le président de l'Assemblée est assis au banc le plus haut, à gauche, où sont assis les députés dits de gauche ? Et ceux du centre ? Et ceux de droite ?* ■ Picture 2: *une personne qui vote, un bulletin de vote, une urne. En France on vote pour élire qui ? (Le président de la République, les députés, les conseillers municipaux)* ■ Picture 3: *la carte d'électeur.* **Déjà vu** : *en France, à partir de quel âge a-t-on le droit de vote ?* ■ Picture 4: *Le passeport. Que représente ce passeport?* ■ Picture 5: *La carte d'Europe. Mini-quiz: Comment s'appelle le traité qui a donné naissance au Marché Commun ? En quelle année a-t-il été signé ? La Grande-Bretagne faisait-elle partie des six pays signataires ? En quelle année la Grande-Bretagne a-t-elle décidé de faire part de la Communauté européenne ?*	■ Students could write a short paragraph about each picture before or after speaking about it.
134–5	Ah, la politique !	■ This double spread presents young people's attitudes to politics.	
	🎧 Interview avec des jeunes	1 Listening and reading task to discover elementary political language and people's attitude to politics.	■ Encourage students to collect and learn vocab.
	Travail oral en groupes de quatre ou cinq	2 Enables students to express their opinions on politics - supported by **Pour communiquer** : *Montrer qu'on prend conscience.*	■ Outcome could also be written.
	Au fait	■ General information about French political parties.	■ Students could be invited to present the political parties in their countries to young French people (link school).
	🎧 Intérêt politique 60	3 Students listen to *Interview avec des jeunes* again and create graph to represent what they hear.	■ Together with illustration, provides more information about apparel of French members of parliament.
	Actions politiques	4 Reading : laws young French people consider to be a priority – in preparation for Exercice 5. ■ Oral activity which invites students to consider what they see as priorities on the political front. It also enables them to revisit many of the topics presented in **Au point**.	■ To enable students to extend their ideas, this activity could be prepared for homework.
	Quelques grandes lois françaises	5 A guessing game on the dates when some significant laws were signed.	■ Students could be made to do a **Travail de recherche** on the dates when similar laws were signed in their countries.
136–7	La vie politique	■ The French system of government.	
	Glossaire politique 💾	1 Reading and vocabulary building exercise.	■ Students to be encouraged to collect political vocabulary throughout the chapter and to learn it.
	Et chez vous ? 61	2 Oral task and examination practice task : students to interpret some written documentation.	■ Could be followed up by a written version or a display in French for link school. ■ Students could research the political/government system of their country and present a fuller picture orally or in writing.
	🎧 Les enfants ne respectent rien	3 What young children think of François Mitterrand.	
	🎧 Aux dernières élections	4 A discussion about election results with two tasks: **a** matching beginnings and ends of sentences to show comprehension and start collecting the means of reporting an election. **b** transcribing a small extract from the passage.	
	Version	5 Students to translate the last two paragraphs of text into English.	

Page	Reference	Activities	Possible extension
138–9	Le langage des hommes politiques	■ Looking at how three politicians express problems, solutions and promises.	
	Leurs partis ?	1 Scanning reading exercise finding out the parties of the three candidates whose *promesses électorales* are printed on the page.	
	Leur plate-forme	2 Reading more in depth, matching some of the promises made with the candidates who made them.	
	Problèmes et solutions	3 Extracting information from texts to work out a "political formula".	
	Manifestes 💾	4 Manipulation exercise in groups using the texts on page and **Pour communiquer** to reword the promises made by candidates.	■ Students could invent other candidates and invent and desk-top-publish a *promesse électorale* similar to those on the page.
	🖭 Exercice de prononciation : mots en -*tion* 62	5 Pronunciation exercise + wordsearch.	
	Meeting électoral	6 Loose simulation exercise: three students pretend they are the three candidates on page and answer queries from the rest of class.	■ Students could study real manifestos, e.g. for European parliament elections.
140–1	L'Europe : guide pratique	■ Double spread presenting a grammar point + the opportunities Europe affords young people.	
	Grammaire : le style (ou discours) direct et indirect 63	■ Definitions, usage and exercises.	■ **Défis grammaticaux** and copymaster provide practice.
	Point grammaire : N'importe…	■ Succinct presentation of this useful word.	■ Students could write out sentences using all the forms of *n'importe quel* and *n'importe lequel*.
	🖭 Ah, l'Europe, c'est…	1 Complete sentences according to the statements of young people on Europe.	■ Students could record or write their own feelings, hope, fears about Europe.
	L'Europe pratique	2 Comprehension exercise, rewriting sentences in the correct order, cross-referencing with five very short texts on aspects of the EU.	
	Champs linguistiques 💾	3 Intensive reading of the texts to collect vocabulary.	■ Use the clues and the words found in own sentences.
	🖭 Le débat sur l'Europe	4 An off-air recording which considers the construction of the European Union. Students to write a summary of the recording.	
142–3	Travailler à l'étranger	■ About working in Europe.	
	Au fait : L'Europe au travail et en congé.	■ Statistical background information on work, holidays and unemployment.	
	Pour ou contre	1 Written brainstorm on advantages and drawbacks of working abroad. ■ Oral comparison of advantages and drawbacks in groups.	
	🖭 Partir, ce n'est pas facile	2 A French woman living in Britain speaks about French people's attitudes to relocation. Students to complete sentences to show comprehension.	
	Votre perception	3 An extension of previous exercise.	■ Some students might want to hear tape of *Partir, ce n'est pas facile* while completing this exercise.
	Vrai ou faux ?	4 Comprehension exercise on text which looks at working in other European countries.	■ Students could be made to justify their answers.
	Plan professionnel	■ Students to write a letter to ask for information on working in a French speaking country.	
	🖭 J'ai fait l'expérience	5 Listening to a foreigner working in France and compiling lists to show comprehension.	

Page	Reference	Activities	Possible extension
	Quiz	6 To collect some factual information about the EU.	
	Travail de recherche **64** Thème **65**	■ Gathering more information about the EU. ■ Translation exercise from English into French which summarises the history of the EU.	■ Could be used as background reading.
	Point Grammaire : Se faire + infinitif	■ Explanation and examples.	
144	Et pour finir	■ French political parties and their policies towards European-wide issues.	
	Qui dit quoi ?	1 Completion exercise provides comprehension task and examination practice.	■ Same type of work could be done on videos of advertising clips. ■ The techniques could be observed more in depth.
	Organisez des législatives **66**	2 A simulation task which gives the opportunity to revise and re-use all the information and work done in this chapter. Outcome involves organising an election following the French model. ■ **66** *Parler pour ne rien dire* : offers support to fulfil task, but also provides useful exam practice: "hollow" sentences which provide time to think.	
	🔊 L'opportuniste : Chanson de Jacques Dutronc	3 A sharp criticism of the political world provides : ■ Revision of pronunciation of words in -*tion* ■ Pronunciation of words in -*isme* ■ General understanding of the message of song. Some students might need the transcript of the song to do this last task.	
206–8	Lectures	■ Selection of extracts from newspapers about election. ■ Article about the remains of the European "Empire". ■ Extract on women's role in politics in European context. ■ Extract from novel by Louis Pergaud on a civics lesson in a country school and a short item about a young European member of parliament.	

Class cassette transcripts

Interview avec des jeunes

Page 134, Exercice 1 et **60**   *(1' 10")*

Reporter : Est-ce que vous vous intéressez à la politique ?

Florence : La politique, je ne m'y intéresse pas. J'ai très peu confiance en ce que racontent les hommes politiques. Mais aussitôt que je pourrai voter, je le ferai. On ne peut pas se désintéresser de la politique. Evidemment, quand j'irai voter, j'aurai un problème de choix.

Reporter : Pourquoi les jeunes ont-ils une telle méfiance à l'égard du monde politique ?

Karine : Je ne m'intéresse pas beaucoup à la politique. Et même mes parents en ont marre. Certains hommes politiques ont de bonnes idées et puis, quand ils sont au pouvoir, ils ne tiennent aucune de leurs promesses.

Nicolas : Il n'y a pas de cours de politique à l'école et nous ne sommes peut-être pas assez formés. A partir des journaux et des faits réels, on ne nous explique pas beaucoup les opinions des hommes politiques. Quand on approche de ses 18 ans, on prend conscience qu'on va voter. On essaie de choisir de quel côté aller, mais on ne sait pas vraiment où on est.

Reporter : Les députés, sont-ils malhonnêtes ?

Youmna : Malhonnêtes, les députés ? Facile à dire. Je crois que c'est un métier difficile. Et puis, il faut qu'ils assument la confiance qu'on a mise en eux au moment du vote. Je crois que je voterai comme mes parents. J'ai confiance en eux.

Aux dernières élections

Page 136, Exercice 4   *(2' 10")*

Reporter : Est-ce que les Français se sentent plutôt intéressés par la politique ou dégoûtés par la politique ?

A : Il y a eu 30% d'abstentions aux dernières élections. Moi, je pense que les gens étaient un petit peu blasés et qu'ils se disaient que quel que soit le résultat de toute façon, la situation économique ne s'améliorerait pas excessivement. Ils ont pris conscience que c'est un problème européen ou international. Donc ils attendent des hommes politiques un miracle, tout en sachant, que ce miracle ne peut pas exister dans un seul pays. Donc il y a eu des votes extrémistes, peut-être pour marquer justement enfin, un peu ce dégoût, ce manque d'intérêt pour les hommes politiques en général. Certains ont le sentiment qu'un homme politique a le pouvoir, veut le conserver, veut garder sa place, et qu'en fait, c'est un privilégié par rapport à tous ceux qui ont à lutter tous les jours pour chercher du travail et qui n'en trouvent pas, surtout les jeunes. Quand le Président de l'époque, Monsieur Giscard d'Estaing, a abaissé la majorité à 18 ans, on pensait que les jeunes de 18 à 21 ans allaient être très impliqués dans la politique. C'était vrai au départ et puis après a commencé la récession, les problèmes économiques et puis maintenant les jeunes se rendent compte que de toute façon on fait peu de choses. On parle beaucoup mais on agit peu. Donc je crois qu'il y a, quand même, un peu de dégoût.

B : On n'a pas voté pour quelque chose, on a voté contre quelque chose.

C : Mais le gros, gros problème c'est celui du chômage. Mais c'est une situation qu'on ne peut pas résoudre au niveau de la France. On a intérêt maintenant à prendre des mesures internationales, parce que c'est pire en Angleterre, ça va être aussi mauvais en Allemagne ; en Italie, ce n'est pas mieux. En un mot, ce n'est pas un problème spécifiquement français.

D : Mais on en a pris conscience alors qu'auparavant la grande masse des Français pensait qu'il suffisait de changer de gouvernement ou d'homme politique pour trouver une solution.

Ah, l'Europe c'est…

Page 141, Exercice 1 (0' 45")
Reporter : Que pensez-vous de l'Europe ?

Axel : Eh bien moi, je ne suis pas tout à fait pour, car je pense que ça va faire un pouvoir centralisé à Bruxelles et je trouve un peu dommage que ce soit Bruxelles qui plus tard décide du sort de certaines régions françaises ou anglaises ou allemandes.

Ghislaine : Tant que ça reste dans le domaine commercial, moi je trouve que c'est plutôt mieux ; ça permet de résister au Japon et aux Etats-Unis. Mais c'est vrai qu'au point de vue culturel, ben, à la limite, on fait un échange entre les différents pays.

Thierry : Moi, je suis pas tellement pour parce que je pense que, sous peu, il va y avoir une invasion de la France par les étrangers puis ça va créer beaucoup de chômage, encore plus que maintenant.

Le débat sur l'Europe

Page 141, Exercice 4 (3' 15")
Extraits d'une discussion avec François Féron et Armelle Doravalle.

Armelle Doravalle : Est-ce qu'au fond on est allé trop vite dans cette construction européenne ? Est-ce que tant qu'à s'accrocher à une date symbole, on n'aurait pas euh dû euh carrément repousser euh les choses un petit peu loin et… et penser à l'an 2000. L'an 2000 fait d'ailleurs partie de… de ces dates-clés pour, par exemple, l'union monétaire ?

François Féron : Oui, enfin, c'est 99, ce qui n'est pas loin…

Armelle Doravalle : Oui, mais enfin comme on prendra… probablement au moins un an de retard…

François Féron : … Peut-être ! Mais non, je crois pas que nous soyons allés trop vite, je crois que… la construction de l'Europe et Armelle Doravalle disait très justement tout à l'heure, on ne sait pas euh ce que sera l'Europe une fois construite, le cas échéant, mais euh… on… on y va, c'est un processus long, c'est un processus historique. Et on ne peut pas penser que ça peut se faire ni en cinq ans, ni en dix ans, ni en quinze. Par conséquent, on… on procède

par étapes. L'une de ces étapes est la réalisation du marché unique, la suppression des barrières intérieures dans… dans les les douze pays de la Communauté. Mais ça, ça, c'est la partie économique et la vie pratique des choses. On… On parlait tout à l'heure de l'incompréhension des… du public, mais c'est que en effet, pendant très longtemps euh… l'Europe, c'était la construction de l'Europe économique. Elle était très technique et ce… ça n'était… ça ne passionnait personne et c'était très difficile à comprendre. Maintenant, on commence à parler de l'Europe politique, les gens comprennent, euh ça les intéresse, ça les concerne directement et ils réagissent…

Prés. : Oui, i' … i' réagissent et immédiatement, on se butte à cet éternel débat d'une Europe fédérale ou confédérale, hein… d'une Europe politique des Etats-Unis d'Europe ou bien euh euh… de chaque pays… euh…

Armelle Doravalle : Oui, mais ça, c'est parce qu'on a des schémas tout prêts en tête, ce que je comprends bien. Mais en réalité, i' y a pas de modèle pour l'Europe. L'Europe se construit encore une fois au jour le jour, l'année l'année, euh en fonction des des circonstances et des forces en présence et et personne ne peut décrire ce que sera l'Europe future.

Prés. : Alors, vous dites en citant d'ailleurs euh… le poète euh… portugais euh Fernando Pessoa, vous dites que l'Europe euh… n'est porteuse d'aucun rêve. François Féron et Armelle Doravalle. Alors, François Féron ?

François Féron : D'abord… D'abord, malheureusement, elle est porteuse d'un certain nombre de cauchemars, passés déjà. Donc euh… l'Europe c'est d'abord plus jamais ça ! Et puis, elle n'est porteuse d'aucun rêve parce que… à part quand Victor Hugo s'enflamme en disant les Etats-Unis, euh… depuis, plus personne n'a rêvé d'Etats-Unis d'Europe. Et aujourd'hui, le débat ne porte pas sur ces Etats-Unis, le mot a été complètement mis de côté dans tout le débat sur Maastricht et en fait, on en est à réfléchir à ce… comment on pourrait continuer la construction sans arrêter le mouvement. On en est à cette difficulté-là, c'est-à-dire de ne jamais arrêter le mouvement parce que c'est la paix qui est en jeu. Mais effectivement, il n'y a pas de rêve, il n'y a pas de grande utopie, il n'y a pas d'ess… souffle européen, mais peut-être c'est pas plus mal quand on sait ce que ça a pu donner dans le passé.

Partir, ce n'est pas facile

Page 142, Exercice 2 (1' 15")
Femme : Je pense que les Français ne s'intéressent pas tellement à l'Europe. Ou les gens sont pour parce que c'est l'avenir, ou alors ils sont contre parce que… parce qu'ils ont peur que le chômage n'augmente encore plus et quels que soient les arguments, de toute façon, ils ne changeront pas d'avis. Il n'y a pas vraiment de grands débats.

Reporter : Mais l'idée de partir travailler ailleurs et d'aller habiter ailleurs… ?

Femme : Vous savez, les gens se déplacent difficilement dans notre pays. Les jeunes aimeraient bien partir. Je pense que si on leur disait, voilà vous allez partir pendant quinze-vingt ans à l'étranger, mais après on vous laisse la possibilité de continuer votre carrière en France, ils le feraient volontiers. Tandis que là quand on part, on part pour toujours, et un Français, ça ne part jamais pour toujours. Même changer de région, c'est difficile. Et c'est d'ailleurs là un des gros problèmes qui se pose quand on recherche une solution au... au... au problème du chômage : en effet beaucoup de gens se sentent orphelins dès qu'il s'agit de quitter leur région ou même leur famille. On ne change pas de domicile en France comme en Grande Bretagne. Ce qui m'étonne toujours ici c'est de voir toutes ces pancartes à vendre sur les maisons. Il y a beaucoup plus de mouvement dans la population ici.

J'ai fait l'expérience

Page 143, Exercice 5 (1' 50")

Ce qui m'a le plus frappé, lorsque je suis arrivé pour travailler ici, ce sont les différences culturelles qui existent entre nos deux pays, bien qu'il s'agisse de deux pays européens qui ont donc, sur le plan historique, une culture commune. J'ai ressenti des différences très nettes particulièrement au niveau de la vie de tous les jours... surtout en ce qui concerne les rapports entre les gens. Je trouve qu'ils sont beaucoup plus formels ici, en France, que dans mon pays d'origine.

Quand je pense à l'Europe, il me vient à l'esprit beaucoup de choses positives. En premier lieu, il y a l'idéal européen : il me semble que c'est quelque chose qu'il faut absolument développer, pour garder espoir en l'avenir. Une idée tout à fait positive, surtout lorsque l'on considère ce qui s'est passé auparavant, notamment les deux guerres mondiales, les deux grandes guerres qui ont placé les pouvoirs européens dans des camps opposés. Par ailleurs, en tant que prof de fac, ayant beaucoup de contacts avec les jeunes, je trouve que l'attitude de la plupart des jeunes est extrêmement positive. Ils ont l'esprit très ouvert sur l'Europe.

Ce que je juge être peut-être plutôt négatif, c'est parfois l'attitude des hommes politiques et parfois les difficultés administratives auxquelles on se heurte pour concrétiser l'idée d'une Europe unie. C'est-à-dire que depuis quelques temps, il y a beaucoup de jeunes européens qui, pour trouver du travail, franchissent librement les frontières, frontières qui, officiellement, n'existent d'ailleurs plus. Mais on constate aussi que, malgré la loi sur la libre circulation des travailleurs, il reste beaucoup de difficultés administratives pour justement trouver du travail à l'étranger. Ceci dit, je ne pense pas que ce soit fait exprès. Cela provient vraisemblablement du fait qu'historiquement, les différents pays ont eu une approche différente en ce qui concerne l'encadrement du travail. Je reste néanmoins toujours très optimiste quand je remarque qu'il y a de plus en plus de jeunes étrangers qui viennent s'installer ici, et ce malgré les difficultés. Mon grand espoir, c'est que nous arrivions à dépasser tous ces obstacles.

Answers

▣ Interview avec des jeunes

Page 134, Exercice 1

a j'ai très peu confiance en ce que racontent les hommes politiques
b un député
c malhonnête
d même les parents en ont marre
e ils ne tiennent aucune de leurs promesses
f les jeunes ne sont pas assez formés

Quelques grandes lois françaises

Page 135, Exercice 5

1874 = Le travail des enfants et des filles mineures employés dans l'industrie.
1936 = Instauration des congés annuels payés.
1944 = Les femmes ont le droit de vote.
1974 = L'âge de la majorité est fixé à dix-huit ans.
1981 = Abolition de la peine de mort.
1983 = Egalité professionnelle entre hommes et femmes.

▣ Aux dernières élections

Page 136, Exercice 4

a Mariez les phrases

1	3h	5	1b
2	4f	6	7c
3	5g	7	6d
4	8a	8	2e

Transcription

Certains ont le sentiment qu'un homme politique a le pouvoir, veut le conserver, veut garder sa place, et qu'en fait, c'est un privilégié par rapport à tous ceux qui ont à lutter tous les jours pour chercher du travail et qui n'en trouvent pas, surtout les jeunes.

Version

Page 136, Exercice 5

The French vote two Sundays in a row.

Type of election : election on a majority basis in two rounds. In the first round, a number of political parties put forward candidates to try their luck. If no candidate has a majority (50% + one vote) there is a second ballot and the two candidates who came top are kept on for the second round. The defeated candidates withdraw : some give their voters instructions to vote for an allied party.

In the second round, the candidate who has the majority of votes is elected.

Leurs partis ?

Page 138, Exercice 1

- O. Bassine et O. Thierry = Entente des écologistes
- F. Ginoux = Front National
- P. Lamy = gauche (même parti que Delors = le Parti Socialiste)

Leur plate-forme

Page 138, Exercice 2

a F. Ginoux
b O. Bassine/O. Thierry
c O. Bassine/O. Thierry
d P. Lamy
e O. Bassine/O. Thierry
f F. Ginoux
g P. Lamy

Problèmes et solutions

Page 138, Exercice 3

Ecologistes

S'adresse à	• nous
Problèmes	• chômage
	• inégalités
	• injustice
	• environnement
	• société
	• démocratie
	• Droits de l'Homme
Reproches aux autres partis	• Ils font tous la même politique
	• Ils donnent trop d'importance aux mécanismes économiques
Solutions	• Mettre l'homme en premier
	• Produire pour satisfaire les besoins
	• Partager le travail et l'argent
Promesses	• Aucune

Le Front National

S'adresse à	• vous
Problèmes	• chômage
	• insécurité
	• immigration
	• pauvreté
	• impôts
	• ‹‹affaires››
Reproches aux autres partis	• incapables de gouverner
Solutions	• Voter pour le FN.
Promesses	• Justice, honnêteté, éducation et bien-être retrouveront leur valeur réelle

Le Parti socialiste

S'adresse à	• vous/nous
Problèmes	• emploi
	• logement
	• formation
	• condition et cadre de vie
	• avenir de l'agriculture
	• crise économique internationale
Reproches aux autres partis	• Veulent casser les acquis de la gauche
	• Veulent démanteler l'Education nationale
	• Veulent privatiser les services publics
	• La droite est dure, démagogique et avide de revanche
Solutions	• Un député efficace, influent et capable
	• Implanter des entreprises
	• Créer des emplois
	• Un projet de développement économique et social
Promesses	• Combattre l'injustice
	• Augmenter les chances de chacun
	• Faire reculer les égoïsmes
	• Faire reculer l'ignorance
	• Faire reculer la haine de l'autre (= le racisme et la xénophobie)
	• Une société solidaire

Défis grammaticaux

Page 140

Qu'est-ce qu'il dit ?

(1) Je travaillerai avec une équipe compétente et unie !
(2) J'ai travaillé avec toute la force de mes convictions.
(3) On va gagner.

Les prétextes

Page 140 et 🔢63

a Je pars trois jours chez ma tante.
b Si j'ai du travail à finir, je rentrerai tard.
c Je suis partie pour Bahia où une affaire très grave m'attend.
d Nous allons t'emmener faire une promenade dans la forêt et nous te laisserons jouer dans une clairière pendant que nous irons ramasser du bois.

🔢 Ah, l'Europe, c'est…

Page 141, Exercice 1

a Axel : L'Europe, c'est la centralisation à Bruxelles.
b Ghislaine : L'Europe, c'est positif pour le commerce.
c Thierry : L'Europe, c'est créer le chômage.

L'Europe pratique

Page 141, Exercice 2

Citoyenneté : En principe, on peut voter ou se présenter aux élections municipales et européennes.

Etudes : Le Bac vous donnera accès aux universités européennes.

Frontières : Vous pouvez circuler librement au sein de l'Union.

Monnaie : L'instauration d'une monnaie unique supprimera le change.

Emploi : Vous pouvez travailler dans n'importe quel pays de l'Union.

Champs linguistiques

Page 141, Exercice 3

a citoyen – citoyenneté (n.f.)

b Communauté – communautaire (adj)

c élire – élection (n.f.) – électoral(es) (adj)

d études – étudier (v) – étudiants (n.m.)

e Europe – européenne(s) (adj) – européen(s) (adj)

f former – formation (n.f.)

g institution – instituer (v)

h langue – linguistique (adj)

i liberté – librement (adv)

j maître – maîtriser (v)

k ouvrir – ouverture (n.f.)

l séjour – séjourner (v)

▭ Le débat sur l'Europe

Page 141, Exercice 4

A la question de savoir si on était allé trop vite pour construire l'Europe, la réponse est non. Le processus de construction est long et historique et se déroule par étapes. Une de ces étapes est la suppression des barrières douanières. Celle-ci est liée au développement économique de l'Europe que les gens ne comprenaient pas. Ils comprennent mieux la construction politique. Il n'y a pas de modèle pour cette construction : elle dépend de la manière dont les choses se développent au jour le jour. L'Europe ne donne plus de cauchemars mais elle ne fait pas rêver non plus ; l'idée d'Etats-Unis a été abandonnée depuis longtemps. Le plus difficile, c'est de ne pas arrêter le mouvement, de manière à préserver la paix.

▭ Partir, ce n'est pas facile

Page 142, Exercice 2

a Un Français partirait à condition qu'il lui soit possible de continuer sa carrière en France.

b Un Français ne part pas pour toujours et même changer de région est difficile.

c Et voici un gros problème pour trouver une solution au chômage.

d Beaucoup de gens se sentent orphelins dès qu'ils doivent quitter leur région.

e En Grande Bretagne, ce qui m'étonne toujours, c'est de voir les pancartes *à vendre*.

Vrai ou faux ?

Page 143, Exercice 4

a Faux : il faut connaître les formalités pour obtenir un permis de séjour et le renouveler.

b Vrai : il est donc important de se faire répéter une information par plusieurs personnes différentes.

c Vrai : elle a un bon salaire, un logement, une voiture de fonction et une plus grande responsabilité.

d Faux : les «petits boulots» sont pour tout le monde.

e Faux : au commencement, ils sont mal payés mais ils peuvent conduire à des choses surprenantes.

f Faux : il faut faire attention et souvent recommencer plusieurs fois.

g Vrai : mais il faut travailler très dur.

h Totalement faux : il devient impossible de prendre des vacances !

▭ J'ai fait l'expérience

Page 143, Exercice 5

les différences
- les différences culturelles
- les rencontres avec les gens sont plus formelles en France

les aspects positifs
- l'Europe va assurer la paix
- les jeunes sont pour

les aspects négatifs
- l'attitude des hommes politiques
- difficultés administratives

Quiz

Page 143, Exercice 6

a Union européenne

b France, Allemagne, Italie, Grèce, Portugal, Irlande

c Belgique, Danemark, Espagne, Luxembourg, Pays-Bas, Royaume-Uni

d Liberté, Egalité, Fraternité

e Bruxelles

Travail de recherche

Page 143 et ▣64

Europe = Dans la mythologie, Europe est une princesse et l'amante de Jupiter.

1951 Un traité instituant la Communauté européenne du charbon et de l'acier (CECA) est signé par six pays, la France, l'Italie, l'Allemagne, la Belgique, le Luxembourg et les Pays-Bas.

1957 Traité de Rome et création de la Communauté Economique Européenne.

1968 Europe des Six, la France, l'Italie, l'Allemagne, la Belgique, le Luxembourg et les Pays-Bas.

1973 Europe des Neuf (les Six + le Danemark, l'Irlande et le Royaume-Uni).

1981 Europe des Dix (les Neufs + la Grèce).

1986 Europe des Douze (les Dix + l'Espagne et le Portugal).

1992 Au conseil européen de Maastricht aux Pays-Bas,

les chefs d'Etat et de gouvernements des Douze décident
d'instituer une Union politique européenne.

Thème

Page 143 et 65

Ces quarante dernières années, les pays occidentaux ont
renforcé les liens qui les unissent. Le but de cette coopération
était tout d'abord de maintenir la paix étant donné que les
deux guerres mondiales étaient nées en Europe. L'actuelle
Communauté a commencé par un accord signé à Paris en
1951 entre la France, l'Allemagne, la Belgique, le
Luxembourg, les Pays-Bas et l'Italie. Cet accord fondait la
Communauté Européenne du Charbon et de l'Acier qui
empêchait les Etats membres d'utiliser leurs industries
lourdes pour fabriquer des armes. Cela a été suivi en 1957
par la signature, par ces six mêmes pays, du traité de Rome
qui créait le Marché Commun.

Maintenant, être européen permet de se sentir chez soi
dans toute l'Europe. Le droit de vote, accordé aux Européens
vivant dans un autre pays de la Communauté vous permet de
participer aux élections dans n'importe quel pays européen.
Cependant ceci risque de créer des injustices contre ceux qui
ne font pas partie de la Communauté. Pourquoi un Algérien
installé en France depuis longtemps ne pourrait-il pas aussi
avoir le droit de vote ?

Qui dit quoi ?

Page 144, Exercice 1

a s'unissent
b fortifiera/renforcera
c élections
d avance
e puissent

Lectures

Page 206

Désistements… 19 mars 1993
Législatives… 20-21 mars 1993
497 circonscriptions… 27-28 mars 1993
La victoire… 29 mars 1993
Mitterrand… 30 mars 1993
Les groupes… 2 avril 1993

Chapter overview	*This chapter is a special kind of chapter. The authors have been very fortunate to collect first hand accounts from the Second World War. Opportunities exist for extended coursework and for dossier creation.*

Page	Reference	Activities	Possible extension
145	Pour commencer	■ Teacher asks questions on page 145.	■ Establish prior knowledge of the war in Europe.
	Thème de la guerre	■ Brainstorm : *Donnez-moi tous les mots et toutes les expressions que vous connaissez qui se rapportent à la guerre.*	
	Thème de la deuxième guerre mondiale	■ Groups of three or four students collect all the information they know and can say in French on this topic. Notes to be taken in French. ■ Teacher collates information on a piece of sugar/poster paper : *Ce que la classe de (nom) sait de la guerre 39-45 le* (today's date). ■ It will be possible to refer back to this poster at a later stage so that students can compare what they learn with what they knew.	■ Students could be asked to do the initial note-taking of what they know for homework.
146–7	Poèmes de guerre	■ This double spread can stand on its own to trigger some ideas on war. Also a brief introduction to poetry.	
	De quel poème s'agit-il ? Sous quel titre ?	**1 and 2** Two exercises to invite quick reading of the three poems: *Le dormeur du val* (Rimbaud), *Oradour* (Tardieu) and *Le déserteur* (Vian). There are several recordings of this song teachers or students could acquire, particularly those sung by Boris Vian himself or by Yves Montand. – Gist comprehension reading. – Reading for detail.	
	Le dormeur du val *Oradour* *Le déserteur*	**3, 4 and 5** There are two/three exercises for each poem : – the first is a supported investigation of words in the poems – the second/third asks for students' reactions.	■ If students need more support, a worksheet could be made, jumbling the questions in students' book and the answers in the Answers section, for students to match.
	Préférences	**6** Written exercise to express which poem is preferred.	■ Differentiation by outcome.
	Votre poème 💾	**7** Creative writing.	■ Differentiation by outcome. ■ Outcome could also be word-processed, illustrated and displayed or made into an anthology, read out in class or recorded on cassette and played in class.
148–9	L'entrée en guerre	■ The first of a series on the Second World War, from a French perspective. This double spread looks at events at the onset of war and invites the student to work on primarily factual information and vocabulary.	■ Students could be encouraged to collect similar eye-witness accounts from old people during visits to France.
	Le vocabulaire de la guerre 💾	**1** Vocabulary exercise : students are given a few words as a starting point.	■ Students to be encouraged – to add the words they already know. – to collect war vocabulary throughout the chapter and to learn it.
	De quelle date à quelle date ?	**2** Rapid comprehension exercise on *La drôle de Guerre.*	■ Page 210 will add substance to this very short text.
	📼 La guerre à travers la panique des autres	**3** An eye witness account. Listening for detail according to the framework given.	■ Differentiation by outcome.
	Expressions toutes faites	**4** Matching exercise which also provides an incentive for intensive reading and starting to make sense of the text.	
	Point Grammaire : Les nationalités et les majuscules	■ Straightforward reminder.	■ Students could be asked to find examples in the texts in this chapter.
	Interview	**5** Oral simulation exercise which invites students to get deeper into comprehension of the text and the events which took place at the beginning of the war. Cassette recorder and blank cassettes might be needed.	■ Students could create the scenario of a very short play where characters report what happened and their reactions.
	Une lettre	**6** Written simulation/imaginative piece.	■ Differentiation by outcome.
	Au fait : Le stuka	■ Facts about German weapons, striking picture.	■ Enthusiasts could provide other relevant documentary information about arms.

Page	Reference	Activities	Possible extension
150–1	Armistice Rupture Résistance	■ This double spread focuses very closely on the Armistice as a turning point and gives the opportunity to meet three historical figures : Pétain, de Gaulle and Moulin.	
	C'est qui ?	1 Scanning reading exercise finding out who did what.	
	Chronologie	■ List of dates and events of 1940.	
	Point Grammaire : L'infinitif passé	■ Very brief description of past infinitive.	■ Students to write five to ten examples of their own or to convert some of the events related in the texts, using this structure.
	📼 La défaite de la France	2 A witness gives his reactions to the news that France was surrendering and to the *Appel du 18 juin*. Texts of both Pétain's and de Gaulle's declarations are printed on page 209.	■ Before listening to the tape and doing the comprehension exercise, students could read both texts and discuss which, they feel, would have been most attractive to the people of Vernon, knowing what the latter had just gone through.
	Vocabulaire 💾	■ Straightforward vocab list and search.	■ Students to be encouraged to look for more words with the same roots as those given.
	Jeu du ballon	3 Oral activity in groups of three which forces the candidates to get to know the three protagonists better.	■ If there is time, students could read more extensively on the three men and do a **Travail de recherche**.
152–3	La vie sous l'occupation	■ Double spread dwells more on attitudes and emotions of the life of people during this period.	
	Les droits et les devoirs d'un bon citoyen	1 Students to explore the text *La Charte de l'Occupation* very closely to find examples of what ordinary people's lives were like during the Occupation.	
	📼 La vie de tous les jours sous l'occupation [67]	2 Comprehension exercise filling in gaps.	
	📼 Injustice	3 Listening comprehension: a man tells of his experience as a young man during *l'Occupation*. It leads into a writing task.	
	Reactions	4 Writing task inviting students to express their own feelings about the conditions of life at that time. The task calls on the imagination of the students as well as the knowledge gained so far in the chapter.	■ Teachers might want to draw student's attention to *Le journal d'Anne Franck* and to *Quinze ans, trop jeune pour mourir*.
	Emotions	5 **Warning:** The text on which this exercise is based is highly emotive. It should be handled with sensitivity. ■ The task, supported by a **Pour communiquer** asks the student to record her/his emotions when (s)he reads the text. The wish of some students to keep their thoughts and emotions private should be respected.	
	📼 Chef de réseau à Rouen	6 Inference, conclusion-drawing listening exercise which gives some insight into the work of a leader of the Resistance.	■ Students could read *L'ironie du sort* by Paul Guimard. See extract on page 154.
	📼 La Résistance en France	7 A historical perpective which reinforces the facts presented on page 151.	■ A more detailed history of the *Resistance* could be developed as a coursework assignment.
	📼 Le chant des partisans	8 A very atmospheric song for which there is no task.	■ Students could recall whether they have heard any songs written during the Second World War in their country and compare them with this one.
	Au fait : La déportation	■ Information about deportation to concentration camps.	
154	Grammaire : Le passé simple	■ A grammatical explanation followed three **Défis grammaticaux**. ■ Reminder of the *passé composé*.	■ Students could be encouraged to develop an easy way of remembering how to form this tense.
155	Bientôt la Libération !	■ A brief look at the end of the war through personal memories and chronology of dates.	
	Quel titre ?	1 Reading comprehension on a short text, practising summarising skills .	
	📼 Souvenir	2 Listening comprehension of a short excerpt; a short summary to be produced.	

Class cassette transcripts

La guerre à travers la panique des autres

Page 148, Exercice 3 *(2' 10")*

Il faut se souvenir que le 10 mai 40, les Allemands ont attaqué la Belgique, la Hollande et le Luxembourg et très rapidement ils ont pris un dessus sur les armées franco-anglaises et sur les armées belges et très vite ils ont avancé en territoire belge et ils ont provoqué l'exode des Belges. Les Belges sont passés en France et ils ont raconté les horreurs de la guerre qu'ils venaient de subir. Ils ont créé une espèce de climat de panique dans le nord de la France. Les gens du nord à leur tour ont fait des bagages. Ils ont pris des voitures, ils ont pris des carrioles. Ils ont attelé les chevaux à leurs voitures et ils sont descendus vers le sud et nous, nous avons commencé à voir ces gens-là passer dès le 12 mai. Donc on a commencé à voir un flot de voitures traverser la Seine au pont de Vernon et ces gens se dirigeaient vers le sud, le plus loin des combats. Le 12 mai, c'est donc le premier aperçu que nous Vernonnais avons eu des gens qui paniquaient et se sont enfuis avec des voitures chargées au maximum de tous qu'ils ont pu emporter, leur vaisselle, la plus précieuse, les malles avec des vêtements qui étaient fixées sur le toit et ce qui nous avait frappé à l'époque, c'est de voir que les conducteurs avaient installé sur des toits des voitures des matelas, parce que les Allemands mitraillaient les routes et donc ils espéraient ainsi amortir tout au moins le choc des balles. Alors il fallait que les Vernonnais viennent tendre à ces gens-là. On a donc ouvert en ville plusieurs centres d'accueil pour les réfugier. Je me souviens qu'un des centres d'accueil avait été ouvert par des professeurs du collège de Vernon qui d'abord faisaient des tours des commerçants, faisaient venir du pain, du lait, enfin de la viande, les matières premières pour donner à manger à ces gens-là qui étaient tout à fait démunis. C'est le travail de solidarité d'une population. Ça a été notre premier contact avec la guerre.

La défaite de la France

Page 151, Exercice 2 *(1' 20")*

Je me souviens du discours du Maréchal Pétain à la radio quand il a annoncé que la France arrêtait le combat. Tout le monde était soulagé. Alors ce Général de Gaulle lui, en fait, il n'avait pas du tout l'oreille des Français. Il a été très peu entendu parce que dans la partie nord occupée par les Allemands la radio était déjà contrôlée. Les gens l'ont entendu plus au sud de la France parce que la radio fonctionnait normalement.

Donc la Résistance a augmenté progressivement. Les premiers mois on peut dire qu'i' n'y a pratiquement rien eu, à part quelques personnes isolées qui avaient peut-être des motifs plus directs. Les premières manifestations de la Résistance d'abord étaient dans l'attitude qu'on avait vis-à-vis des Allemands. Des gens qui les regardaient avec des yeux pleins de haine, puis même des gens qui crachaient sur leur passage. Et puis les premiers faits dont on a eu connaissance, ça a été le sabotage des lignes de communication, couper les fils téléphoniques pour essayer de les gêner. Il n'y a pas eu de tirs. Ça a été la résistance passive plus qu'active. Ça, c'est venu quelques mois après l'occupation.

La vie de tous les jours sous l'occupation

Page 152, Exercice 2 et 67   (1' 00")

La vie sous l'occupation, c'est d'abord penser à la nourriture. On peut dire qu'on se lève tôt. Bon, les gens travaillent bien sûr mais les enfants quand il n'y a pas de classe, on les envoie faire la queue devant les magasins. Ça a été mon occupation de tous les jours non scolarisés et pendant toutes les vacances. On sortait de chez soi, il était sept heures trente/huit heures et on allait aux portes des magasins, qui n'ouvraient qu'à neuf heures et demie, dix heures. Mais il fallait se mettre dans le rang le plus près possible de la porte, parce qu'on savait qu'il n'y avait pas de marchandises pour tout le monde. On avait construit des baraques pour remplacer les commerçants qui avaient été détruits pendant les bombardements.

Le souvenir personnel que j'en ai, c'est que j'ai beaucoup lu pendant cette période-là parce que j'allais faire la queue avec un livre pour occuper le temps.

Injustice

Page 152, Exercice 3   (1' 40")

Ben, la vie de tous les jours. C'est que… étant donné que mon grand-père n'avait plus sa femme et qu'il y avait plus de pharmacie et que mon père devait faire face à la marche de l'entreprise puisque mon oncle était mobilisé, moi, on m'a mis en pension à Rouen à St. Jean Baptiste et là, à la pension, nous avons vécu en parallèle avec les Allemands qui occupaient la moitié du collège, qui occupaient tous les préaux où ils avaient mis tout leur matériel de guerre, et nous, on jouait dans la cour à l'extérieur. Ce qui faisait qu'ils étaient camouflés et protégés par le collège. D'ailleurs à cette époque, j'ai appris que mon père avait été fait prisonnier mais je l'ai appris très tard puisque j'étais gardé en retenue pendant plusieurs semaines. C'était pour me cacher que mon père était emprisonné, et un jour on m'a donné l'autorisation de sortir parce qu'on sentait bien que je commençais à… comment dirais-je… à ruer dans les brancards et on m'a laissé sortir et en allant au Palais de Justice, c'est là où j'ai rencontré une dame qui m'a dit : «Mais tu vas voir ton papa qui est en prison», et c'est là que j'ai appris que mon père était en prison depuis près d'un mois. Pourquoi ? Eh bien, il avait été dénoncé par des gens du deuxième bureau de Vernon et d'après qui il faisait du trafic de céréales alors que c'était complètement faux. Heureusement qu'au tribunal le Feldkommandant a reconnu qu'il n'était pas fautif. Mais il y avait quand même des gens de ses amis qui sont partis en déportation et qui ne sont pas revenus.

Chef de réseau à Rouen

Page 153, Exercice 6   (1' 25")

J'ai organisé à Rouen cinq sections de trente hommes. C'est moi qui les avais recrutés si vous voulez. Un groupe féminin de 25 femmes à peu près et puis un service de renseignements avec des antennes à la préfecture, à la ville et dans la police. En avril 44 vers la fin, beaucoup de responsables de mon mouvement étaient arrêtés à Paris où ailleurs et j'ai eu la responsabilité du Département. Je suis un des rares responsables départemental de Résistance qui n'a pas été arrêté. C'est dû peut-être à la chance, c'est dû aussi à la prudence. Parce que beaucoup d'arrestations ont été le fait d'imprudences notoires. Mais je signale ici, c'est que… à ma connaissance, dans la Résistance, les raisonnables, c'était surtout des jeunes, et les imprudents, c'était surtout les hommes un peu plus âgés et les militaires, parce que les militaires n'ont pas l'habitude de la lutte clandestine. J'avais 22 ans à l'époque, j'étais mûr, prudent. La défaite du pays, l'occupation, la Résistance, ça mûrit.

Souvenir

Page 155, Exercice 2   (0' 50")

On ne pouvait plus rester à Rouen dans la période 44 au moment de la Libération, ce qui fait qu'on nous a rapatriés à Vernon et j'ai euh… donc vécu des grands bombardements à Vernon. Du fait que, j'étais avec un camarade à vélo sur St. Marcel. Ce n'est que le soir que j'ai entendu parler qu'il y avait eu beaucoup de morts. Donc nous sommes partis de la maison parce que la maison se trouvait près de la gare et nous sommes allés habiter une maison d'amis et là on a vécu la Libération. Mais étant donné que j'avais 14 ans et que je voulais, comment dirais-je, voir ce qui se passait, on m'a enfermé plutôt dans la cave pour pas que j'aille dehors !

La contribution sénégalaise

Page 156, Exercice 2   (2' 30")

Monsieur Gningue : C'est ça… L'Afrique a beaucoup donné. On oublie quand même pour euh… au monde, à l'avènement du monde, à l'avènement de la démocratie, parce que les Tirailleurs, les morts sénégalais pour l'avènement de l'Europe, l'Europe pacifique et tout ça, on a contribué à l'avènement, un peu… au retour de la démocratie parce que c'était la dictature et tout ça… On a tué beaucoup de Sénégalais, surtout des Sénégalais, qu'on appelait les Tirailleurs… vous savez… connaissez pas…

Au point : Si, si, j'ai appris l'histoire de France…

Monsieur Gningue : les Tirailleurs… même Senghor, dont je vous parlais, Senghor qui vraiment est un amoureux de la France, qui aime beaucoup la France, qui se considère même un peu français, il a fait un poème sur ces gens-là : il a dit… c'est le poème où il dit :

O tirailleurs, tirailleurs sénégalais,
mes frères tirailleurs sénégalais,
on réchauffe… on réchauffe le Soldat Inconnu
on fleurit des tombes, mais vous,
on ne vous nomme pas.

C'est un peu comme si on les oubliait un peu... alors c'est des gens... Moi j'ai mon propr... propre grand-père, il a fait la guerre, heureusement, il est revenu... il est décoré et tout ça, mais...

Au point : Vous pouvez nous donner des détails de ce qu'il a fait, où il est allé, ses ses souvenirs, ce qu'il vous en a dit ?

Monsieur Gningue : Bon, par exemple au Sénégal il y avait un camp, bon on prenait tous les gens valides par exemple qui pouvaient s'adonner à la guerre où on les formait... donc, on les entraînait là-bas pendant un certain... pendant une certaine durée pour qu'ils... pour qu'ils puissent manier facilement les armes, ensuite, on les emmenait... Bon, quand ils venaient, ils s'associaient bien sûr aux troupes alliées pour euh faire tous ces guerres... ils ont fait toutes les... les... les guerres là que... je crois même qu'ils ont participé au débarquement de Normandie, parce que la Libération est venue de là-bas... je me souviens... oui, oui, c'est ça.

Au point : Hum, hum.

Monsieur Gningue : Et selon les besoins de la stratégie du moment, on les utilisait. Bon, i' y a beaucoup d'anecdo... d'anecdotes qui ont été racontées là-dessus... Bon ! Hitler a dit, bon, si ce n'était pas à cause des Tirailleurs sénégalais, j'aurais mis la France dans une bouteille... Il y a beaucoup de choses qu'on a racontées, bon, qui fait que bon, tout ça, ça traduit quand même un apport de ces Tirailleurs sénégalais bon, parce que, en cette période, les Européens pensaient que... Il y a même des Européens (c'est une autre anecdote) qui disent que les Sénégalais ne mou... ne mouraient pas par l'effet des coups de fusils et tout ça, parce qu'ils avaient tellement de... de grigris, des protections qui faisaient que bon... ils disaient que... on tirait sur eux mais ils ne mouraient pas... on ne comprenait pas, et c'est justement pour cette raison que j'ai dit Hitler a dit ça. Il a dit, bon... si c'étaient pas les Tirailleurs sénégalais, il aurait mis la France dans une bouteille et tout ça...

Answers

De quel poème s'agit-il ?

Page 146, Exercice 1
a *Oradour*
b *Le déserteur*
c *Le dormeur du val.*

Sous quel titre ?

Page 146, Exercice 2
a *Le dormeur du val*
b *Oradour*
c *Oradour*
d *Le dormeur du val*
e *Le déserteur*
f *Le dormeur du val*
g *Le déserteur*
h *Oradour*

i *Le déserteur*
j *Le déserteur*

Le dormeur du val

Page 147, Exercice 3
...le calme, la quiétude sont rendus par, par exemple :
– un trou de verdure (vers 1)
– une rivière chante (vers 1)
– un petit val (vers 4)
– il dort (vers 6 et 7, vers 9 et vers 13)
– son lit vert (vers 8)
– souriant (vers 9)
– les parfums (vers 12)
– la main sur la poitrine (vers 13)
– tranquille (vers 14)
...La lumière est rendue par, par exemple :
– des haillons d'argent (vers 2 et 3)
– le soleil luit (vers 3 et 4)
– le soleil (vers 13)
– le frais cresson (vers 6)
– la lumière pleut (vers 8)
...La couleur est rendue par, par exemple :
– des haillons d'argent (vers 2 et 3)
– le cresson bleu (vers 6)
– pâle (vers 8)
– son lit vert (vers 8)
– les glaïeuls (vers 9)
– deux trous rouges au côté droit (vers 14)
...L'allégresse est rendue par, par exemple :
– une rivière chante (vers 1)
– follement (vers 2)
– souriant (vers 9)
...Le mal, la mort sont rendus par, par exemple :
– les glaïeuls (vers 9)
– un enfant malade (vers 10)
– il a froid (vers 11)
– la main sur la poitrine (vers 13)
– deux trous rouges au côté droit (vers 14)
Ces deux derniers vers ne rendent pas la mort explicite, mais la sous-entendent.

Oradour

Page 147, Exercice 4
a
i Oradour
n'a plus de...
plus de
deux yeux larges
deux yeux rouges
deux yeux graves
deux yeux grands

ii Je ne peux approcher de ton...
Je ne peux je ne veux pas
Je crie et hurle
honte des hommes
honte éternelle
Honte et haine pour toujours
Et c'est bien la pire honte
La bouche sans personne/qui hurle pour tous les temps.

Le déserteur

Page 147, Exercice 5

a Que vous lirez peut-être si vous avez le temps.

b J'ai vu mourir mon père
   J'ai vu partir mes frères
   (ma mère) Elle est dedans sa tombe
   On m'a volé ma femme
   On m'a volé mon âme
   Et tout mon cher passé

c Ma décision est prise

d Et je dirai aux gens «Refusez d'obéir, refusez de la faire. N'allez pas à la guerre, refusez de partir.»

e S'il faut donner son sang, allez donner le vôtre

f que je n'aurai pas d'armes et qu'ils pourront tirer.

De quelle date à quelle date ?

Page 148, Exercice 2

Du 3 septembre 1939 au 10 mai 1940.

🔊 La guerre à travers la panique des autres

Page 148, Exercice 3

a • Les Allemands ont attaqué la Belgique, la Hollande et le Luxembourg.
   • Les Allemands étaient plus forts que les Anglais et les Belges. Ils ont occupé la Belgique.

b • Les Belges ont voulu quitter leur pays.

c • Les Vernonnais ont vu passer les Belges et les Français du nord qui paniquaient en entendant les horreurs de la guerre.

d • Les Vernonnais ont vu un flot de voitures chargées de tous leurs biens.

e • Les Vernonnais ont ouvert des centres d'accueil pour donner à manger à ces gens.

Expressions toutes faites

Page 149, Exercice 4

1 lâcher	d les bombes
2 toucher	g un objectif militaire
3 venir	i en renfort
4 déclencher	f les sirènes
5 couper	a l'électricité
6 se mettre	h à l'abri
7 se réfugier	b dans les bois
8 survoler	e sans arrêt
9 plonger	c dans les fossés

Interview

Page 149, Exercice 5

Réponses possibles

a Eh bien... ça a commencé le 8 juin, oui, c'est ça, le samedi 8 juin.

b Bien, vous savez, en fait, il y a eu plusieurs bombardements, ce jour-là. Au cours du premier, ils ont touché une caserne ; au second, ça a été le marché, et puis après, toute la ville y est passée.

c Ils ont été surpris, puis ils ont été pris de panique. Au point où ils ont quitté la ville en grand nombre.

d Non, je ne crois pas : ils ne volaient pas assez haut pour ne pas voir précisément ce qu'ils visaient.

e Ça consistait à faire tomber des bombes à environ 30 kilomètres de leurs colonnes, de manière à ce que les gens paniquent, quittent la ville et ce faisant obstruent les routes, ce qui empêchait les convois français de venir en renfort.

f Ils ont duré pendant deux jours.

g Parce que, comme l'électricité avait été coupée, les sirènes d'alerte ne marchaient pas.

h Bien, vous savez, les gens avaient très peur ; ils pensaient que les Allemands continueraient à bombarder le centre des villes, ce qui était dangereux, alors, ils ont quitté Vernon.

i Oui, moi aussi j'ai suivi l'exode.

j Certainement : quand les avions allemands survolaient nos convois et les mitraillaient, il nous fallait sauter dans les fossés ; il était aussi très difficile de trouver à manger.

C'est qui ?

Page 150, Exercice 1

a Jean Moulin	f de Gaulle
b Jean Moulin	g de Gaulle
c Pétain (et de Gaulle)	h Jean Moulin
d de Gaulle	i Jean Moulin
e Pétain	j Pétain

🔊 La défaite de la France

Page 151, Exercice 2

b Le discours du Maréchal Pétain a soulagé les Français.

d Peu de Français étaient à l'écoute du Général de Gaulle.

a La radio dans la zone occupée était contrôlée.

c Les premières manifestations de résistance étaient dans l'attitude vis-à-vis des Allemands.

Les droits et les devoirs d'un bon citoyen

Page 152, Exercice 1

a • Électricité, gaz, chemins de fer, écluses et objets d'art (valant de l'argent) surveillés par armée allemande
   • Continuer à ouvrir les écoles, les banques et les magasins

b • Actes de violence et de sabotage punis
   • Saisie de nourritures punie
   • Faire de l'espionnage contre la force d'occupation passible de prison
   • Offense à l'armée allemande passible de prison
   • Attroupement dans les rues sans permission préalable passible de prison
   • Arrêt volontaire de travail passible de prison
   • Stocker des provisions est interdit, considéré comme sabotage
   • Augmenter les prix et changer le taux du change sont interdits

c • Aider autres militaires que des Allemands passible de prison
   • Permettre la fuite de civils vers la France libre passible de prison

- Faire de l'espionnage contre la force d'occupation passible de prison

La vie de tous les jours sous l'occupation

Page 152, Exercice 2 et **67**

nourriture
faire la queue
tous les jours
toutes les vacances
aux portes des magasins
dans le rang
été détruits
j'en ai
faire la queue

🎧 Chef de réseau à Rouen

Page 153, Exercice 6

Pour être résistant, il fallait être prudent, raisonnable, et mûr.

Défis grammaticaux

Page 154

a

Passé simple	Infinitif	Passé composé
succéda	succéder	a succédé
fut	être	a été
devint	devenir	est devenu
décida	décider	a décidé
installa	installer	a installé
annonça	annoncer	a annoncé
refusa	refuser	a refusé
prit	prendre	a pris
se rendit	se rendre	s'est rendu
donna	donner	a donné
lança	lancer	a lancé
fonda	fonder	a fondé
se retira	se retirer	s'est retiré
rappelèrent	rappeler	ont rappelé
démissionna	démissionner	a démissionné
mourut	mourir	est mort
éclata	éclater	a éclaté
occupèrent	occuper	ont occupé
lutta	lutter	a lutté
exaspéra	exaspérer	a exaspéré
exigèrent	exiger	ont exigé
entreprit	entreprendre	a entrepris
rencontra	rencontrer	a rencontré
choisit	choisir	a choisi
continua	continuer	a continué
tomba	tomber	est tombé
sut	savoir	a su
virent	voir	ont vu

b (1) Le bombardement se joua le 8 juin.
(2) Le vrombissement jeta l'effroi dans les gens.
(3) La ville reçut les premières bombes.
(4) Il y eut de nombreux dévouements.
(5) La cabine du garde-barrière fut ensevelie sous deux mètres de terre.
(6) Un quatrième bombardement tua deux femmes âgées.

c The answer for some of the verbs is not clear cut ! The *imparfait* could be used to underline the duration of events whereas the *passé simple* would stress the sequence of events. This exercise is intended to create a lively discussion over interpretation and style of the final version adopted ! If the *imparfait is* chosen for the first verb, it would be more logical to use the same tense later, where there is a choice.

essayait *or* essaya
allait
avait
écoutait
leva
tint
articulaient *or* articulèrent
durait *or* dura
s'efforçait *or* s'efforça
étouffa
entendit
claqua
repartit

🎧 Souvenir

Page 155, Exercice 2

Pour échapper à la guerre à Rouen, Jacques qui avait 14 ans a été évacué à Vernon, ce qui fait qu'il a vécu les bombardements de Vernon. Comme la maison était près de la gare, il est allé vivre chez des amis. Il a été enfermé dans une cave pour ne pas qu'il aille voir ce qui se passait.

Hommage aux soldats d'Afrique

Page 156, Exercice 1

a faisant un grand effort pour reprendre la vie d'auparavant
b des provisions de nourriture et d'argent
c alimentation
d la magnanimité
e parmi les habitants (non-combattants)
f le jour suivant la perte de la bataille.

🎧 La contribution sénégalaise

Page 156, Exercice 2

- Quelqu'un (Senghor) a écrit un poème sur eux.
- Le grand-père de Monsieur Gningue a fait la guerre en Europe.
- Les hommes valides étaient mis dans un camp au Sénégal ; ils s'entraînaient à manier les armes et ils partaient s'associer aux troupes alliées.
- Ils ont participé au débarquement de Normandie.

- Hitler a dit que si ça n'avait pas été pour les Tirailleurs sénégalais, il aurait mis la France en bouteille (= il aurait annexé ou anéanti la France.)
- Les Tirailleurs sénégalais ne mouraient pas parce qu'ils étaient protégés par des grigris.

Mots cachés

Page 156 et **69**

1 abri	11 déclarer	21 patrie
2 attaque	12 déserter	22 réfugié
3 armée	13 exode	23 Résistance
4 armistice	14 force	24 sabotage
5 avion	15 front	25 seconde
6 balle	16 guerre	26 sirènes
7 bombarder	17 mine	27 Vichy
8 caserne	18 mitrailler	
9 collaborer	19 mobiliser	
10 combat	20 occupants	

Travail de recherche

Page 156 et **70**
La dernière guerre

Voici des guerres qui ont eu lieu depuis 1945. Il y en a certainement eu d'autres, beaucoup moins connues ou médiatisées.

1948 Première guerre israélo-arabe

1950 – 1953 La Guerre de Corée

1946 – 1954 La Guerre d'Indochine

1954 La Guerre d'Algérie

1954 – 1975 La Guerre du Viêt-nam

1956 Deuxième guerre israélo-arabe

1967 Troisième guerre israélo-arabe (dite Guerre des «Six Jours»)

1973 Quatrième guerre israélo-arabe (dite Guerre du «Kippour»)

1976 Début de la guerre au Liban

1979 Troupes soviétiques envahissent l'Afghanistan
La Guerre civile au Tchad

1980 – 1988 La Guerre entre l'Iran et l'Irak
Nombreux conflits en Afrique, en Angola, par exemple.

1982 La Guerre des Malouines entre la Grande Bretagne et l'Argentine

1990 – 1991 La Guerre du Golfe entre l'Irak et le Koweit ; les Grandes Puissances interviennent

1992 – La Guerre civile en Yougoslavie
Guerre civile en Somalie et dans de nombreux pays africains

13 La culture : tous azimuts

Chapter overview

Page	Reference	Activities	Possible extension
157	Pour commencer	■ Teacher could ask students what they understand by culture.	
	La culture : tous azimuts	■ Discussion on title. Culture in every aspect of life, everywhere.	
	Photos and cartoons	■ Initial discussion on perceptions of *La francophonie*; influence of US on French culture, based preferably on students' own experiences of French language and society.	
158	Qu'est-ce que la culture ?		
	📼 Le point sur la culture **71**	1 Written gap-fill exercise based on interview. Checking is done by listening to class cassette.	■ Language work: Focus on uses of *savoir* and *connaître*; revision of *(tout) ce qui/ce que*.
	📼 La culture vis-à-vis des générations	2 Listening exercise involving note-taking in tabular form.	
	📼 La culture, ça change avec l'âge	3 Listening task providing additional vocabulary and ideas on topic. Task involves explanation of key phrases in French.	
	Et vous, personnellement ?	4 Students encouraged to reflect on childhood cultural preferences and follow up conversation with partner.	■ Further practice of *l'imparfait* (See page 38).
	Distractions	5 Oral work in pairs. Practice for oral examination with extended speech.	■ Opportunity to broaden discussion to consider advantages and disadvantages of city and village life.
	La culture pour moi, c'est... 💾	6 Written summing-up, supported by starter phrases in **Pour communiquer**.	■ The paragraph could be used as the first part of longer essay, for example : *Les jeunes n'ont pas de culture. Discutez.*
159	De futures étoiles de l'Opéra ?	■ The arduous life of young ballet dancers.	
	La vie à l'école de danse	1 The text and photos provide ample information for letter-writing task.	
160–1	L'écrivain journaliste	■ These two pages focus on the art of Emile Zola. The topic is extended later with reference to the film adaptation of his novel *Germinal* on page 164.	
	Point Grammaire : des → de/d'	■ Explanation and examples from the text.	
	Un écrivain scientifique ?	1 Support for a discussion of narrative technique by identifying relevant sections of an imaginary interview with Zola. ■ Students are invited to give their interpretation.	■ Zola's novels may seem daunting but some extracts could be read at this point to illustrate more concretely the techniques employed. See also page 196.
	📼 Henri Troyat sur Zola **72**	2 Off-air recording of interview with novelist and critic Henri Troyat offers further detailed comment on Zola's methods of writing. ■ Detailed listening activity: comparing written text with radio broadcast in order to note new information.	
	📼 Le Zèbre	3 Listening for detail from a young person's account of the plot of a modern novel.	■ Students could read the same novel and record their own summaries and compare with original.
	📼 J'explore les livres !	■ Off-air recording publicising a young people's book fair.	■ Students could record their own versions of the advert, attempting to mimic the exciting style and intonation of the presenter.
	Travail de recherche	■ Students are given guidance on narrative techniques and encouraged to analyse texts read or being read.	■ Students should collect and learn the vocabulary of literary and other forms of criticism used in this chapter of **Au point**. ■ The Sempé cartoon provides a good opportunity to consider visual irony. (See also page 101.)
162–3	Le cinéma en danger de mort ?	■ This double spread and page 164 consider the role and function of cinema.	
	La langue de chez nous	1 An exercise drawing attention to register. Students rewrite phrases from a journalistic text in more straighforward language.	■ Students, in their reading of the French press, should note down other examples of 'journalese' and pool findings in class.

Page	Reference	Activities	Possible extension
	▣ Un amateur de cinéma **73**	**2** Short listening exercise. Students must note differences between speech and transcript.	■ Students relate their own experiences in cinema-going in their own and other countries. Discussion of differences in cinema styles and procedures across Europe: timing of programmes, cost, censorship, etc.
	Sondage	**3** Students consider statistics on this page, including the data in the **Au fait** and carry out their own survey. ■ Display and discussion of results follow. ■ Remember **Pour communiquer** : *Pour parler statistiques* **3**	■ The survey could extend to partner school or college in francophone country.
	Parlons cinéma 💾	**4** Vocabulary building activity leading to class discussion based on questions provided.	■ A choice of provocative essay titles on this topic: *Le cinéma ne contribue que très peu au développement culturel d'une société ; On devrait censurer plus strictement les films qui passent au cinéma ; Le cinéma n'existerait aujourd'hui sans la télévision.*
164	L'Adaptation à l'écran	■ An article about Claude Berri's adaptation of Zola's *Germinal* leads to general discussion of the merits of film versions of novels.	
	Scénario	**1** Translation of extract of article. ■ Paragraph writing: summary of a film story-line.	■ Oral accounts of novels and films to reinforce the use of the present tense in narrative.
	Au fait	■ Shows importance of cinema clubs in France.	
	Film contre roman	**2** Questions to start a class discussion about film versions of novels. Best if prepared individually in advance.	
	▣ Un remake	**3** Students draw up a list of reasons explaining why Laure does not like the american film *Sommersby*, a remake of a French film *Le retour de Martin Guerre*.	■ This could be done before class discussion of *Film contre roman* to add some vocabulary and ideas.
165	Grammaire : Les verbes impersonnels	■ Explanation with a range of examples of some common impersonal verb forms and usage with and without preposition before infinitive. ■ **Défis grammaticaux** : three exercises, including oral and written practice.	
166–7	La francophonie : une mosaïque de peuples…	■ The importance of French language and culture across the world.	
	Les différents aspects de la francophonie	**1** Fact-finding exercise based on reading within and beyond the text.	■ Students should be encouraged to produce a comprehensive picture of the extent of French across the world. The map is a good starting point for this research.
	Les origines de la francophonie	**2** More detailed reading of the text required to distinguish between correct and incorrect information in summary paragraphs.	
	▣ La langue de chez nous	**3** The award-winning song by Yves Duteil provides opportunities for literary and musical appreciation as well as a specific focus on rhyming patterns.	■ Knowledge of rhyme forms and associated vocabulary of literary criticism should lead to further oral and written analysis of poems and songs.
168	La culture, une affaire d'Etat à protéger ?	■ Short extracts from a variety of sources sum up the various strands of the chapter.	
	A votre avis…	**1** Written or oral exercise demanding understanding of the texts on the page and an overall impression of this chapter's subject matter.	
	▣ Le rap alphabétique	**2** Lively off-air recording, full of word play.	
	Et pour finir	■ Students prepare an exposé on their own country's attitudes towards culture.	
212–214	Lectures	■ Report about young man seeking financial support for his ambition to make a career in rock music together with personality test about music. ■ Extract from Jean Cocteau's diary about the making of *La Belle et la Bête* and a newspaper article publicising the national film festival in France. ■ Two contrasting articles on theme of *francophonie*: French traditions are pursued peacefully in Louisiana while noisy demonstrations highlight the emotive nature of French language issues in Quebec.	

Class cassette transcripts

Le point sur la culture

Page 158, Exercice 1 et 🔲   *(0' 50")*

Moi, il y a une phrase dont je me souviens toujours, c'est «la culture, c'est ce qui reste quand on a tout oublié.» Je pense que la culture, c'est savoir, connaître tout ce qui est autour de nous. Mais ce n'est pas simplement limité aux livres et à tout ce qu'on peut imaginer comme culturelle. Mais je pense que c'est un amalgame de tout ce que l'on voit et ce que l'on a vu, tout ce que l'on entend et que l'on a entendu, tout ce que l'on lit et que l'on a lu et tout ce que l'on vit et ce que l'on a vécu. Tout ça, ça se mélange et ce qui reste, c'est comme un dépot, ce qui reste, c'est l'essentiel je trouve, parce que c'est important pour la personne. Mais, c'est très difficile de mesurer la culture des gens parce qu'il y a les gens qui ont une très bonne culture par exemple, culture littéraire, mais musicalement ils sont nuls. Donc, je pense que la culture, c'est un équilibre.

La culture vis-à-vis des générations

Page 158, Exercice 2   *(1' 10")*

Les jeunes… Ce n'est pas qu'ils n'ont pas de culture, c'est que leur culture est différente de celle des générations précédentes, parce que dans la génération précédente les gens lisaient beaucoup plus, puisqu'ils avaient beaucoup moins de loisirs et c'était leur moyen de s'évader et aller au théatre c'était comme un événement tandis que maintenant c'est accessible à tous et financièrement ça ne coûte pas beaucoup et tout le monde peut aller au cinéma ou au théâtre. Ça fait que les gens n'en parlent pas autant et c'est un peu noyé dans toutes les possibilités qu'ils ont. Je crois que c'est ça la différence, que les gens sont submergés par des possibilités infinies et il faut qu'ils choisissent et je pense qu'il y en a qui ne veulent pas choisir, ça fait qu'ils s'intéressent à rien en particulier, ce qui fait qu'ils sont moins cultivés. Puis il y a aussi ce qu'on considère parfois comme une sous-culture, la télé, les médias. Ce n'est pas forcément une sous-culture mais je pense que c'est très artificiel et c'est la différence entre la génération précédente et maintenant c'est que la génération précédente, les gens allaient plus en profondeur parce qu'ils avaient le temps. Maintenant c'est à la va-vite, on regarde un film, on zappe, on regarde encore quelque chose d'autre. Ça ne rentre pas, c'est artificiel, c'est… on connaît un peu de tout mais pas bien…

La culture, ça change avec l'âge

Page 158, Exercice 3   *(1' 00")*

La culture ça change avec l'âge parce que, bon, il y a des passades dans la vie mais je crois qu'il y a toujours un fil conducteur. J'ai toujours aimé lire, j'aime toujours lire et j'ai toujours l'acquis de ce que j'ai lu. C'est vrai qu'on évolue et on découvre des choses à chaque âge de la vie donc les passions changent. Mes goûts sont différents des jeunes que je côtoie maintenant. Mais c'est une question d'âge et une question de société. Moi, je sais quand j'étais très jeune, les ordinateurs, c'était pas à la mode. C'était certaines personnes

qui avaient des ordinateurs. Maintenant tout le monde a un ordinateur. Mais c'est vrai, moi, l'ordinateur maintenant c'est quelque chose qu'il faut découvrir parce que ça fait partie de la vie des gens avec qui on vieillit. La culture, je trouve c'est aussi se mettre au courant de ce que les gens aiment. Les gens autour de vous aiment. Je trouve que la culture, ça devrait servir à côtoyer les gens et à s'entendre mieux avec les gens.

Henri Troyat sur Zola

Page 160, Exercice 2 et 🔲   *(2' 00")*

– Henri Troyat, ce qui m'a épaté dans votre livre, c'est que j'ai découvert que Zola, c'était l'ancêtre du marketing complètement, enfin en littérature.

Henri Troyat : Ah oui, il s'occupait beaucoup du lancement de ces livres. Il tenait beaucoup à la réclame, comme on disait à l'époque, il surveillait ses ventes et il était à la fois passionné pour son œuvre lorsqu'il en écrivait et passionné pour la vente de cette œuvre une fois qu'elle était écrite.

– Même sur le fond du naturalisme, c'est quoi… c'est le commun dénominateur de l'époque quoi ?

Henri Troyat : Oui, le naturalisme de Zola est quelque chose de très bizarre parce qu'à mon avis, Zola a voulu peindre la réalité dans tout son horreur et il n'a jamais été aussi grand que lorsqu'il avait déformé cette réalité dans ses livres.

– Parce qu'il n'avait jamais visité une mine ou une usine ou la Villette.

Henri Troyat : Ah oui, oui, oui, c'est-à-dire, c'est là, quelque chose d'étonnant, c'est que ce monsieur qui était un homme de bureau, un homme de cabinet qui sortait peu, quand il avait un sujet en tête et qu'il voulait évoquer un milieu quel qu'il soit et bien, il se portait sur place et pendant une semaine, à peu près une semaine, dix jours, il fréquentait les endroits qu'il voulait décrire, il interrogeait les gens qui exerçaient le métier de ces personnages et il prenait notes sur notes et quand il rentrait chez lui au bout de ces jours, il était aussi renseigné sur ce milieu, sur ces gens, que s'il avait vécu, eh, pendant 20 ans en leur compagnie. C'était étonnant et ce qu'il faisait à ce moment – là, c'est qu'il ne restituait pas simplement ce qu'il avait vu, mais qu'il le transformait et que ce rêve, devenait, cette observation devenait plutôt dans sa tête une sorte de fantasmagorie, de cauchemar presque et c'est par là, à mon avis, qu'il est grand. Ce n'est pas dans la mesure où il dépeint la réalité, mais c'est dans la mesure où il la transcende.

Le Zèbre

Page 160, Exercice 3   *(1' 10")*

C'est un livre qui parle d'amour et j'ai beaucoup aimé ce livre parce que c'est une vue différente. Je vous raconte l'histoire ? Eh bien, c'est l'histoire d'un homme qui a été marié depuis 25 ans et après 25 ans de mariage, c'est un peu morne la vie avec sa femme et il décide de la séduire à nouveau, alors, il se fait passer pour un des admirateurs de sa femme. Il lui envoie des lettres enflammées, il lui envoie des fleurs, il prépare des rendez-vous et il ne vient jamais et sa femme tombe amoureuse de cette personne qui lui écrit des lettres et qui lui envoie des fleurs et lui, sait très bien que c'est lui, donc il n'est pas jaloux. Un jour il organise un rendez-vous dans un hôtel et il ne vient pas et elle est vraiment désespérée et elle est vraiment malade et alors qu'il est en train de faire tout ça, il a une crise cardiaque et il meurt. Ce qui fait que…, c'est très triste cette partie parce qu'après, elle est obligée de lire le testament et la lettre du testament lui explique tout ce qu'il a fait pour la réséduire et c'est fini, elle ne peut plus rien faire. Alors, il lui révèle toutes ses stratégies. C'est vraiment très émouvant. C'est très bien écrit. La partie la plus émouvante, c'est le testament parce que quand elle se rend compte qu'il y a plus rien à faire, qu'il est mort… et puis après elle rêve qu'il revient. Il la hante pendant la nuit, mais bon, il y a rien à faire.

Un amateur du cinéma

Page 163, Exercice 2 et 73   (0' 20")

Pour moi le cinéma est une passion. J'adore pénétrer dans la salle, m'asseoir et attendre le début du film. Quand les lumières s'éteignent et que les premières images apparaissent sur l'écran, c'est un enchantement. Je me plonge dans le film. Le cinéma est un endroit qui permet de s'évader. Je suis une fidèle du cinéma.

La langue de chez nous

Page 167, Exercice 3   (3' 30")

C'est une langue belle avec des mots superbes
Qui porte son histoire à travers ses accents
Où l'on sent la musique et le parfum des herbes
Le fromage de chèvre et le pain de froment

Et du Mont-Saint-Michel jusqu'à la Contrescarpe
En écoutant parler les gens de ce pays
On dirait que le vent s'est pris dans une harpe
Et qu'il en a gardé toutes les harmonies

Dans cette langue belle aux couleurs de Provence
Où la saveur des choses est déjà dans les mots
C'est d'abord en parlant que la fete commence
Et l'on boit des paroles aussi bien que de l'eau

Les voix ressemblent aux cours des fleuves et des rivières
Elles répondent aux méandres, au vent dans les roseaux
Parfois même aux torrents qui charrient du tonnerre
En polissant les pierres sur le bord des ruisseaux

C'est une langue belle à l'autre bout du monde
Une bulle de France au nord d'un continent
Sertie dans un étau mais pourtant si féconde
Enfermée dans les glaces au sommet d'un volcan

Elle a jeté des ponts par-dessus l'Atlantique
Elle a quitté son nid pour un autre terroir
Et comme une hirondelle au printemps des musiques
Elle revient nous chanter ses peines et ses espoirs

Nous dire que là-bas dans ce pays de neige
Elle a fait face aux vents qui soufflent de partout
Pour imposer ses mots jusque dans les collèges
Et qu'on y parle encore la langue de chez nous

C'est une langue belle à qui sait la défendre
Elle offre les trésors de richesses infinies
Les mots qui nous manquaient pour pouvoir nous
    comprendre
Et la force qu'il faut pour vivre en harmonie

Et de l'Ile d'Orléans jusqu'à la Contrescarpe
En écoutant chanter les gens de ce pays
On dirait que le vent s'est pris dans une harpe
Et qu'il a composé toute une symphonie.

Answers

📖 Le point sur la culture

Page 158, Exercice 1 et 71

phrase
ce
connaître
nous
livres
amalgame
vu
entend
lu
vit
dépôt
important
gens
littéraire
équilibre

🔊 La culture vis-à-vis des générations

Page 158, Exercice 2
Les jeunes d'aujourd'hui
théâtre et cinéma accessible
jeunes en parlent moins
submergés par des possibilités
culture artificielle
moins de temps
.
La génération précédente
lisait beaucoup
avait beaucoup moins de loisirs
aller au théâtre, c'était un événement
culture profonde
plus de temps

🔊 La culture, ça change avec l'âge

Page 158, Exercice 3
des passades dans la vie = des goûts ou des désirs qui ne durent pas longtemps.

un fil conducteur = en science, matière qui laisse passer la chaleur ou le courant électrique, donc ici, quelque chose qui reste constant dans la vie, un intérêt que l'on ne perd pas.

se mettre au courant = savoir des choses, s'informer, être au fait de tout ce qui se passe.

la culture, ça devrait servir à côtoyer les gens = la culture devrait aider à rendre les gens plus proches les uns aux autres.

Henri Troyat sur Zola

Page 160, Exercice 2 et 22
– Zola veut évoquer le second Empire scientifiquement.
– Les Rougon-Macquart, c'est l'oeuvre de sa vie en vingt volumes.
– Il y a eu de très violentes critiques.
– Il déposait les résultats des enquêtes qu'il poursuivait avant d'écrire un roman sur cinq dossiers.

Le zèbre

Page 160, Exercice 3
Sujet : L'amour
Intérêt : C'est une vue différente d'une histoire d'amour
Personnages : Un homme et sa femme
Les grands moments de l'intrigue : Le mari décide de séduire sa femme une deuxième fois. Il lui envoie des lettres et des fleurs. Il organise des rendez-vous. Mais il n'y va jamais. La femme tombe amoureuse de cet homme inconnu. Le mari meurt d'une crise cardiaque. Le testament révèle son secret.
Conclusion : La femme est hantée par son mari.

La langue de chez nous

Page 162, Exercice 1
a Il y a beaucoup moins de gens qui vont au cinéma.
b Le succès du film *Les visiteurs* en 1993 a fait que beaucoup plus de gens vont au cinéma.
c De la publicité partout, dans toutes les directions.
d On pense à tout pour attirer les gens.
e Quelques films ont réussi à cause du fait que les gens en parlent.
f Les films qu'on voit à la télévision.
g Il est presque impossible.
h Equilibrer plus ou moins le budget.

Un amateur de cinéma

Page 163, Exercice 2 et 23
Version correcte :
Pour moi, le cinéma est une passion. J'adore pénétrer dans la salle, m'asseoir et attendre le début du film. Quand les lumières s'éteignent et que les premières images apparaissent sur l'écran, c'est un enchantement. Je me plonge dans le film. Le cinéma est un endroit qui permet de s'évader. Je suis une fidèle du cinéma.

Scénario

Page 164, Exercice 1
Every story has its music. Germinal has its own particular music. The musical theme running through this, the thirteenth novel of the Rougon-Macquart epic, spreading and intensifying like a fire, is that of anger. The hero in possession of this anger is named Etienne Lantier. He has just been sacked from his job in the workshops of Lille because of his socialist opinions. It is the time of the second Empire. France is in the middle of an industrial crisis. Lantier makes his way to Montsou to find work in the mines. There, he finds a world full of suffering, exploitation and injustice. He sees men who are starving, badly paid, living in misery and over-crowded conditions. Alcoholism and vice are rife. It is not long before he organises a revolt which will involve 10,000 miners in a bloody strike.

Défis grammaticaux

Page 165
c
(1) Il vaudrait mieux d'abord lire le livre et puis aller voir l'adaptation au cinéma/à l'écran.
(2) Il paraît que l'industrie cinématographique dépend de l'apport des chaînes de télévision.
(3) Il s'est passé un accident dans la mine.
(4) Il se passe des choses sérieuses dans les romans de Zola.
(5) Il n'y a pas beaucoup de films à petit budget.
(6) Il est question/il s'agit de l'argent.
(7) Il manque de l'argent.
(8) Il fait très noir dans le cinéma et c'est ça que j'aime le mieux.

Les différents aspects de la francophonie

Page 167, Exercice 1
(Extra research may be necessary.)
a La France, le Mali, Le Niger, le Tchad, la Côte d'Ivoire
b Le Canada
c Les pays de a plus le Québec
d En Louisiane, au sud de l'Inde, en Syrie, dans le Val d'Aoste dans les Alpes italiennes, en Roumanie

Les origines de la francophonie

Page 167, Exercice 2
a au besoin de l'Amérique de renouveler sa population
b le chinois
c ainsi qu'au cours d'événements culturels
d c'est une langue qui évolue harmonieusement

La langue de chez nous

Page 167, Exercice 3
a La beauté de la langue française
b Il y a des images musicales telles que «le vent s'est pris dans une harpe» qui servent à renforcer l'idée de l'harmonie des sons de la langue française. La beauté de la langue est également liée à celle du paysage français et canadien. Par exemple, les couleurs de Provence sont très variées ainsi que celles du français.
c rimes croisées, plutôt riches

Chapter overview

Page	Reference	Activities	Possible extension
169	Pour commencer	■ Teacher asks questions about page 169.	
	Dessins	■ Detailed study of French court room and court-room vocabulary. ■ Cartoons and small ad. should raise thoughts about the themes of the chapter. ■ Students could be encouraged to brainstorm other dilemmas of contemporary society which are not depicted here or dealt with in the themes of the chapter.	■ If time, students could be made to research other *dilemmes de la société contemporaine* in French speaking press.
170–1	Au nom de quoi ?	■ This double spread deals with some of the dilemmas linked with cruelty to animals and medical research on animals and (much less so) on human beings.	
	C'est dans quel texte ?	1 Reading comprehension for gist.	■ Encourage students to go beyond the immediate meaning to the text/picture.
	A la trace des mots	2 Vocabulary building exercise; also forces students to read texts in more detail.	■ Students could be made to enter these words and phrases in their database, and to use them in their own sentences.
	Autrement dit	3 A gap-filling exercise, making students manipulate the vocabulary and structures presented in the texts. Examination skill practice.	
	Interview	4 Creative writing task to manipulate ideas in texts.	■ This activity could be followed by an oral session during which students ask each other or the rest of the group their questions and attempt to find answers to them.
	Au fait	■ Balanced factual information on *zoo de Vincennes*.	
	▦ La dignité des animaux au cirque et au zoo	5 Radio phone-in : Listening comprehension exercise, collecting arguments for and against circuses and zoos. Supported by **Au fait** on the zoo de Vincennes.	■ A class or group discussion could ensue, discussing or debating the ideas presented on the cassette. ■ Students could write a short paragraph on each of the ideas collected, giving their personal reactions to the point of view.
	▦ Cobaye humain	6 Students are asked to react to a man talking about trying out a vaccine against Aids.	■ Students could write ideas for and against scientific experiments on human volunteers. (See **Lectures**, page 81)
	Simulation : Gros plan sur... 74	7 Oral activity asking students to take various roles and points of view. Supported by **Pour communiquer** *dénoncer quelque chose, appuyer ce qu'on dit, résumer.*	■ If time allows, could be recorded on an audio or video cassette. ■ Students could be asked to summarise the points of view they expressed in the simulation in writing, using as many phrases from **Pour communiquer** as possible.
	Au choix 💾	8 A creative writing task, which invites students to design a letter, a poster or a brochure. DTP package could be used.	
172–3	Le marché noir des greffes d'organes	■ This section considers this degrading trade.	
	Explication	1 Students asked to explain words and phrases in context. Examination skill.	■ These words and phrases could be re-used in the students' own sentences.
	▦ Témoignages	2 Mixed-skill exercise, matching what is heard on the tape with text on the page.	
	Le serment d'Hippocrate	3 Short translation exercise which sets some of the lines of the text into contexts.	■ Students could be asked to discuss the three lines of the text *Les bénéficiaires de ce trafic, ce sont les médecins parjures au serment d'Hippocrate* in the light of the oath given here.
	Réaction	4 Oral exercise: students to compare their reactions to the illustrations on this page. **Pour communiquer** on 74 can support students if need be.	■ A comparison could be drawn between *les pays riches et les pays pauvres*. A paragraph could be written to complement chapter 6, page 58 💾 .
	Débat	5 Oral activities – students can choose between three topics. If size of class allows, class could be divided into three groups, each group deals with one topic.	
174–5	Sur le chemin de l'insécurité	■ In this section, violence is considered and some popular misconceptions about violence are challenged.	

Page	Reference	Activities	Possible extension
	Vous personnellement	**1** Students to think about a personal encounter with violence. ■ Class to draw up a list of the causes of violence.	■ Students could complete this list when they complete the page.
	📼 Existe-t-il des personnalités agressives ?	**2** Listening exercise; students to match beginnings and ends of sentences according to the information given on the tape.	
	Vrai ou faux 💾	**3** Reading comprehension exercise on a text which sets out to dispel some misconceptions about the causes of violence.	■ Students could be made to correct the false sentences. ■ Students could use these sentences and revise work done as a model to comment on results of other surveys.
	A vrai dire	**4** Oral exercise, to manipulate ideas about violence. **Pour communiquer** *Exprimer une évidence, Douter de la vérité et la restituer*, supports this work.	
	💾 L'économie est une déesse	**5** Extract from a contemporary song which gives more explanations for violence.	
176	Grammaire : Pouvoir, devoir, vouloir, savoir 75	■ A communicative approach to these difficult translation points. **75** for more practice : an oral exercise.	■ The oral exercise could be developed into a short written scenario.
	Grammaire : Faire + infinitif	■ A short summary. ■ A **Défi grammatical** which challenges students to find suitable translations for phrases constructed with *faire* + infinitive.	
177	Je jure de dire la vérité…	■ The French legal system.	
	De quoi s'agit-il ?	**1** Questions to be answered in French to show understanding of the diagram which presents the French judiciary system. Students should also start acquiring vocabulary.	■ Students to be encouraged to start collecting "judiciary vocabulary" in their database; *le thème = justice*.
	76 Le vocabulaire de la justice	**2** Vocabulary building exercise: match words in crosswords to their definitions in French.	■ As above.
	Au fait	■ Gives a snapshot of what the French think of justice in France.	
178–9	Comment punir ?	■ Covers the pros and cons of various forms of punishment.	■ Discussion could start by considering sanctions at home or at school.
	Pour ou contre les prisons	**1** Students to collect their own thoughts on this topic and record them on posters (these posters will be reconsidered at the end of this double page).	■ Students to read posters and to quiz each other on contentious items.
	📼 C'est une question d'interprétation	**2** Three people speak about prison. An inference exercise: students to match ideas on prisons printed on the page with what they hear on the cassette.	
	La langue de chez nous	**3** Vocabulary building and register awareness raising exercise.	■ Students could add words to database and think of other useful words to describe advertising. ■ Students could collect alternative ways of expressing *penser*.
	💾 Le pas des ballerines	**4** Modern ballad : a prisoner speaks. Listening for pleasure or a comprehension.	
	Au fait	■ Information about prisoners in European jails.	■ Could be used to revise comparative and superlative of adjectives.
	Ils tournent au crime…	**5** A vocabulary building and manipulation exercise on a text which considers which social groups are more likely to turn to crime.	
	💾 Jeune conductrice	**6** *Un fait divers*, heard on the radio. Gist comprehension.	
	📼 Les travaux d'intérêt général	**7** Straight listening comprehension exercise, with questions in French.	■ Students could be asked to present an OHT highlighting the advantages of *T.I.G.* over prison.
	Dépêchons…	**8** Cartoon - implications to be discussed orally.	

Page	Reference	Activities	Possible extension
	Regard en arrière	**9** Looking back on prison, up-dating work done at the beginning of this double page. ■ Looking back at the idea of punishment : an essay. Examination skill.	
	Travail de recherche : La peine capitale	■ Students to find information about death penalty in the European Union.	
180	Peine maximale contre l'adolescent	■ **Pour finir**, recapping on crime and punishment.	
	Explication	**1** Students requested to explain words in context. Examination skill.	
	La langue de chez nous	**2** Interpreting Canadian judiciary vocabulary to make it fit in with the French system.	
	Thème ⁷⁷	**3** Translation from English into French.	■ To make the exercise more difficult, students could be requested to do this exercise with their books shut.
	Tous en scène	**4** Enacting the scene described in the article and drawing it to its conclusion.	■ Students could be asked to discuss their reasons for giving out the sentences they decided on.
215–217	Lectures	■ *Violence, non-violence* : Selection of short articles and cartoons on this subject. ■ *Crimes en trompe l'œil* : Extract from a contemporary detective novel. ■ *Deux grandes causes* : Another two literary texts written by French authors Yourcenar and Hugo, offering another way of looking at some of the issues met in the chapter.	

Class cassette transcripts

La dignité des animaux au cirque et au zoo

Page 171, Exercice 5   (3' 00")

Présentateur : Chères auditrices et chers auditeurs, bonsoir et bienvenue dans nos studios. Notre question de ce soir, «La dignité des animaux est-elle respectée dans les cirques et dans les zoos ?» a provoqué une marée de coups de téléphone ! Prenons tout de suite notre premier appel. Allô, c'est Bertrand qui nous appelle de la banlieue parisienne. Vous voulez nous parler du cirque, je crois.

Bertrand : Du cirque oui, mais aussi des zoos.

Présentateur : D'accord, Bertrand, l'antenne est à vous.

Bertrand : Merci ! Alors d'abord, je voudrais dire que dans les cirques, ben… les animaux, i' perdent totalement leur dignité : on les fait obéir à heures fixes, on les fait tourner sur une piste, on leur fait porter de petits vêtements ridicules, on les force à sauter dans des cerceaux enflammés. I' a absolument rien d'admirable dans les pitreries qu'on leur fait exécuter, hein. Pis i' a un autre truc qu'i' faut aussi absolument dénoncer : c'est l'état d'incarcération totale où vivent ces animaux quand i' sont pas sur la piste : par exemple hein, les éléphants ben, i' passent la plupart de leur temps enchaînés, i' peuvent pas bouger autrement qu'en levant une patte puis l'autre ; les chevaux eux, eh bien i' sont maintenus dans les écuries ; quant aux chiens, aux singes, aux lions, aux tigres, etc., ben eux, i' tournent en rond dans de petites cages.

Présentateur : Donc, pour vous, les ménageries dans lesquelles vivent les animaux de cirque sont de véritables prisons.

Bertrand : Oui, c'est ça. Et pi, c'est pareil dans les zoos hein : les ours, par exemple, ben i'z-arpentent leur petit morceau de béton de long en large. Ceci dit, il faut quand même reconnaître que dans les nouveaux zoos, ben, i' semblent faire un effort pour reconstituer un environnement plus proche de l'habitat naturel des animaux. Mais à mon avis, les zoos et les cirques ben, i' sont bons à mettre dans le même sac, hein, i' sont en fait de véritables prisons.

Présentateur : Merci de votre appel, Bertrand, nous avons maintenant Christian en ligne. D'où nous appelez-vous, Christian ?

Christian : De Limoges.

Présentateur : D'accord, c'est à vous.

Christian : Bon, moi, je voudrais dire un truc : que ce soit dans les cirques ou dans les zoos, les animaux sont nourris alors que dans la nature, il faudrait qu'ils se battent pour survivre. Alors, en fait, dans les cirques et dans les zoos les animaux sont protégés.

Présentateur : Merci Christian. Un dernier appel avant notre pause musicale. Il s'agit de Murielle de Roubaix, je crois.

Murielle : C'est correct. Bonsoir. Moi, le cirque me laisse plutôt froide mais vous n'allez pas me faire croire que les zoos n'ont pas un énorme avantage sur la nature ; j'irais même plus loin, j'affirme que sans les zoos, la nature courrait un danger certain : sans les zoos, je suis sûre que les espèces en voie d'extinction n'auraient aucune chance de survie. Il faut bien avouer que les programmes de protection de ces espèces dans les parcs naturels échouent, alors que beaucoup des programmes de reproduction en captivité réussissent et assurent la survie de ces espèces. Les pandas ou les gorilles des montagnes en sont des exemples flagrants.

Présentateur : Merci pour votre point de vue, Murielle. Nous arrêtons là cette partie du programme pour notre pause musicale.

Témoignages

Page 172, Exercice 2 (3' 30")

Présentateur : Chères auditrices et chers auditeurs, bonsoir. Bienvenue dans nos studios. Notre thème de ce soir : les greffes d'organes et notre invité, le Professeur Lalane, grand spécialiste des greffes d'organes. Professeur, bonsoir et merci d'avoir bien voulu répondre à nos questions. Alors, d'abord, il semble y avoir un problème en ce moment en ce qui concerne les greffes d'organes.

Professeur Lalane : Oui, en effet, nous souffrons d'un manque d'organes : depuis deux ans, les refus de dons d'organes augmentent en France. Parallèlement, le nombre de greffons disponibles et de greffes réalisables diminue et ce, alors même que le nombre de malades souhaitant se faire greffer ne cesse d'augmenter.

Présentateur : Selon vous, à quoi tient un tel phénomène ?

Professeur Lalane : D'abord je dirais qu'il y a l'absence ou même l'échec d'éducation de l'opinion publique. On demande à des personnes l'autorisation de prélever un ou plusieurs organes sur l'un de leur proches qui vient de mourir, au moment même où elles vivent un drame épouvantable.

Présentateur : Je pense que c'est particulièrement difficile dans le cas de parents d'enfants qui viennent de décéder.

Professeur Lalane : Oui, c'est en effet un moment très pénible pour eux. Ils apprennent généralement la mort de leur enfant après quelques heures d'angoisse et de solitude. C'est pour eux un choc terrible durant lequel il est fort délicat de venir leur demander une autorisation de prélèvement.

Présentateur : Il semblerait que l'idée que se font beaucoup de personnes du prélèvement d'organes ne facilite pas les choses.

Professeur Lalane : C'est exact : il y a beaucoup de gens qui s'imaginent des choses abominables alors que nous restituons le corps simplement porteur de cicatrices.

Présentateur : Est-ce là la seule raison de cette diminution importante du nombre de greffons dont vous disposez ?

Professeur Lalane : Non, à mon sens, les refus peuvent sans doute en partie s'expliquer par le climat de morosité générale qui voit la grande majorité des Français ne plus croire aux grandes valeurs, qu'il s'agisse de la justice, de la politique ou de la médecine.

Présentateur : Merci Professeur Lalane. Ecoutons maintenant deux personnes qui ont subi des transplantations. D'abord, Gabriela vous avez reçu un foie à la dernière minute, je crois ?

Gabriela : Oui, c'est ça, et je pense tous les soirs à celui qui m'a redonné la vie.

Présentateur : Avez-vous essayé de savoir qui était votre donneur ?

Gabriela : Oui, mais tout ce que j'ai appris sur lui, c'est qu'il a donné aussi son cœur et ses deux reins.

Présentateur : Il a donc sauvé la vie de quatre personnes.

Gabriela : Exactement ! Alors, chaque soir, je prie pour qu'il repose en paix !

Présentateur : Merci Gabriela. Au revoir. Bonsoir Fredy.

Fredy : Bonsoir.

Présentateur : On peut dire que vous, Fredy, vous avez eu beaucoup de chance. Alcoolique jusqu'à il y a dix-huit ans, vous fumiez encore quatre paquets de cigarettes il y a cinq ans. A la suite d'une crise cardiaque, votre médecin vous a parlé d'une greffe du cœur.

Fredy : C'est vrai, l'attente a été terrible. J'avais commencé à espérer… c'est horriblement culpabilisant d'attendre que quelqu'un meure pour que tu puisses vivre toi-même. Le jour J est enfin arrivé. Il m'ont rasé partout… sauf la barbe.

Présentateur : Et je crois que vous vous êtes remis très vite ?

Fredy : Oui, dix-huit jours après mon opération, je suis sorti de l'hôpital. Le dix-neuvième jour, j'ai acheté un vélo. Et le vingtième, j'ai fait trois kilomètres sur le dit vélo. Depuis, chaque année, je cours les Vingt Kilomètres de Bruxelles, c'est mon test.

Présentateur : Vous avez donc repris un rythme de vie normal ?

Fredy : Oui, et mon opération a pris une signification très spéciale : je vis grâce à quelqu'un d'autre et dans le fond, je ne suis plus jamais seul. Quand c'est difficile, je me dis : «Tu ne peux pas lui faire ça, à celui-là.» Alors, on continue tous les deux.

Existe-t-il des personnalités agressives ?

Page 174, Exercice 2 (1' 10")

Des psychologues ont suivi les mêmes individus de l'âge de cinq ans jusqu'à vingt-cinq ans. Ils ont constaté qu'en effet, dans un groupe, on pouvait distinguer des personnalités agressives et d'autres non-agressives. Ils ont cherché à savoir si l'hérédité y était pour quelque chose. Mais ils n'ont rien trouvé de ce côté-là. Ils se sont alors penchés sur les origines sociales (familles défavorisées, familles aisées etc.) mais la proportion d'agressifs est la même dans les différents milieux.

En fait le facteur fondamental de l'agressivité, c'est l'attitude parentale au cours des deux premières années de la vie. Un enfant deviendra un adulte agressif si ses parents ont été indifférents, voire hostiles à son égard, ou encore s'il n'a été soumis à aucune discipline. Une étude portant sur dix-huit adolescents meurtriers a montré que tous ces jeunes avaient été rejetés par leurs parents et qu'ils avaient grandi dans un milieu où l'on ne tenait aucun compte des sentiments des autres.

C'est une question d'interpretation

Page 178, Exercice 2 (2' 45")

Président : Prenant part à notre table ronde sur les prisons, nous avons : Hector Leblanc, aumônier dans plusieurs prisons de la région parisienne, Sylviane Thébault, psychologue, et Jeanne Niccoli, qui elle a fait de la prison. Alors, d'abord, Monsieur Leblanc, les pays occidentaux sont réputés pour avoir des prisons surpeuplées. A votre avis, que faut-il faire ? Les remplir moins ? Ou bien en construire plus ?

Hector Leblanc : J'aurais plutôt tendance à dire qu'il faut les remplir moins et non en construire plus. Mais en disant cela, je sais bien que je n'ai résolu aucun problème. La réalité, c'est que nous sommes contraints aujourd'hui de construire davantage de prisons car, si l'on veut que la prison serve à autre chose qu'à fabriquer de nouveaux délinquants, il faut qu'il y ait de la place en prison, que les prisons soient des lieux décents… Mais si l'on construit des prisons et que simultanément on augmente le nombre de prisonniers… Cela n'aura servi à rien !

Président : La prison est un châtiment… Est-ce que cela peut-être autre chose ? Sylviane Thébault, psychologue.

Sylvie Thébault : La prison est d'abord un châtiment. Il est impensable de transformer la peine de prison en un simple instrument de réinsertion sociale. On ne peut pas imaginer que la prison serve à comme on dit «remettre dans le droit chemin». Car qui dirait quel est ce bon chemin ? C'est très dangereux. Imaginer cela pourrait amener au goulag ou à une conception utilitaire de la répression, complètement désincarnée, qui enverrait tous les individus hors norme en prison. La prison doit répondre à une infraction, à un délit, à un crime et ne doit pas en aucun cas être une manière d'écarter ceux qui ne nous ressemblent pas. Cela dit, elle devrait aussi préparer à la réinsertion sociale et non comme cela semble être le cas trop souvent aujourd'hui à la récidive.

Président : Madame Niccoli, vous vous avez fait de la prison.

Jeanne Niccoli : C'est exact.

Président : Peut-on vous demander pourquoi ?

Jeanne Niccoli : Parce que j'ai blessé un homme. Il était entré dans mon magasin et me menaçait avec une arme. J'ai réussi à détourner son attention, prendre mon arme et je lui ai tiré dans les jambes. La police est arrivée, m'a arrêtée et on m'a mise en garde à vue au commissariat de mon quartier. Au procès, j'ai plaidé la légitime défense, mais j'ai quand même écopé de deux ans de prison dont six mois fermes pour possession d'arme sans permis et pour avoir infligé des blessures sciemment. La vie en prison est très très dure, d'autant plus quand on pense qu'on est enfermé injustement. Mais la société interdit la vengeance privée. On n'a pas le droit de se faire justice soi-même.

Les travaux d'intérêt général

Page 179, Exercice 7 (2' 00")

On entend souvent parler des TIG pour les jeunes délinquants, les Travaux d'intérêt général. En quoi cela consiste-t-il ?

Les TIG consistent à condamner des gens, non pas à aller en prison, mais à effectuer un travail collectif d'aide à la société (nettoyage de monuments, travaux divers utiles aux villes ou aux régions). Les résultats ont été divers selon les endroits, les juges, les efforts fournis par les services éducatifs. C'est une façon de ressocialiser les gens, de leur donner du courage. Cela aide parfois un jeune qui n'a jamais travaillé à se réinsérer dans un milieu de travail tout à fait normal, dans notre société. L'idée est très bonne. Mais on ne change pas les habitudes des magistrats si rapidement. On n'a pas réussi à empêcher le réflexe prison ! Car la prison est un lieu qui, quels que soient les progrès, reste un lieu de souffrance avec les sanctions à l'intérieur de la prison, l'isolement, la vétusté, l'hygiène douteuse, le caïdat, ça c'est les durs qui commandent aux petits. Je pense qu'une autre façon de traiter la délinquance est possible mais il faudrait que le pays change… Pour lutter contre la délinquance, il

faut agir au début, dès l'origine de la socialisation. Rejetés par le système scolaire, rejeté par leurs parents, certains jeunes ont déjà l'impression d'être hors de la société. Si on n'intervient pas avant cela, il devient très difficile de faire sortir du cycle de la délinquance celui qui a connu la prison. Croire que l'on va faire reculer la délinquance en construisant des prisons est une très mauvaise idée. On ne peut pas accepter une société qui résout ses difficultés qu'en terme de guerre. Il faut changer. La répression comme la guerre est toujours le signe d'un échec.

Answers

C'est dans quel texte ?

Page 170, Exercice 1

a *Il faut reconvertir les élevages concentrationnaires*
b (Aucun article ne parle de ça)
c *Questions d'aujourd'hui*
d *Des êtres sensibles souffrent comme vous*

A la trace des mots

Page 170, Exercice 2

a bardé de
b le cerveau
c oculaire
d virulent
e un carcan
f épiler
g une plaie
h sciemment
i une caisse
j étriqué
k gaver

Autrement dit

Page 171, Exercice 3

a réagissent
b grattent, secouent
c épilation
d suffisant
e malades, meurent
f cruelles, nocives
g fournie, saine

Interview

Page 171, Exercice 4

Questions possibles

1 Comment savez-vous que les animaux ne sentent pas la douleur ?
2 Comment pouvez-vous être sûr(e) que les stimulations que vous infligez au cerveau ne rendent pas ce dernier insensible ?
3 Avez-vous envisagé d'autres moyens de mesurer la douleur ?
4 N'est-il pas possible de mesurer l'irritation oculaire in vitro, c'est-à-dire d'observer les réactions chimiques de produits dans des tubes ?
5 Pendant combien de temps immobilisez-vous les lapins ?
6 Si je comprends bien, cutané veut dire qui affecte la peau. Si vous coupez la peau pour faire des expériences, vous testez la chair et non la peau. Comment justifiez-vous ça ?
7 Si une autre personne faisait subir de tels sévices à ses

animaux familiers, la S.P.A. (Société Protectrice des Animaux) serait immédiatement appelée. Comment réagissez-vous à cet état de fait ?

8 Pourquoi utiliser des animaux pour essayer des produits de beauté ?

9 Pourquoi enlevez-vous les jeunes animaux si tôt à leur mère ?

10 Les traitements que vous faites subir aux animaux ne diminuent-ils pas en fait vos profits ?

11 Les aliments médicamentaux dont vous gavez les animaux n'ont-ils pas une incidence sur la qualité de la viande que vous produisez ?

12 Croyez-vous que les animaux puissent souffrir moralement ?

13 Ne pensez-vous pas que les viandes produites dans ces conditions aient une incidence sur la santé des humains ?

14 Que pensez-vous du fait que devant tant de cruauté, certains deviennent végétariens ?

📖 La dignité des animaux au cirque et au zoo

Page 171, Exercice 5

Pour les cirques
– Les animaux sont nourris ; ils n'ont pas besoin de se battre pour survivre.

Pour les zoos
– Les nouveaux zoos font un effort pour reconstituer un environnement plus proche de celui que les animaux connaissent dans la nature.
– Les animaux sont nourris ; ils n'ont pas besoin de se battre pour survivre.
– Les zoos jouent un rôle important dans la protection des espèces en voie de disparition.

Contre les cirques
– Les animaux perdent leur dignité.
– On les force à être ridicules et à faire des choses dont ils ont peut-être peur.
– Dans les ménageries des cirques, les animaux sont emprisonnés dans des espaces trop petits.
– Les animaux développent des comportements étranges.

Contre les zoos
– Dans les zoos, les animaux sont emprisonnés dans des espaces trop petits.
– Les animaux développent des comportements étranges.

Explication

Page 172, Exercice 1

a Jusqu'à ce que les médecins inventent des cœurs, des reins, des foies, des organes artificiels.

b La différence entre le nombre de dons d'organes et le nombre de personnes qui attendent un organe de remplacement augmente de plus en plus.

c Parce qu'il n'y a pas eu de donneur pour l'organe dont cette personne avait besoin.

d L'organe qu'on greffe ne peut être acheté (ou vendu).

e La personne qui reçoit un organe ne sait pas et ne saura jamais qui est son donneur et la famille du donneur ne sait pas et ne saura jamais qui est le receveur de l'organe.

📖 Témoignages

Page 172, Exercice 2

a – le fossé entre l'offre et la demande se creuse.
 – ce texte autorise [le prélèvement d'organes] sur tout patient décédé (sauf un mineur).
 – l'anonymat du don.

b – Gabriela a reçu un foie à la dernière minute.
 – Fredy a reçu un cœur.

c – Gabriela prie pour le donneur qui a permis à quatre personnes, dont elle, de vivre.
 – Fredy se sent constamment accompagné par celui qui lui a redonné la vie. Il est aussi intéressant de noter qu'en attendant son nouveau cœur, il a culpabilisé : sa survie signifiait la mort de quelqu'un d'autre.

d – La diminution du nombre d'organes pourrait provenir du manque d'éducation du grand public.
 – Il est difficile de demander un don d'organes à des parents qui viennent de perdre un proche.
 – Les gens se font une fausse idée de la manière dont le corps va être rendu après un prélèvement d'organes.
 – La diminution du nombre des dons d'organes reflète l'état d'esprit des Français.
 – Un même donneur peut sauver un grand nombre de malades (Gabriela parle de quatre malades sauvés par le même donneur.)

Le serment d'Hippocrate

Page 172, Exercice 3

Voici les mêmes lignes en anglais :

...I will follow that system of regimen which, according to my ability and judgement, I consider for the benefit of my patients, and abstain from whatever is deleterious and mischievous...Into whatever houses I enter, I will go into them for the benefit of the sick, and will abstain from every voluntary act of mischief and corruption...

📖 Existe-t-il des personnalités agressives ?

Page 174, Exercice 2

1 f   4 e
2 b   5 d
3 a   6 c

Vrai ou faux

Page 174, Exercice 3

a Faux : La violence au sens strict a augmenté moins vite que les vols (le nombre des actes de violence pure multiplié par 2,5 alors que le nombre de vols a été multiplié par 10.)

b Faux : Le nombre des actes violents s'est accru de 150%.

c Vrai.

d Vrai, mais quand on y regarde de plus près, on se rend compte que c'est une idée fausse.

e Faux, c'est 25%.

f Faux : Les infractions commises par les étrangers sont faciles à élucider.

g Vrai.

h Vrai, ou tout au moins, on peut considérer qu'il y est lié.

A vrai dire

Page 175, Exercice 4

Idées fausses ≠ Vérité restituée

- Les crimes violents augmentent. ≠ Oui, mais l'augmentation est moins importante que l'on pourrait croire.
- L'abolition de la peine de mort a supprimé un moyen de dissuasion important. ≠ Le nombre de meurtres s'est stabilisé depuis 1984.
- Les immigrés sont la cause de l'augmentation de la violence. ≠ Les infractions qu'ils commettent le plus sont complètement non-violentes.
- Les immigrés sont la cause de l'augmentation de la violence. ≠ Les infractions qu'ils commettent font qu'ils sont découverts et arrêtés plus facilement.
- Les immigrés sont la cause de l'augmentation de la violence. ≠ Le taux de criminalité est très similaire chez les étrangers et chez les Français.

Quelques phrases :

- A première vue, on pourrait penser que l'abolition de la peine de mort a supprimé un moyen de dissuasion important. Mais force est de constater que le nombre de meurtres s'est stabilisé depuis 1984.
- Etant donné que parmi ceux qui sont arrêtés pour crimes et délits, il y a 17% d'étrangers, la conclusion que d'aucun pourrait tirer est que les immigrés sont la cause de l'augmentation de la violence en France. Mais une observation plus poussée montre que les infractions qu'ils commettent le plus sont complètement non-violentes. Force est aussi de constater que la nature de ces infractions fait qu'ils sont découverts et arrêtés plus facilement. Et enfin, en regardant les statistiques de plus près, on se rend compte que le taux de criminalité est très similaire chez les étrangers et chez les Français.

Défi grammatical

Page 176

(1) Suzanne let Paul in.
(2) But before, she showed Yves out.
(3) She made him get out of the window.
(4) She had champagne sent from the other side of France.
(5) During the evening, she showed Paul her stamp collection.
(6) At the end of the evening, she had coffee brought up for them.
(7) As it was not warm, she sulked.
(8) She had the cook sacked.

De quoi s'agit-il ?

Page 177, Exercice 1

a   i   justice civile
    ii   justice pénale
    iii   justice pénale
b   la cour d'assise
c   la cour de cassation
d   le juge d'instruction
e   le juge prépare le dossier d'une affaire pour qu'elle puisse être jugée ; il décide si une affaire sera jugée ou non ; si elle

peut être jugée, il décide de quel tribunal elle ressort.

Le vocabulaire de la justice

Page 177, Exercice 2 et 76

Horizontalement

IV   Personne devant laquelle on porte une plainte pour un préjudice criminel. (Procureur)
XII   Action de garder en prison. (Détention)
VIII Discours que prononcent les avocats. (Plaidoirie)
I   Qualification de l'enquête menée avant que l'affaire soit instruite par le juge. (Préalable)
X   Dans cette cour se retrouvent ceux qui contestent le jugement rendu en cour d'assise. (Cour d'appel)
VI   Peut être d'instruction ou président d'audience. (Juge)
XI   Prescrit l'oubli de certaines infractions et annule les conséquences pénales. (Amnistie)
V   Avec à l'envers. (Ceva)
XIV Détention provisoire d'une personne pour pouvoir l'interroger. (Garde à vue)

Verticalement

8   Personne jugée en cour d'assise. (Accusé)
12   Lieu où on rend la justice. (Tribunal)
1   C'est le pardon présidentiel. (Grace)
6   Pronom réfléchi avec il ou elle. (Se)
10   Justice où sont traitées les affaires d'origine criminelle. (Pénale)
3   Peut être de la défense ou de l'accusation. (Avocat)
9   Elle varie de l'amende à la prison à perpétuité, selon la gravité du crime. (Peine)
13   Au lieu d'une peine de prison, on donne parfois une peine de «liberté —————». (Surveillée)
5   Règles juridiques en vigueur dans un Etat. (Droit)
8   Subjonctif d'avoir après elle. (Ait)
1   Dénonciation en justice d'une infraction par la personne qui dit en être la victime. (Plainte)
4   Première moitié de négation. (Ne)

C'est une question d'interprétation

Page 178, Exercice 2

Les opinions qui correspondent aux idées exprimées par les invités de la table ronde sont les suivantes :

    c, d, e, g, h, i, j

La langue de chez nous

Page 178, Exercice 3

a   On lui a donné une peine de prison de deux ans qu'il passera vraiment en prison.
b   La peine prison de 10 mois n'aura lieu que si la personne récidive.
c   Le procureur a demandé que l'accusé passe le reste de sa vie en prison.
d   Il a passé un certain temps en prison.
e   (fam.) Il est en prison.
f   (fam.) Il fait de la prison.

⌨ Les travaux d'intérêt général (T.I.G.)

Page 179, Exercice 7

a A ceux qu'on ne peut pas condamner à aller en prison, souvent les jeunes délinquants.

b Ce sont des travaux pour aider les collectivités, les villes, les gens, etc., par exemple, on peut nettoyer des monuments.

c Ils permettent de ressocialiser les gens, de leur redonner du courage, d'aider certains à prendre l'habitude du travail.

d Parce qu'il est difficile de changer les habitudes des magistrats qui ont le réflexe prison.

e Elle représente la souffrance.

f Elle rejoint les participants à la table ronde en ce sens qu'elle croit que la prison est un châtiment et non un instrument de réinsertion sociale. Elle rejoint les thèses défendues dans *Existe-t-il de personnalités agressives ?* en ce sens, qu'elle pense aussi que c'est dans la petite enfance que les germes de la délinquance se développent.

Explication

Page 180, Exercice 1

a peu de gens assistaient à l'audience

b elle dit qu'elle sait ce qui se passe, qu'elle a connaissance de ce qui se passe

c vendant

d en pleurant

e revenir à la maison

f le jeune ressent l'absence de son père comme un manque

g une précédente parution devant la justice pour délit ou crime

La langue de chez nous

Page 180, Exercice 2

a l'accusation

b la mise en détention

c le procureur de la République

d la mise en liberté surveillée

Thème

Page 180, Exercice 3 et 🔲

S'appuyant sur l'opinion des experts, l'accusation a réclamé la peine maximale de trois ans de détention. Selon le procureur de la République, le juge devra être très prudent dans sa prise de décision, compte tenu du fait que les témoins experts ont décrit l'accusé comme très dangereux. L'avocat de la défense avait auparavant plaidé en faveur d'une peine correspondant aux besoins de son client. Appelé à témoigner pour la défense, le psychologue pensait que la possibilité que l'accusé commette de nouveau le même acte était faible. Faisant valoir que l'accusé avait plaidé coupable et qu'il n'avait aucun antécédent judiciaire, l'avocat de la défense s'est opposé à ce que son client soit envoyé dans une maison de correction et a plaidé en faveur d'une mise en liberté surveillée d'un an. Le procureur de la République a répliqué que si l'accusé avait été un adulte, il aurait été possible d'une peine de prison à perpétuité.

Chapter overview

Page	Reference	Activities	Possible extension
181	Pour commencer		
	Demain déjà ?	■ Discussion of title. Why the question mark?	■ Study of *locutions familières* such as *Ce n'est pas demain la veille* or *il ne faut pas remettre à demain ce qu'on peut faire le jour même.*
	Photos et bandes dessinées	■ These sum up the main themes of the chapter. Brief discussion of Rabelais maxim under photo of DNA; essential vocabulary in cartoon: *la manipulation génétique, mettre au point.*	■ Cartoon 2 offers chance to explore 'baby' language: *popo (toilette), bibi (bibéron), dodo (dormir).*
182–3	Demain personnellement…	■ Young people's thoughts on moving into adulthood.	
	Qui c'est ?	1 Reading comprehension exercise, matching summary to original text.	■ Revision of syntax: *c'est* + infinitive; note false friend *éventuel* (Patrice).
	Et vous ?	2 Individual written work, based on model texts.	■ Students could exchange paragraphs and discuss differences and similarities.
	Quels devoirs !	3 Pair work discussion leading to written work on topic of responsibilites. Supported by **Pour communiquer.**	■ A longer exam-type essay (300 words) could be written on the topic: *Responsabilité sociale et liberté individuelle – sont-elles incompatibles?*
	Sondage	4 Oral work based on open questions, preferably prepared individually (homework?) in advance of class discussion. For additional support see Table 1 in **Lectures** Page 218.	■ Poster display detailing sources of optimism and pessimism.
	▦ Les raisons d'être optimiste ou pessimiste 78	5 Sentence building transcription exercise.	■ General reactions to the interviews could allow some revision of earlier themes and identification of *les risques de l'avenir* e.g. *le chômage, la guerre, les armes nucléaires, les décharges toxiques* etc.
184–5	Demain, je grandis	■ Continuing theme of transition from adolescence to adulthood.	
	Lecture	1 Poetry reading for comprehension and then aloud for appreciation.	
	Les sentiments	2 Two questions for class discussion.	
	Les images	3 More detailed appreciation exercise with support in **Pour communiquer.**	■ The *Adjectifs négatifs* could provide even more support for those who do not appreciate poetry!
	▦ «Maturité»	4 A simple poem for individual listening for pleasure.	
	Poésie sur mesure	5 Partially controlled creative activity which combines opportunity to use the key language of the chapter so far and to practise some of the constructions seen, especially the negative.	■ Collection of poems could be exchanged with a partner class in another school or published as a set.
	Grammaire : Points négatifs	■ Revision opportunity and presentation of some of the less common negative expressions. **Défi grammatical** is translation of lines from the poem *Demain, je grandis.*	
186–7	La bombe démographique	■ Considers demographic trends and issues such as test-tube babies and use of fertility drugs.	
	Equivalence	1 Reading for detail activity offering vocabulary support.	■ The list contains several 'time' expressions. Others could be noted.
	Phrases complètes	2 Exam-type questions requiring detailed reading and interpretation.	
	Elargissez votre vocabulaire	3 Dictionary work leading to expansion of vocabulary and sentence building. Ideal as homework task.	
	▦ Depuis quatre ans j'espère avoir un enfant 80	4 Detailed listening activities leading to a) a true/false exercise (oral or written) and b) sequencing and substitution.	■ Initial discussion of moral and religious dimensions arising out of test-tube baby issue.
	Jeu de rôle	5 Class should re-read the article *La bombe démographique* before tackling the question and taking sides in the rôle-play.	■ Other possible rôles could be added to make a 'round table' discussion e.g. Catholic priest, *homme ou femme politique.*
	Point grammaire : jusqu'à 79	■ Students often find translation of 'until' a problem. Some examples and formulae offered here, plus practice on copymaster 79	

Page	Reference	Activities	Possible extension
188–9	Le monde de demain	■ The pros and cons of genetic engineering are dealt with on these two pages.	
	Glossaire génétique	1 Matching definitions to glossary of terms. Start with the obvious ones: male and female!	■ Further definitions could be produced by students using a dictionary for other scientific and technical terms in this chapter.
	C'est dans quel texte ?	2 Detailed reading of the three stimulus texts is needed to be able to match up the summary statements.	
	🎧 Le Généthon 81	3 Extending listening based on extract of 'expert' discussion on *France-Inter* leading to two-part exercise: a) finding the extracts identified by 7 paraphrases. b) transcribing the original text.	
	🎧 Le courrier des auditeurs	4 Listening activity in which young people have their say on the ethical aspects of genetic engineering. N.B. Note the irony in Carole's views.	■ The list of issues identified should support the final debate, research presentation or essay on this topic.
	Au fait	■ Factual information about genes.	
	Grand débat	5 Listing pros and cons. Insights gained from the previous set of activities should fuel a lively debate on the topic.	■ Formal essay on the topic of the debate under exam conditions.
	Travail de recherche : Qu'est-ce qu'un mauvais gène?	■ An opportunity for some cross-curricular work as students investigate scientific facts about genes. N.B. Some controversial issues may arise here e.g. about identification of 'sex' genes which may determine sexual behaviour and orientation.	■ Visual display could lead to much further discussion.
190–1	Demain l'espace	■ Two contrasting articles on the topic of space.	
	Le solaire renaît dans l'espace 💾	1 Text construction exercise: a look ahead to the future.	
	Satellites espions 82 💾	2 Random cloze exercise. This is demanding, but could be made even more difficult if the list of words is not provided! Full version required for follow-up activities.	
	A quoi bon ?	3 Pair work reading and writing exercise. Further discussion can add to the list of positive and negative aspects of space research. Paragraph-writing activity is good exam practice.	
	Traduisez	4 Much of the language needed can be lifted or adapted from the preceding texts and 82 .	
	Vocabulaire	5 Vocabulary support for article *Manque d'espace !* Several cognates here but not all students may know meanings in English of acolyte, sequestration etc. Note *faux-amis: rupture, promiscuité.*	■ Students could write formal definitions for these words.
	Faits et suppositions	6 Questions on the interview with the astronaut to be answered orally.	
	Un équipage harmonieux ?	7 Teacher should also participate, encouraging imaginative or humorous choices.	■ More of a surprise element could be introduced by anonymous lists with everyone guessing who has selected whom!
192	Hier et demain	■ Questions of progress and practice for examinations.	
	Travail oral et écrit en groupe	1 Poster game involving sharing memories of social change and scientific discovery. Students' memories could be jogged further by listening to song 🎧 *La machine est mon amie.*	■ **Travail de recherche :** *1968 était une année significative pour la société française. Pourquoi? A l'aide d'encyclopédies, de livres d'histoire, d'interviews avec des personnes françaises susceptibles à vous fournir des informations précises, créez un dossier intitulé «L'année '68».*
	A l'approche des examens 83 84	2 Notes to remind students about the importance of punctuation prior to exam work with 83 to check correct usage. ■ A reference check to help revision and examination technique 84 .	
	Et pour finir	■ A choice of creative writing activities on the theme of the future.	

Class cassette transcripts

Les raisons d'être optimiste ou pessimiste

Page 183, Exercice 5 🔲78   *(2' 10")*

Au point : Excusez-moi, puis-je vous poser une ou deux questions concernant l'avenir ?

Jean-Pierre : Bof ! Si vous voulez !

Au point : Merci. Alors, d'abord, quand vous pensez à l'avenir, êtes-vous optimiste ou pessimiste ?

Jean-Pierre : Hum… Quelle question… Attendez un peu que je réfléchisse… pff… Ben, vous savez, en fait, je crois que… ça dépend du plan sur lequel on se pose… Vous voulez parler de l'avenir au point de vue boulot, peut-être. Je crois que ça va être dur… qu'il faudra se battre… qu'il faudra beaucoup travailler pour pouvoir réussir. On n'arrête pas de parler du chômage et de la crise économique. Il y aura peut-être encore moins de débouchés dans certaines voies, donc on aura besoin de tous les outils en main pour réussir. Je veux dire… c'est pas… c'est pas dans la poche quoi.

Au point : Mais, dans l'ensemble, en songeant à l'avenir, vous considérez-vous optimiste ou pessimiste ?

Jean-Pierre : Ben… j'sais pas, optimiste, et… malgré les conditions actuelles.

Au point : Et vous, Anne-Marie ?

Anne-Marie : Ce qui m'inquiète le plus… c'est que… Ben… il y a toujours des conflits armés qui éclatent un peu partout dans le monde. Et qui sait combien de pays ont maintenant des armes nucléaires ? Ça me fait vraiment peur. De plus, il semble que les grandes puissances soient bien impuissantes pour imposer des solutions nécessaires. Je me demande comment ça va finir. Par contre, il y a des jours où je me dis que les hommes se rendent mieux compte que leur planète a besoin qu'on s'occupe d'elle. Je crois que la récupération du papier et du verre, par exemple, commence à devenir bien acceptée avec la prolifération des décharges spécialisées. Bien qu'ils soient souvent opportunistes, les hommes politiques semblent peu à peu faire face à leurs responsabilités un peu plus qu'auparavant… Oui, je crois que dans l'ensemble la grande sensibilisation de tous aux problèmes de l'environnement est quelque chose de plutôt positif.

Au point : Ce sont des réflexions d'une personne optimiste, n'est-ce pas ?

Anne-Marie : Je ne peux pas me prononcer comme ça, à l'emporte-pièce… Je ne suis ni optimiste, ni pessimiste, mais prudente et réaliste… Il faut voir…

Depuis quatre ans j'espère avoir un enfant

Page 187, Exercice 4 et 🔲80   *(2' 50")*

Présentateur : Vous avez été plusieurs dizaines à réconforter Florence Guéret qui nous a parlé la semaine dernière de sa difficulté à avoir un enfant. Votre élan de solidarité confirme que les couples sont souvent mieux informés quand ils décident d'éviter une grossesse que lorsqu'ils essaient d'en programmer une… euh… à tout prix. En effet, sur la table du salon de Florence, une jeune Rennaise de 31 ans, votre courrier est bien rangé. Des dizaines de réponses, «pleines de chaleur», à une brève interview réalisée lors de notre émission du 15 mai. Florence, euh… la voici à côté de moi, pourriez-vous nous rappeler l'essentiel du… du problème :

Florence : Oui, alors, euh… mon mari et moi-même désirons vivement, depuis environ quatre ans, être parents. Mais le destin en a décidé autrement, n'est-ce pas ? Après de multiples traitements qui ont tous échoué, nous voulions recevoir des témoignages de personnes qui ont connu ce… qu'est-ce que je peux dire… euh ce parcours du combattant. Cela nous permettrait au moins de continuer à espérer… Je savais très jeune pourtant que j'aurais des difficultés pour avoir un enfant. Mais à un tel point ?… Franchement, non. Après plusieurs traitements et des séries d'examens nous en sommes à la deuxième tentative de fécondation in vitro.

Présentateur : La fécondation in vitro – parcours classique d'un couple qui essaie de programmer une grossesse à tout prix ? Françoise Meyrieux, auteur du récent livre *Avoir un enfant aujourd'hui*, le confirme :

Françoise Meyrieux : Oui, les couples qui n'enregistrent pas de grossesse au bout de quelques mois d'arrêt de la contraception se sentent d'emblée stériles et vont consulter un spécialiste. Alors qu'il y a seulement vingt ans ils attendaient facilement cinq ou six ans avant de songer à faire cette démarche. Mon premier conseil c'est d'attendre : tout peut s'arranger avec le temps, mais ce n'est pas du tout l'orientation que prend actuellement la médecine avec le développement des méthodes de procréation médicalement assistée. Autre conseil : pouvoir en parler. Voyez… Nous n'avons jamais assez de temps pour accompagner les couples dans ces… ces moments délicats.

Présentateur : En effet, le fait d'avoir pu en parler avec vous, chers auditeurs, a réconforté énormément Florence et son mari, semble-t-il.

Florence : Ah oui. Ça nous a beaucoup, beaucoup aidé. On croit être dans une société individualiste, mais il y a beaucoup de solidarité et de sympathie dans les lettres que nous avons reçues. Aujourd'hui on se sent moins seuls. On reprend courage. Je voudrais remercier tous ceux qui nous ont écrit. C'était vraiment comme si on se connaissait déjà.

Le Généthon

Page 189, Exercice 3 et 81   *(3' 20")*

Dans un studio de France-Inter, Daniel Cohen, chercheur et Bernard Barataud, fondateur de l'Association française contre les myopathies, discutent de l'importance de l'éthique dans la recherche génétique.

Daniel Cohen : Et pour dire une chose importante, c'est… euh… que… la réflexion sur euh… le contenu de notre connaissance, ce qu'on l'appelle aujourd'hui «l'éthique» est une réflexion constante. Au Généthon, dans les laboratoires mêmes de génétique, je crois que tous les… la plupart des généticiens font partie de mouvements de pensée particuliers. Moi, je suis du Mouvement Universel de la Responsabilité Scientifique. Jean Reichenbach est du Génétique et Liberté. Enfin, nous avons tous nos… nos mouvements. Il faut dire que c'est… il faut pas avoir cette impression qui est souvent donnée que… il y a le savant fou d'un côté et puis les pensants de l'autre côté. Ça n'est pas comme ça du tout. Le scientifique… euh, en particulier en génétique, a toujours été le premier… euh à mettre en garde la société contre des… des dérives éventuelles et euh… ça a pu donner même euh… de… l'occasion d'arrêter même pendant quelques mois cer… certains types de recherche qui ont repris… en '76 il y a eu une opération de ce type hein… où les scientifiques ont commencé à dire : «Là, est-ce que… on risque pas de prendre un chemin dangereux ?» Euh, bon. Après la réflexion, le travail a repris, hein ? Et maintenant, euh… je veux dire… la… la réflexion continue. Elle est très organisée contrairement à ce qu'on pense. On a l'impression que…

Présentatrice : Donc vous vous réunissez, euh entre… dans…

Daniel Cohen : D'abord… on en parle dans un… pratiquement… quotidiennement.

Présentatrice : Entre vous, oui.

Daniel Cohen : On en parle quotidiennement et on fait partie de conférences particulières sur l'éthique. Il faut savoir une chose extraordinaire qui n'est jamais dite, c'est que euh… euh… les Etats, en particulier la France, mais la C.E. aussi, même les Etats-Unis consacrent plusieurs dizaines de millions de francs euh… à la réflexion euh… sur l'éthique. C'est une chose que… on ne sait pas.

Présentatrice : Oui, parce que quand on s'occupe de la carte du génome humain, on se pose toujours la question : Mais quand on aura cette carte, une fois qu'elle sera vraiment établie euh…, comment est-ce qu'on s'en servira ? Mais la… la…

Daniel Cohen : Oui mais alors là…

Présentatrice : Votre action… ne pourra plus…

Daniel Cohen : Oui, mais alors là, effectivement. Lorsqu'on va pouvoir prédire un certain nombre de caractères on va pouvoir, peut-être, faire des catégories sur les gens. On peut imaginer le pire, d'accord, et euh… au nom de ça on nous sert le fameux syndrome de la pente glissante. C'est-à-dire : «Ah, si on commence à faire ça, on va vers une dérive.» Alors, euh… je crois que la vraie pente glissante c'est d'oublier que l'éthique commence par s'occuper des gens qui souffrent, aujourd'hui.

Bernard Barataud : Il y a des…, oui, il y a des gens qui sont [des malades] sur la pente glissante [voilà] et eux, ils sont pas dans la génétique ; ils ont les maladies génétiques malgré eux… et ceux-là, ils glissent à coup sûr.

Daniel Cohen : Voilà, les horreurs de la génétique, c'est encore la nature qui les a produites, ça a pas été.. ça… ça n'a pas été l'homme. Première réflexion. Deuxièmement, ça n'est pas parce qu'on crée une technique qu'on crée un danger. Le danger, il vient du dogme, de la doctrine, et pas les techniques. Ça, ça n'a jamais été euh… le… le problème. Si, si euh… quelqu'un de méchant a de mauvaises intentions, il prendra ce qu'il a… a…

Présentatrice : A sa disposition…

Daniel Cohen : A sa disposition ce jour-là et point final…

Bernard Barataud : Y compris sa voiture…

Daniel Cohen : Y compris sa voiture, y compris le feu, ou n'importe quoi, hein. Donc, euh… beaucoup de faux débats, beaucoup d'amalgames. Bon, j'entends parler de droits à la différence sans arrêt euh… sur un ton hyper-moralisateur…

Bernard Barataud : Et un… un étrange silence sur la souffrance des malades [voilà… voilà] Etrange [voilà]… perturbant. Moi, ça me… j'avoue que j'ai du mal à supporter ces réflexions éthiques qui n'en finissent plus depuis plus de dix ans dans lequel le sort des malades, la souffrance des gens, ces enfants qui naissent mal formés de toutes sortes passent sous silence. C'est… ça me paraît relativement inadmissible et je ne comprends pas pourquoi ils sont exclus de la réflexion éthique.

Answers

Qui c'est ?

Page 182, Exercice 1

a Brahim
b Sandrine (et un peu François)
c Isabelle
d François
e Patrice

📻 Les raisons d'être optimiste ou pessimiste

Page 183, Exercice 5 et 78

a Attendez un peu que je réfléchisse.
b On n'arrête pas de parler du chômage et de la crise économique.
c Et qui sait combien de pays ont maintenant des armes nucléaires ?
d De plus, il semble que les grandes puissances soient bien impuissantes pour imposer des solutions nécessaires.
e Je crois que dans l'ensemble la grande sensibilisation de tous aux problèmes de l'environnement est quelque chose de plutôt positif.
f Je ne suis ni optimiste, ni pessimiste, mais prudente et réaliste.

Les sentiments

Page 184, Exercice 2
Reponses possibles :
– quitter l'enfance difficilement
– réalisme devant les possibilités qui l'attendent
– un peu peur de l'avenir

Les images

Page 184, Exercice 3
Les métaphores :
Il va falloir que je jette cette adolescence qui m'allait si bien
J'enlève ce reste d'adolescence qui n'était qu'un peu de sable
J'endosse l'armure de l'adolescence fusillée
Combats de l'adolescence qui s'épluchent sur mes épaules
Mue qui m'effare et qui me perd
Les comparaisons :
Comme on enlève un manteau trop lourd et tout mouillé
Comme un fragile trésor
Comme une vieille peau de serpent

Défi grammaticaux

Page 185
a this remnant of childhood which was merely a grain of sand
b which for you is only a fleeting moment
c Tomorrow, [there will be] no more sulking, no more innocent glances
d No longer grow up [stop growing up]

Equivalence

Page 187, Exercice 1
a faute de
b d'ores et déjà
c voués à l'échec
d au tournant du siècle
e révisées à la hausse
f d'ici la fin du siècle
g par contre
h prochainement

Phrases complètes

Page 187, Exercice 2
a …. les pays les plus pauvres.
b … plus de dix milliards.
c … la population ne commence à décroître pour se stabiliser.
d … à des révisions.
e … auront moins d'enfants.
f … se trouve en Asie de l'Est.
g … celui des naissances.
h … assurer le renouvellement des générations.

▣ Depuis quatre ans j'espère avoir un enfant

Page 187, Exercice 4 et ▣
1
Le présentateur
a vrai
b faux – il dit que les couples qui veulent avoir un enfant à tout prix sont moins informés que ceux qui n'en veulent pas.
c vrai
Florence Guéret
a vrai, même si elle savait déjà qu'elle aurait quelques problèmes de ce côté-là.
b faux – elle a accepté d'être interviewée parce qu'elle voulait être encouragée par les témoignages d'autres couples ayant les mêmes problèmes.
c vrai
Françoise Meyrieux
a vrai
b faux – elle conseille plutôt d'attendre.
c vrai
2
e votre vive expression de sympathie
a coûte que coûte
d ce chemin difficile
c nous sommes arrivés au moment où il faut essayer une deuxième fois
f se considèrent tout de suite incapables d'avoir un enfant
b prendre cette action, cette mesure

Jusqu'à

Page 187, Point grammaire et ▣
a jusqu'au
b jusqu'à
c jusqu'à
d jusqu'à ce que
e jusqu'au jour où
f jusqu'à ce qu'

Glossaire génétique

Page 188, Exercice 1

1 = g	5 = a
2 = e	6 = d
3 = b	7 = h
4 = f	8 = c

C'est dans quel texte ?

Page 188, Exercice 2
a *Demain des mutants ?*
b *Pierre-Yves*
c *Les maladies génétiques*
d *Les maladies génétiques*
e *Demain des mutants ?*
f *Pierre-Yves*

▣ Le Généthon

Page 189, Exercice 3 et ▣

a L'éthique est une réflexion constante.
b La plupart des généticiens font partie de mouvements de pensée particuliers.
c Il faut pas avoir cette impression qui est souvent donnée que… il y a le savant fou d'un côté et puis les pensants de l'autre côté.
d Je crois que la vraie pente glissante c'est d'oublier que l'éthique commence par s'occuper des gens qui souffrent, aujourd'hui.
e Les horreurs de la génétique, c'est encore la nature qui les a produites, ça a pas été.. ça… ça n'a pas été l'homme.
f Ça n'est pas parce qu'on crée une technique qu'on crée un danger.
g J'avoue que j'ai du mal à supporter ces réflexions éthiques qui n'en finissent plus depuis plus de dix ans dans lesquelles le sort des malades, la souffrance des gens, ces enfants qui naissent mal formés de toutes sortes passent sous silence.

Le solaire renaît dans l'espace

Page 190, Exercice 1

d g b a e h f c
(Other orders may also work.)

Satellites espions

Page 190, Exercice 2 et ▣

1 s'offrira 2 digne 3 premier 4 disposera 5 images 6 à 7 ce 8 en 9 d'orbite 10 entre 11 selon 12 implantées 13 en 14 et 15 informations 16 possible 17 de 18 des 19 des 20 les 21 ne 22 formeront 23 système 24 si 25 dans 26 elle 27 le 28 le 29 est 30 de 31 ajoute 32 ceux 33 électronique 34 milliards 35 sur

Traduisez

Page 190, Exercice 4

Il y a des années que les scientifiques ont commencé à discuter l'idée de construire des centrales solaires dans l'espace. Plus récemment, c'est une idée qui a fait son chemin. Plusieurs équipes de recherche provenant de différents pays travaillent au projet et à la construction de plate-formes orbitales capables de capter les ressources énergétiques du soleil d'au-delà du filtre atmosphérique terrestre. On espère que d'ici l'an 2030 plus de la moitié de la consommation mondiale d'électricité sera produite ainsi. En même temps, l'exploitation militaire de l'espace évolue rapidement (connait une évolution rapide). La France aura bientôt (sera bientôt dotée de) son propre système complet de satellites de reconnaissance en orbite. De jour comme de nuit, ils seront capables de repérer les missiles en phase propulsée et de recueillir d'autres renseignements utiles. Une chose est certaine : le coût de ces projets ne peut être qu'astronomique !

Faits et suppositions

Page 191, Exercice 6

a Etant donné qu'il travaillait sur des projets de stations orbitales, il considérait que l'expérience lui donnerait une idée plus précise des besoins d'espace des futurs astronautes.
b C'était une équipe internationale et ils se sont beaucoup parlé. Tout le monde a été tolérant et attentif.
c Que la performance de Matthieu pour certains jeux d'écran était meilleure lorsqu'il était fatigué.
d A vous de considérer les raisons pour l'affirmation de Mathieu !

La ponctuation

Page 192, Exercice 2 et ▣

On voit bien que les parents demandent aujourd'hui de plus en plus de garanties aux médecins : «Dites-moi, docteur, interrogent-ils, inquiets, s'il va être normal ?» Telle est la question des futurs parents. Certains, sachant qu'ils attendent un bébé qui sera handicapé, demandent au docteur une I.V.G. (interruption volontaire de grossesse). D'autres parents refuseraient résolument une telle solution : «Est-ce qu'un handicapé, objectent-ils, n'a pas lui aussi le droit à la vie, au bonheur, au respect et à l'amour ?»

Copymasters

1 Si je vous dis..., à quoi pensez-vous ?

Travaillez à deux. Une personne choisit un nom imprimé ci-contre et le dit à son/sa partenaire.
Exemple : «reportage»

En même temps, elle pense à une courte phrase qui contient ce nom.
Exemple : «J'écoute un reportage»

Le/la partenaire doit essayer de deviner la phrase ; vous devrez peut-être suggérer plusieurs verbes !
Exemple : «Tu fais un reportage ?»
«Tu écris un reportage ?»

Cherchez d'autres noms dans les premières pages du Chapitre 1 d'**Au point**.

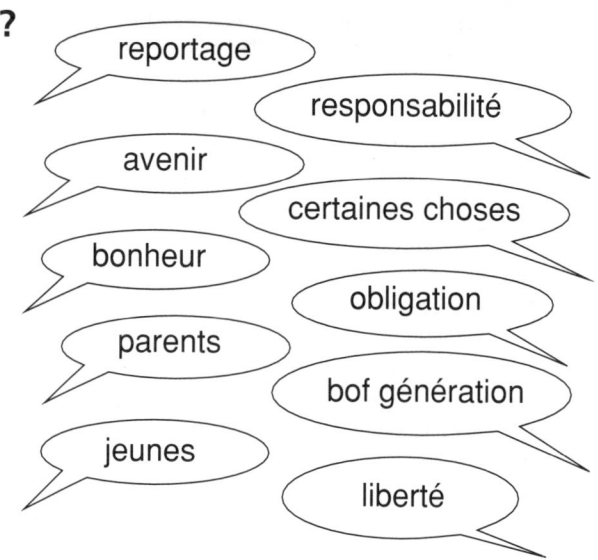

reportage

responsabilité

avenir

certaines choses

bonheur

obligation

parents

bof génération

jeunes

liberté

2 🔊 Magasins Inter-discount

Ecoutez cette publicité.

Ecrivez les verbes entre parenthèses au présent.

Inventez une publicité similaire pour un produit de votre choix.

– Minou, on n'_____ (*avoir*) plus de pellicule dans l'appareil.
– Et alors, tu _____ (*aller*) chez Inter-discount et tu leur _____ (*donner*) à développer notre dernier film de vacances.
– Et alors ?
– Et alors, chez Inter-discount, quand tu leur _____ (*donner*) un film à développer, ils t'_____ (*offrir*) un film Kodak gratuit, pas n'importe quoi, hein ! Un film Kodak gratuit !
– Oui, ben ça _____ (*aller*) ! J'ai compris ! Chez Inter-discount, ils t'_____ (*offrir*) gratuitement un film Kodak si tu _____ (*aller*) chez...
– Tu _____ (*voir*), ce qui _____ (*être*) bien avec toi, mon Doudou, c'est que tu _____ (*comprendre*) tout, tout de suite.
– Ben oui, quoi !
– En TV, audio, photo, vidéo, micro, Inter-discount, c'_____ (*être*) avec plus de 3000 magasins le leader en Europe. Qui _____ (*dire*) mieux ?

5 Mots croisés

Lisez les définitions page 8 et remplissez cette grille.

3 Les jeunes se regardent

On a demandé aux jeunes leurs réactions à la question «Quand vous pensez aux jeunes de votre génération, considérez-vous… ?»

Interprétez leurs réponses en français pour la section française du magazine de votre école. ■

Utilisez le tableau imprimé ci-dessous pour vous aider à écrire des phrases correctes.

Quand vous pensez aux jeunes de votre génération, considérez-vous… ?	PLUTÔT D'ACCORD %	PLUTÔT PAS D'ACCORD %	NE SE PRONONCENT PAS %	PLUTÔT D'ACCORD	
				FILLES %	GARÇONS %
qu'ils ont l'esprit de compétition	65	31	4	65	65
qu'ils ont une grande ouverture d'esprit	46	49	5	46	46
qu'ils consomment trop d'alcool ou de drogue	72	25	3	75	68
qu'ils sont matérialistes	60	33	7	56	65
qu'ils sont bien éduqués	25	68	7	23	28
qu'ils sont généreux, attentifs aux autres	25	68	7	26	23
qu'ils ont une grande liberté sexuelle	86	10	4	87	85
qu'ils sont bien dans leur peau	38	56	6	33	45
qu'ils sont idéalistes	56	34	10	58	54

Trente pour cent		des jeunes	que les jeunes	aiment trop l'argent. se sentent bien.
La majorité La plupart		des filles		acceptent les opinions des autres. ont reçu une bonne éducation.
Un(e) grand(e) Un(e) petit(e)	nombre proportion	des garçons des adultes	pense pensent	font attention à leur entourage. aiment se placer avant les autres.
Environ Un peu plus de Presque	la moitié le tiers les trois-quarts		qu'ils	refusent de voir la réalité. sont très libres de faire l'amour. boivent trop et qu'ils se droguent.

4 Lettre à des adultes trop stricts

Lisez la lettre attentivement.

Décidez si les affirmations suivantes sont vraies ou fausses.

1   La personne qui écrit est un jeune homme.
2   Cette personne n'a pas le droit de téléphoner à ses camarades.
3   Elle doit obtenir de bons résultats scolaires.
4   Elle n'a pas le droit de sortir souvent.
5   Elle voudrait pouvoir sortir très souvent.
6   Elle pense que les loisirs contribuent à l'équilibre d'une personne.
7   Elle pense que les adultes sont trop stricts sans raison.
8   Elle veut apprendre un certain nombre de choses seule.
9   Elle respecte les adultes.
10 Elle n'aime pas les adultes.

Relevez dans la lettre les expressions employés pour communiquer :
– des sentiments positifs
– des sentiments négatifs.

Chers Adultes,

Oui, j'ai seize ans mais je ne suis plus une enfant. Je sais que le téléphone coûte cher, mais j'en ai marre de ne pas pouvoir téléphoner à un copain ou une copine de temps en temps. Je sais que travailler à l'école est important, mais vous exagérez quand vous m'empêchez de sortir de temps en temps. Les loisirs sont aussi importants : ils me permettent d'avoir une vie équilibrée. Je sais que vous voulez mon futur bonheur et que si vous êtes stricts, c'est sans doute pour mon bien : mais pourquoi est-ce que vous ne me laissez pas un peu d'espace de temps en temps ? J'ai le droit d'apprendre à prendre mes responsabilités seule ; j'ai le droit d'apprendre à gérer ma vie seule. Cela ne veut pas dire que je ne vous respecte pas ni ne vous aime pas. Bien au contraire !

6 Devinez les mots qui manquent

Apprenez les conclusions de la page 10 sur le genre des mots.

Complétez le texte suivant en utilisant les mots ci-dessous.

Au besoin, complétez les adjectifs.

---

un   une

le   la   les

U__ jeunesse heureu__

Je vis u__ enfance de rêve : je n'ai pas u__ seul problème. Ma mère est d' u__ extrême douceur. Dans l__ village, tout le monde est heureux : l__ bonheur et l__ bonté se lisent sur tous les visages : tous vivent u__ vie tranquille et sont en bon__ santé. Dans l__ fraîcheur du soir, les personnes qui ont atteint u__ âge respectable, celui de l__ vieillesse, marchent avec u__ lenteur et u__ dignité qui les font ressembler aux mandarins de la vieille Chine. Pour eux, l__ vie va doucement.

Les jeunes, eux, oublient l__ politesse : ils courent dans les rues, pleins d'u__ allégresse joyeu__ et d'u__ bon__ humeur qui fait l'envie de tous.

---

7 📼 Amitié fille-garçon

L'amitié entre filles et garçons est-elle possible ? On a posé la question à six jeunes.

Lisez et comprenez ce que les jeunes pensent.

Ecoutez les réponses des jeunes sur la cassette *Amitié fille-garçon*.

Ecrivez leur nom dans l'ordre où vous les entendez sur la cassette.

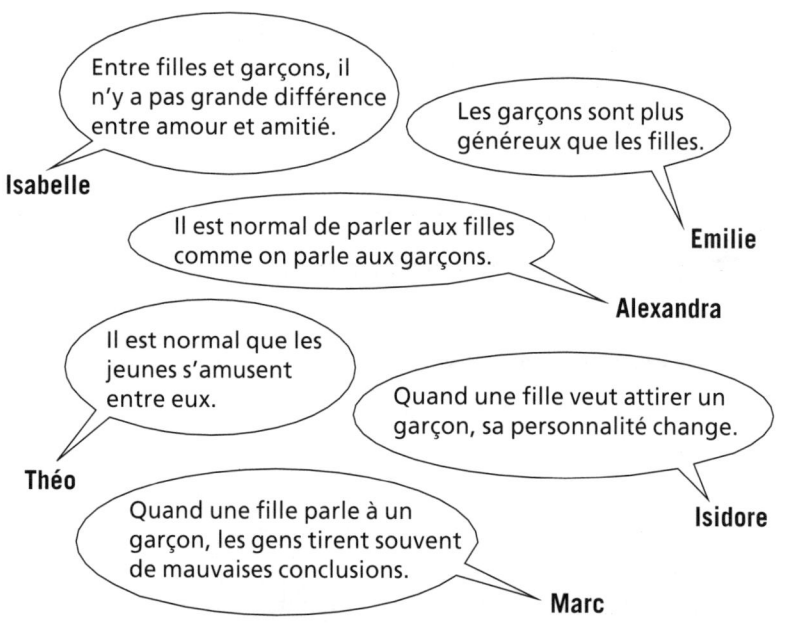

Entre filles et garçons, il n'y a pas grande différence entre amour et amitié.
Isabelle

Les garçons sont plus généreux que les filles.
Emilie

Il est normal de parler aux filles comme on parle aux garçons.
Alexandra

Il est normal que les jeunes s'amusent entre eux.
Théo

Quand une fille veut attirer un garçon, sa personnalité change.
Isidore

Quand une fille parle à un garçon, les gens tirent souvent de mauvaises conclusions.
Marc

---

8 Mots imbriqués

La grille se lit de huit manières différentes :

Les définitions pour vous aider à trouver les mots dans cette grille sont à la page 14 de votre livre.

V	I	E	R	G	E	P	A	R	I	E	E
I	I	R	E	C	M	L	M	R	R	E	S
E	V	E	T	E	B	A	I	S	E	R	U
U	A	G	T	M	R	I	G	E	D	I	E
X	N	A	U	F	A	S	N	N	R	T	R
J	T	M	L	S	S	S	O	V	O	T	U
E	E	I	I	S	S	A	N	I	B	A	O
U	R	N	T	I	E	P	N	E	A	B	M
T	N	E	D	A	R	G	E	D	L	E	A

Vous avez trouvé les 18 mots ? Magnifique ! Il vous reste maintenant douze lettres qui forment un mot.

La définition de ce mot est : «Adjectif qui décrit une personne dont on est très amoureux».

_____

9 Jeu des conséquences amoureuses

Jeu pour deux à six joueurs.

Chaque joueur a une feuille de papier et donne une réponse plus ou moins imaginée aux questions ci-contre.

Après chaque réponse, pliez la feuille pour cacher la réponse. Passez la feuille à votre voisin.

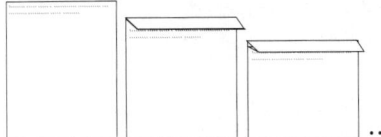

...

Passez les papiers une dernière fois.

Chaque personne ouvre son papier et le lit à haute voix.

Affichez les conversations si vous voulez.

1 Es-tu une fille ou un garçon ?

2 Quel âge as-tu ?

3 Où es-tu allé le week-end dernier ?

4 As-tu rencontré un garçon ou une fille ?

5 Qui a fait le premier pas ?

6 Qu'est-ce que tu as dit ?

7 Qu'est-ce qu'il/elle a répondu ?

8 Où êtes-vous allés ?

9 Qu'est-ce que vous avez fait ?

10 A quelle heure es-tu rentré(e) chez toi ?

10 Agenda de la semaine dernière

Faites semblant que vous êtes la personne à qui appartient cet agenda.

Racontez oralement ou écrivez ce que vous avez fait la semaine dernière.

Exemple :
Lundi dernier, je suis allé(e) chez mes vieux copains, Marie et Paul.

Activité facultative : Journal
Tenez un journal des moments importants de votre vie en français.

Lundi
Aller chez Marie et Paul.
Manger au resto avec eux.

Mardi
Rester à la maison.
Ecrire toutes mes lettres en retard.

Mercredi
Sortir avec Marie et Paul.
Danser (toute la nuit ?) en boîte.

Jeudi
Faire mes valises.
Quitter la maison.
Arriver à la campagne

Vendredi
Passer le week-end à la campagne.

Samedi   **Dimanche**

(Inventez ce qui s'est passé pendant le week-end.)

12 📼 Les enfants du divorce

Lisez les affirmations écrites dans le tableau ci-contre.

Assurez-vous que vous les comprenez.

Ecoutez sur la cassette *Les enfants du divorce*.

Cochez les cases qui correspondent à ce que disent les jeunes sur la cassette.

Affirmations	Armelle	Natacha	Pierre
a des parents divorcés			
vit avec son père			
vit avec sa mère			
a beaucoup souffert de la séparation de ses parents			
pense que rien ne peut remplacer l'amour de ses parents			
pense que le divorce a rendu la vie de tous les membres de la famille plus facile			
pense que la justice devrait tenir compte de l'opinion des enfants			

11 L'envie de faire comme tout le monde

Imaginez qu'un ami vous raconte ce qu'il fait régulièrement. Vous voudriez, vous aussi, bien faire pareil.

Complétez la conversation suivante oralement d'abord, puis par écrit.

Variez les débuts de vos phrases en commençant par une des expressions Pour communiquer ci-dessous.

1 Je travaille le week-end.
2 J'ai trouvé un petit travail au supermarché.
3 Je finis assez tôt, vers six heures.
4 Le soir, je sors avec mes copains et mes copines.
5 Nous allons quelquefois au restaurant.
6 Puis on prend un pot au café.
7 On rentre assez tard.
8 Je fais des économies : je mets mon argent à la banque.
9 Je pars pour l'Ecosse cet été.
10 Je veux améliorer mon anglais.

Exemple :
A   *Je sors quelquefois avec des copains.*
B   *J'aimerais bien aussi sortir avec des copains.*

13 Un paragraphe bien écrit

Lisez le paragraphe.
Divisez-le en trois parties :
– l'introduction
– l'explication et l'exemple
– la conclusion*

*A noter, ici la conclusion pourrait servir de transition vers un nouveau paragraphe sur les problèmes que la liberté et l'autonomie provoquent.

Sujet : Les différences entre cette année et l'an dernier.

Il y a des différences importantes entre cette année et l'année dernière. La principale est que nous sommes beaucoup plus libres ; cette liberté s'exprime de manières variées : ainsi, cette année nous avons la possibilité de porter ce que nous voulons alors que l'année dernière, nous étions obligés de porter un uniforme. Nous sommes aussi plus autonomes : maintenant, on nous permet d'organiser notre travail comme nous voulons, tandis que dans le passé, les professeurs nous disaient souvent comment il fallait travailler. Cette liberté et cette autonomie sont nouvelles pour nous et peuvent poser certains problèmes.

14 Jeu de mots

Pour les définitions de ces mots et le texte où vous les trouverez, voir page 26 exercice 2.

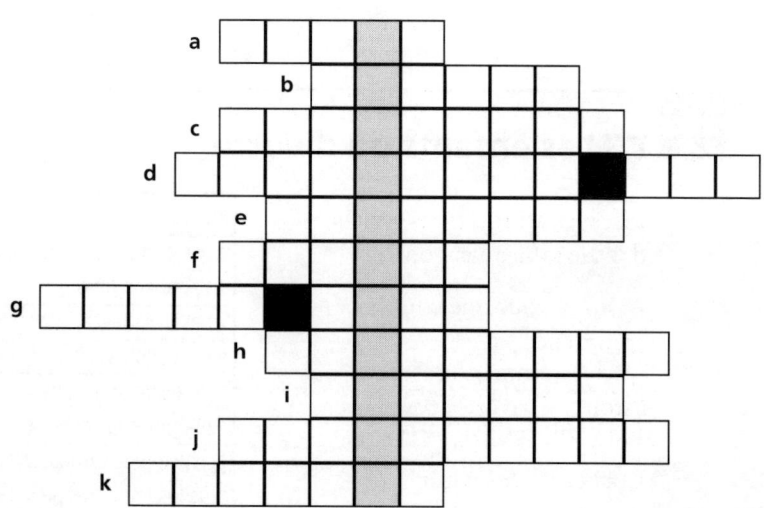

L'agenda du bureau

Plan professionnel

Travaillez à deux.

Une personne est secrétaire et vérifie avec sa patronne que l'agenda pour la semaine prochaine est correct.

Pliez la feuille en deux.

Le secrétaire regarde l'agenda du bureau et pose les questions.

La patronne regarde son agenda personnel et répond au secrétaire.

Agenda personnel de la patronne

Lundi	Mardi
8 h. 30 - 9 h. 30 : Aller chercher les enfants chez les grands-parents	10 h. 00 - 11 h. 30 : Rendez-vous chez M. Lenoir
14 h. 30 : Téléphoner à Mr. Johnson, New York	Après-midi : Demi-journée de congé

Mercredi
10 h. 30 - 12 h. 00 : Rendez-vous chez M. Lenoir
12 h. 30 - 15 h. 30 : Déjeuner d'affaires chez Jean

Jeudi	Vendredi
8 h. 30 - 10h. 00 : Conduire voiture au garage	8 h. 30 - 12 h. 00 Bureau
16 h. 30 : Passer prendre la voiture	21 h. 30 : Départ pour New York
17 h. 00 : Aller chercher les enfants à l'école	

Samedi	Dimanche

Exemple :
Secrétaire : Alors, lundi matin, vous serez au bureau ?
Patronne : Oui, j'arriverai vers 10 heures 30.
Secrétaire : Ah ? D'après mon agenda, vous serez au bureau de 8 heures 30 à midi.
Patronne : Il y a un changement : j'irai d'abord chercher mes enfants.

Ecrivez ce qui va se passer la semaine prochaine d'après les notes que vous avez prises.

Agenda du bureau

Lundi	Jeudi
8 h. 30 - 12 h. 00 Bureau	8 h. 30 - 12 h. 00 : Finir préparatifs pour USA
14 h. 30 : Téléphoner à Mr. Johnson, New York	17 h. 00 - 18 h. 30 : Appeler les Etats-Unis

Mardi	Vendredi
8 h. 30 - 10 h. 00 : Rendez-vous chez l'expert-comptable (M. Lenoir)	8 h. 30 - 12 h. 00 Bureau
14 h. 00 - 18 h. 30 : Bureau	21 h. 30 : Départ pour New York

Mercredi	Samedi	Dimanche
10 h. 30 - 12 h. 00 : M. Lenoir ici.		
12 h. 30 - 15 h. 30 : Déjeuner d'affaires au resto		

Imparfait ou passé composé ?

La fille dans la bande dessinée *Inspirez, expirez !* téléphone à sa copine pour lui raconter les événements qui figurent dans les images.

Voici le commencement de son histoire. Ecrivez ce passage en choisissant le temps du verbe correct.

Complétez l'histoire en ajoutant quatre ou cinq phrases supplémentaires.

«Ça *se passait/s'est passé* (1) comme ça, tu vois : *J'ai été/j'étais* (2) en train de regarder la télé quand Papa *entrait/est entré* (3) dans ma chambre. Il *se plantait/s'est planté* (4) là, devant l'écran, et il *commençait/a commencé* (5) à regarder ce qui *se passait/s'est passé* (6). *C'était/ça a été* (7) une émission de sports. On *jouait/a joué* (8) au tennis. Mon père *voyait/a vu* (9) quelqu'un qu'il *connaissait/a connu* (10). Il *commençait/a commencé* (11) à dire des bêtises sur les avantages apportés par la pratique du sport. Je crois qu'il *parlait même/a même parlé* (12) latin pour justifier ces arguments. Bien sûr, il *refusait/a refusé* (13) d'écrire un mot d'exemption pour le sport aujourd'hui. Il *se mettait/s'est mis* (14) à me raconter tout ce qu'il *faisait/a fait* (15) comme sport quand il *était/a été* (16) jeune. *Je disais/j'ai dit* (17) que je n'avais pas/je n'ai pas eu (18) besoin de faire du sport pour être en forme. Mais il *continuait/a continué* (19) à me critiquer en parlant des boîtes que *je fréquentais/j'ai fréquenté* (20) et du fait que si *je dansais/j'ai dansé* (21), *c'était/ça a été* (22) à l'intérieur. Il *disait/a dit* (23) qu'il *fallait/a fallu* (24) courir au grand air. *C'était/ça a été* (25) seulement ça qui *faisait/a fait* (26) du bien. Alors, *j'avais/j'ai eu* (27) une idée merveilleuse...»

Contexte

A une soirée de parents d'élèves, Monsieur et Madame Lambitieux, leurs jumeaux, Patrick et Nathalie, viennent voir Madame Bonconseil, le prof principal de la classe où sont les jumeaux, pour parler de leurs progrès et de leur avenir.

Préparation

Pendant 5 à 7 minutes :
- Travaillez en groupe de cinq.
- Prenez un rôle chacun.
- Etudiez les traits de votre personnage.
- Réfléchissez à la manière dont vous allez développer votre rôle.

Tâche

- Improvisez la conversation entre ces cinq personnages.
- A la fin de la conversation, notez ce qui va se passer par la suite.

Les rôles

Monsieur Lambitieux

Vous êtes un homme d'affaires qui avez réussi. Votre affaire d'informatique est prospère et vous voulez à tout prix que votre fils prenne votre succession. Vous êtes autoritaire et refusez de comprendre ce que les autres vous disent.

Madame Lambitieux

Vous êtes femme au foyer et vous avez élevé vos enfants. Vous êtes très fière d'eux même si vous savez qu'ils ne sont pas toujours des anges. Vous trouvez votre mari un peu dur avec eux, particulièrement avec votre fils.

Patrick Lambitieux

Vous avez une passion, l'art : vous voulez devenir artiste. Au lycée, vos matières préférées sont les matières artistiques, dessin et musique ; vous êtes aussi bon en français où vous avez souvent de bonnes notes. La technologie, les maths et les sciences ne vous intéressent pas du tout.

Nathalie Lambitieux

Votre rêve est de partir à l'aventure. Vous voulez passer votre bac et pendant un an, partir voyager. Après, vous verrez. L'école ne marche pas trop mal, mais ne vous intéresse pas outre mesure et l'idée de faire des études pointues ne vous attire pas.

Madame Bonconseil

Vous pensez que Patrick devrait être poussé dans la voie qui l'intéresse. Il a du talent et doit persévérer : vous pouvez même recommander une excellente école. Nathalie, elle a tendance à ne pas se concentrer assez : elle est souvent dans la lune (c'est-à-dire qu'elle rêve éveillée). Ses profs de maths et de science pensent que si elle redoublait, elle pourrait obtenir d'excellents résultats et avoir des débouchés dans le domaine technologique, peut-être même informatique.

Pour vous aider :

POUR COMMUNIQUER

Contredire quelqu'un
Ne dis pas de bêtises.
Ne pense pas qu'à l'immédiat.
Regarde un peu plus loin que le bout de ton nez.
Je ne dis pas le contraire, mais…
Sois raisonnable !

Déjà vu

Exprimer la même opinion ou une opinion contraire
Page 3.
Être positif ou faire des reproches
Page 7.
Exprimer la possibilité et contraster
Page 25.

Note :

Les phrases ci-dessus appartiennent au registre familier. Il sera dangereux de les utiliser quand les parents parlent au prof et vice versa. Mais le prof pourra peut-être les utiliser pour parler aux jeunes.

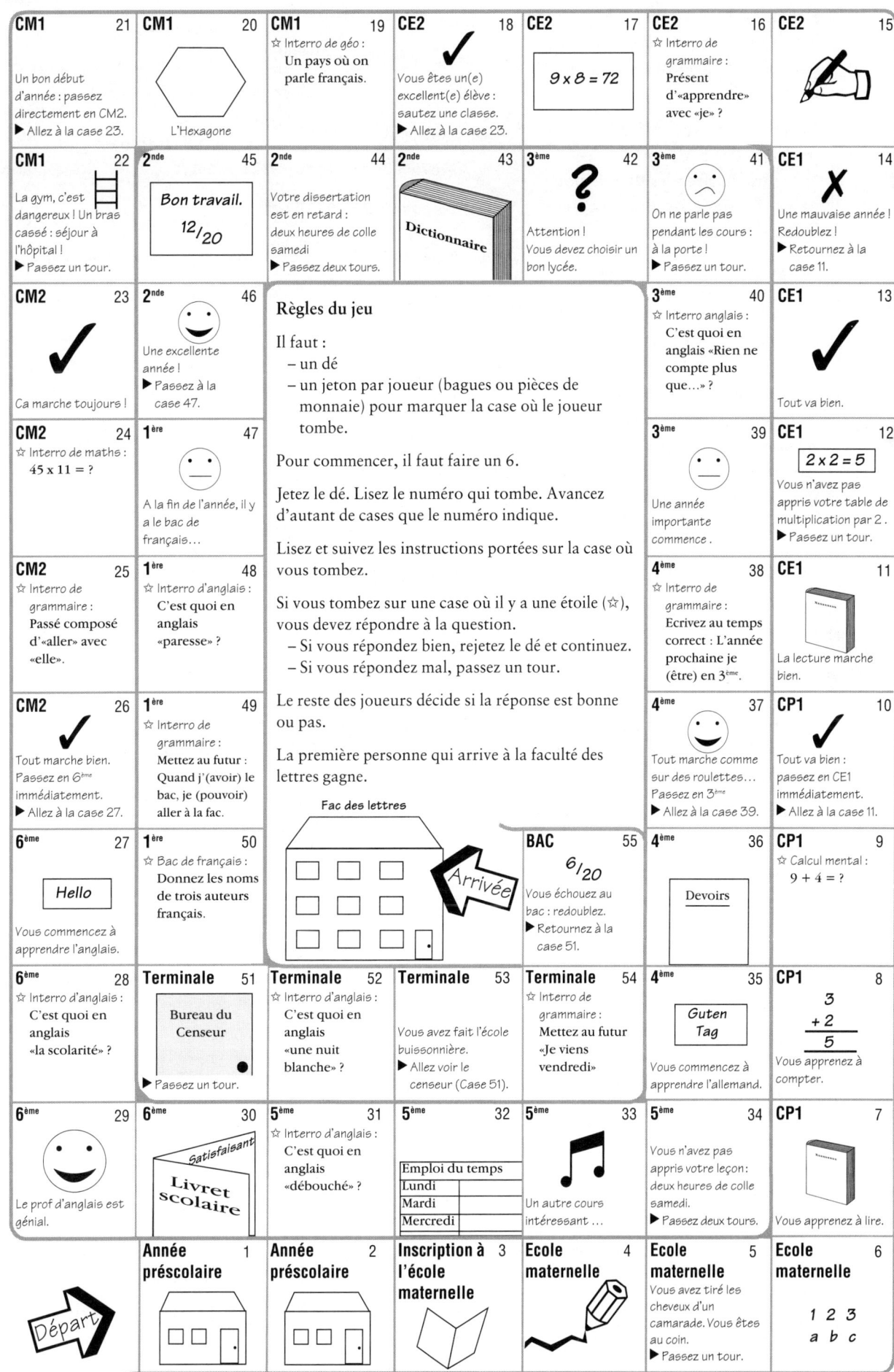

CM1 — 21
Un bon début d'année : passez directement en CM2.
▶ Allez à la case 23.

CM1 — 20
L'Hexagone

CM1 — 19
☆ Interro de géo :
Un pays où on parle français.

CE2 — 18
✔
Vous êtes un(e) excellent(e) élève : sautez une classe.
▶ Allez à la case 23.

CE2 — 17
$9 \times 8 = 72$

CE2 — 16
☆ Interro de grammaire :
Présent d'«apprendre» avec «je» ?

CE2 — 15

CM1 — 22
La gym, c'est dangereux ! Un bras cassé : séjour à l'hôpital !
▶ Passez un tour.

2ⁿᵈᵉ — 45
Bon travail.
$12/20$

2ⁿᵈᵉ — 44
Votre dissertation est en retard : deux heures de colle samedi
▶ Passez deux tours.

2ⁿᵈᵉ — 43
Dictionnaire

3ᵉᵐᵉ — 42
?
Attention !
Vous devez choisir un bon lycée.

3ᵉᵐᵉ — 41
On ne parle pas pendant les cours : à la porte !
▶ Passez un tour.

CE1 — 14
✗
Une mauvaise année ! Redoublez !
▶ Retournez à la case 11.

CM2 — 23
✔
Ca marche toujours !

2ⁿᵈᵉ — 46
Une excellente année !
▶ Passez à la case 47.

Règles du jeu

Il faut :
– un dé
– un jeton par joueur (bagues ou pièces de monnaie) pour marquer la case où le joueur tombe.

Pour commencer, il faut faire un 6.

Jetez le dé. Lisez le numéro qui tombe. Avancez d'autant de cases que le numéro indique.

Lisez et suivez les instructions portées sur la case où vous tombez.

Si vous tombez sur une case où il y a une étoile (☆), vous devez répondre à la question.
– Si vous répondez bien, rejetez le dé et continuez.
– Si vous répondez mal, passez un tour.

Le reste des joueurs décide si la réponse est bonne ou pas.

La première personne qui arrive à la faculté des lettres gagne.

3ᵉᵐᵉ — 40
☆ Interro anglais :
C'est quoi en anglais «Rien ne compte plus que…» ?

CE1 — 13
✔
Tout va bien.

CM2 — 24
☆ Interro de maths :
$45 \times 11 = ?$

1ᵉʳᵉ — 47
A la fin de l'année, il y a le bac de français…

3ᵉᵐᵉ — 39
Une année importante commence .

CE1 — 12
$2 \times 2 = 5$
Vous n'avez pas appris votre table de multiplication par 2 .
▶ Passez un tour.

CM2 — 25
☆ Interro de grammaire :
Passé composé d'«aller» avec «elle».

1ᵉʳᵉ — 48
☆ Interro d'anglais :
C'est quoi en anglais «paresse» ?

4ᵉᵐᵉ — 38
☆ Interro de grammaire :
Ecrivez au temps correct : L'année prochaine je (être) en 3ᵉᵐᵉ.

CE1 — 11
La lecture marche bien.

CM2 — 26
✔
Tout marche bien. Passez en 6ᵉᵐᵉ immédiatement.
▶ Allez à la case 27.

1ᵉʳᵉ — 49
☆ Interro de grammaire :
Mettez au futur : Quand j'(avoir) le bac, je (pouvoir) aller à la fac.

4ᵉᵐᵉ — 37
Tout marche comme sur des roulettes…
Passez en 3ᵉᵐᵉ
▶ Allez à la case 39.

CP1 — 10
✔
Tout va bien : passez en CE1 immédiatement.
▶ Allez à la case 11.

6ᵉᵐᵉ — 27
Hello
Vous commencez à apprendre l'anglais.

1ᵉʳᵉ — 50
☆ Bac de français :
Donnez les noms de trois auteurs français.

Fac des lettres
Arrivée

BAC — 55
$6/20$
Vous échouez au bac : redoublez.
▶ Retournez à la case 51.

4ᵉᵐᵉ — 36
Devoirs

CP1 — 9
☆ Calcul mental :
$9 + 4 = ?$

6ᵉᵐᵉ — 28
☆ Interro d'anglais :
C'est quoi en anglais «la scolarité» ?

Terminale — 51
Bureau du Censeur
▶ Passez un tour.

Terminale — 52
☆ Interro d'anglais :
C'est quoi en anglais «une nuit blanche» ?

Terminale — 53
Vous avez fait l'école buissonnière.
▶ Allez voir le censeur (Case 51).

Terminale — 54
☆ Interro de grammaire :
Mettez au futur «Je viens vendredi»

4ᵉᵐᵉ — 35
Guten Tag
Vous commencez à apprendre l'allemand.

CP1 — 8
$\begin{array}{r} 3 \\ + 2 \\ \hline 5 \end{array}$
Vous apprenez à compter.

6ᵉᵐᵉ — 29
Le prof d'anglais est génial.

6ᵉᵐᵉ — 30
Satisfaisant
Livret scolaire

5ᵉᵐᵉ — 31
☆ Interro d'anglais :
C'est quoi en anglais «débouché» ?

5ᵉᵐᵉ — 32
Emploi du temps
| Lundi |
| Mardi |
| Mercredi |

5ᵉᵐᵉ — 33
♪
Un autre cours intéressant …

5ᵉᵐᵉ — 34
Vous n'avez pas appris votre leçon: deux heures de colle samedi.
▶ Passez deux tours.

CP1 — 7
Vous apprenez à lire.

Année préscolaire — 1

Année préscolaire — 2

Inscription à l'école maternelle — 3

Ecole maternelle — 4

Ecole maternelle — 5
Vous avez tiré les cheveux d'un camarade. Vous êtes au coin.
▶ Passez un tour.

Ecole maternelle — 6
1 2 3
a b c

Départ

18 📼 Quelle gourmandise !

Ecoutez ces deux publicités pour le foie gras (*preserved goose liver*) enregistrées quelques jours avant Noël.

Recomposez la première publicité à base des morceaux ci-contre. Ecrivez-les dans le bon ordre. Le premier morceau est en haut. ■

Ecrivez toute la publicité en mettant les signes de ponctuation nécessaires. (Voir page 226.)

La deuxième pub est un peu différente. Nous avons écrit quelques-uns des mots qui se trouvaient déjà dans la première pub. A vous de remplir les trous.

Le réveillon de Noël

les rubans qu'on dénoue

servi à la bonne température

et c'est tant mieux

ce sont les bougies qu'on allume

rien ne remplace le foie gras

ce sont des rires d'enfants

du foie gras

Noël, c'est peut-être la plus belle fête

bien croustillant

délicieusement

et ce jour-là

quelle gourmandise

on offre ce qu'il y a de meilleur

il n'y a qu'un Noël

mais, après tout

bien frais

sans être glacé

avec un peu de pain grillé chaud

légèrement

du foie gras

sur lequel le foie gras va fondre

Le _____ de Noël, c'est l'envie d'être ensemble, en _____ ou entre _____ . Ce sont _____ _____ _____ _____ . Noël, c'est _____ _____ _____ ce qu'il y a de meilleur – du foie gras. Du foie gras _____ _____ , avec un couteau _____ _____ _____ _____ ; du foie gras présenté tout _____ , tout _____ , tout _____ , sur _____ _____ ou dans _____ _____ et servi avec du bon pain grillé croustillant, bien chaud. Vous _____ un Noël _____ . Rien ne remplace le foie gras… et c'est tant mieux !

19 Un coup de fil

Ça fait six mois que vous n'avez pas vu votre ami(e). Vous lui donnez un coup de téléphone pour savoir ce qu'il ou ce qu'elle fait.

Transformez les adjectifs ci-dessous en adverbes.

Utilisez les adverbes dans la conversation ci-contre.

Exemple :
Vous : Ça fait longtemps qu'on ne s'est pas vu.
(adjectif = facile ; adverbe = facilement)
Ami/e : Oui, ça fait facilement six mois.

Des adjectifs	Des adverbes
heureux	_____
violent	_____
difficile	_____
rare	_____
actuel	_____
immédiat	_____
récent	_____
merveilleux	_____
précis	_____
tel	_____
énorme	_____

a **Vous :** Alors, tu fais toujours autant de sport?
Ami/e : Non, maintenant j'en fais _____ .

b **Vous :** Tu es toujours avec Dominique ?
Ami/e : Non, on a cassé _____ . C'était affreux. Et puis Dominique a _____ déménagé, tu sais.

c **Vous :** Oh, pauvre de toi ! Tu dois te sentir vachement seul(e).
Ami/e : Non, car _____ , j'ai rencontré Frédérique.

d **Vous :** Ah bon. Frédérique te plaît ?
Ami/e : Oh oui, _____ . On s'entend _____ bien.

e **Vous :** Et les études, comment ça marche ?
Ami/e : Pas _____ bien. J'arrive _____ à faire tout mon boulot.

f **Vous :** Tu trouves quand même du temps pour la lecture ?
Ami/e : Oui, un peu. Au fait, je lis _____ un très bon roman, plus _____ un roman policier.

g **Vous :** Ecoute, veux-tu m'envoyer la nouvelle adresse de Dominique ? Je voudrais lui écrire.
Ami/e : D'accord, je te l'enverrai _____ .

21 Ah ! L'imparfait

Travail oral à deux

Coupez la feuille en deux le long de la ligne pointillée. Une personne a une moitié, l'autre personne l'autre.

La personne A commence et dans la colonne «Rôle de l'adolescent», lit la phrase qu'elle veut.

La personne B doit trouver le rôle de l'adulte qui correspond sur la feuille.

Exemple :
Adolescent : Je m'ennuie à l'école.
Adulte : A ton âge, moi, j'adorais l'école.

Attention ! Il faut mettre tous les verbes après «à ton âge» à l'imparfait.

Puis, changez de rôle.

Travail individuel écrit
Cachez le rôle de l'adulte. Ecrivez le rôle de l'adulte, sans tricher.

A Rôle de l'adolescent	**Rôle de l'adulte**
	Moi, par contre, à ton âge…
Je m'ennuie à l'école.	… s'ennuyer à l'école.
Je ne pratique pas de sport.	… ne pas pratiquer de sport.
Je ne m'intéresse pas à la politique.	… ne pas s'intéresser à la politique.
Je ne sais pas ce que je veux faire plus tard.	… ne pas savoir quoi faire.
Je suis prêt(e) à tout abandonner.	… être prêt(e) à tout abandonner.
Je n'arrive pas facilement à faire mes devoirs.	… ne pas arriver facilement à faire mes devoirs.

B Rôle de l'adolescent	**Rôle de l'adulte**
	A ton âge, moi…
Je fais du footing chaque matin.	… faire du footing chaque matin.
Je ne trouve pas difficile de prendre des décisions.	… trouver facile de prendre des décisions.
J'adore l'école.	… adorer l'école.
Je me force toujours à travailler de plus en plus dur.	… se forcer à toujours travailler de plus en plus dur.
Je n'ai aucune difficulté à me concentrer.	… suivre toutes les campagnes éléctorales.
Je suis toutes les campagnes éléctorales.	… n'avoir aucune difficulté à me concentrer.

22 🎞 Fumer ou ne pas fumer ?

Nous avons enregistré les opinions de quatre jeunes au sujet du tabagisme. Les jeunes s'appellent Fabrice, Hélène, Michel et Arem.

Parmi ces quatre personnes :

a   Qui fume ?
b   Qui fume depuis environ un an ?
c   Qui ne fume pas ?
d   Qui est pour l'interdiction de fumer en public ?
e   Qui essaie de persuader son amie de ne pas fumer ?
f   Qui accepte de fumer les cigarettes de ses copains ?
g   Qui n'aime pas l'odeur de la fumée ?
h   Qui a essayé d'arrêter de fumer ?

23 «à» ou «de» ?

Remplissez les trous dans ces phrases en mettant «à», «de» ou «d'».

a   ____ mon avis, je suis d'accord pour interdire ____ fumer en public, pour inciter les gens ____ moins fumer.
b   Moi, je fume et j'ai pas honte ____ le dire.
c   La seule chose que je peux recommander, c'est ____ ne pas commencer, parce que c'est drôlement difficile ____ arrêter.
d   J'ai commencé ____ fumer l'an dernier ____ cause de mes amis.
e   J'ai du plaisir ____ fumer.
f   Pour moi, les campagnes antitabac ne servent presque ____ rien.
g   Pour certaines personnes, fumer, ça sert ____ se calmer, mais c'est aussi le plaisir ____ montrer aux copains qu'on est «capable» et «adulte».
h   C'est ____ chacun ____ faire son choix.
i   ____ la voir fumer, je sais qu'elle en a horreur.
j   Elle ne s'amuse pas ____ fumer.
k   J'essaie ____ l'aider, mais mes conseils ne servent ____ rien.

1 Ecoutez l'extrait de l'émission de *Radio Banlieue*. On fait mention de plusieurs villes, villages, îles ou presqu'îles. Mais il y a trois intrus dans la liste ci-dessous. Lesquels ?

Nantes   Rezé
L'île de Noirmoutier   Les Sables d'Olonne
Machecoul   La Guérinière
Belle-Ile   L'île de Ré
La presqu'île de Quibéron

2 Ecoutez encore une fois la première partie contenant les annonces publicitaires des compagnies *Vive les vacances* et *Vacances surf*. Complétez ces phrases en remplissant les blancs.

a Q_____ s_____ v_____ p_____
   p_____ l_____ g_____ v_____ ?
b N_____ c_____ d_____ j_____
   v_____ a_____.
c L_ m_ v_____ a_____.
d V_____ s_____ a_____ d_ b_____.
e L'_____ e_____ a_____ e_ c_____.
f V_____ s_____ h_____ a_____ s
   d_ n_____ v_____ d_ v_____ d_ d_
   b_____.
g N_ r_____ p_____ l'_____.

3 Décidez si les phrases ci-dessous sont vraies ou fausses.

Kayak
a Les leçons de kayak durent quarante-cinq minutes.
b Vous pratiquerez le kayak dans des endroits différents.
c Les kayaks sont spécialement adaptés pour deux personnes.
d Vous aurez l'occasion de manger dans certains des restaurants du village.

Surf
a Il s'agit d'une forme de surf où on ne se tient pas debout sur la planche.
b La pratique de ce sport n'est pas garantie tous les jours.
c Vous dormirez dans les petits hôtels de la côte atlantique.

La planche à voile
a La durée d'un cours d'apprentissage de la planche à voile est de neuf heures.
b La surveillance de spécialistes est assurée pendant tout le stage.
c Le village de vacances est situé tout près de la plage.

4 Ecoutez la deuxième partie de l'émission et remplissez les trous dans le texte ci-contre en écrivant les verbes ou les parties de verbes que vous entendez. Et le numéro de téléphone ?

Speaker : Et si, malheureusement, vous _____ obligés de rester chez vous, ne vous _____ pas ! Si vous _____ aux alentours de Nantes, la municipalité de Rezé vous _____ un accueil chaleureux. L'année dernière, sur les seuls mois de juillet/août, plus de trois cents jeunes ont _____ des activités estivales organisées par la petite ville de Rezé, dans la banlieue sud de Nantes. Pour des 15 à 18 ans on _____ encore cette année des sorties à la journée – mer, canoë, boum, escalade, cyclo, voile, sports etc. Deux autres possibilités : la première, _____ en tant que moniteur ou monitrice au club «Aventure». Là, vous _____ les enfants âgés de sept à dix ans à prendre part à des activités scientifiques et techniques. Par petits groupes, vous _____ les lois qui _____ le vol d'une fusée, de la conception à la réalisation et au lancement même de la micro-fusée. Et deuxièmement, tout en _____ un coup de main pour la surveillance, vous _____ pratiquer aussi le ski à roulettes ou le tir à l'arc. Mais attention : si ça vous _____, _____-vous vite. Richard Martin, responsable de l'Organisation Loisirs-Jeunes, nous _____ : «Nous sommes _____ presque au maximum de nos capacités d'accueil et je _____ que cet été nous _____ obligés de refuser des inscriptions.» Donc, n'_____ pas ! Pour tout renseignement, _____-vous à la OIJ, téléphone : _____

25 📼 Dans les Hautes-Pyrénées

1 Faites un cercle autour de l'adjectif qui ne se trouve pas dans la publicité :

skiables - beaux - entières - agréables - intarissables - gratuit - superbe

2 Inventez une annonce publicitaire pour la radio, pour des vacances d'été, intitulé «Le long du littoral atlantique». Ça pourrait commencer par la phrase: «Si je vous dis «mer, plage, voile, détente...»». Enregistrez vos spots !

27 Plus-que-parfait

1 Rapportez par écrit ce que ces personnes ont dit.

Exemple : «J'ai déjà visité Paris» a-t-elle dit.
Elle a dit qu'elle avait déjà visité Paris.

1 «J'ai écrit la lettre avant de partir» a dit Pierre.
2 «Les ministres ont terminé leur réunion vers minuit» a annoncé le porte-parole du gouvernement.
3 «Le prisonnier s'est échappé en quittant la cour d'assises» a expliqué l'inspecteur.
4 «Les deux équipes se sont rencontrées plusieurs fois pendant la saison, mais il n'y a pas eu de résultat décisif» a constaté le manager.

2 Ecrivez les phrases ci-contre en remplaçant les verbes entre parenthèses avec une forme du passé composé ou du plus-que-parfait. Pour vous aider, dans les premières cinq phrases, les verbes marqués * sont au plus-que-parfait.

1 Avant de mourir à Londres, il (*vivre**) à Rome, à Paris et à Genève.
2 Il (*oublier*) que je lui (*raconter**) cette histoire au moins trois fois auparavant.
3 Je (*laisser**) le feu allumé sous les frites. C'est à cause de ça que l'incendie (*éclater*).
4 Je (*essayer**) de m'excuser auprès d'elle plusieurs fois mais elle (*ne jamais me pardonner*).
5 Elle (*dire*) qu'elle (*venir**) simplement pour dire bonjour.
6 Ses parents (*proposer*) de l'inviter, puis ils (*changer*) d'avis.
7 Ils (*passer*) trois ans en Afrique quand ils (*prendre*) la décision de rentrer en France.
8 Quand est-ce que tu (*découvrir*) que tu (*perdre*) ton porte-monnaie ?
9 Le bateau (*s'éloigner*) de trois kilomètres de la côte quand le vent (*se lever*).
10 Pourquoi tu (*ne rien me dire*) ? Si seulement je (*savoir*) !

28 📼 Mille et une manières de gagner du fric

Remplissez le tableau ci-dessous selon ce que disent les jeunes Canadiens.

Pour vous aider, voyez les idées écrites sous le tableau.

Nom	Boulot	Le pour ou le contre
José		
Pascal		
Karine		
Marc		
Manon		

Travailler ne laisse pas un moment de répit.
Le travail chasse l'ennui.
Travailler permet de gagner de l'argent.
Quand on travaille, on n'a plus de temps ni pour le repos ni pour les loisirs.
L'argent gagné en travaillant permet d'aider à payer des trucs importants comme les études.

L'argent gagné en travaillant peut devenir une drogue.
Le travail peut avoir un effet négatif sur les études.
Une fois qu'on a trouvé un travail, il est difficile de s'en absenter.
Une fois qu'on a accepté un travail, il est difficile de le quitter.
Il faut savoir doser les éléments de sa vie.

Choisissez tous un rôle différent.

Lisez la situation et les pensées du personnage choisi. Assurez-vous que vous comprenez bien les idées.

Préparez ce que vous allez dire dans ce «conseil de famille».

Préparez d'autres idées que vous allez ajouter. Quelques surprises, peut-être ?(N'oubliez pas de regarder **Pour communiquer** page 47.)

Pendant la discussion, n'ajoutez qu'une idée à la fois. Puis écoutez la réaction des autres avant de continuer et n'oubliez pas d'adapter ce que vous allez dire selon cette réaction !

La situation
A table, un dimanche de décembre, la famille Lapointe parle des projets pour les prochaines grandes vacances. C'est la mère qui parle la première…

Françoise Lapointe : la mère
Vous proposez la même chose que l'année dernière – toute la famille ira en location à Biarritz. Vous acceptez qu'un jour votre fille partira sans la famille mais vous ne voulez pas la laisser partir sans vous avant l'âge de 18 ans. Vous croyez que Jeanne et Marie-Louise sont, toutes les deux, trop jeunes. Vous essayez de les convaincre que ce serait mieux d'attendre encore deux ans avant de partir seules. Vous êtes triste que votre mari ne partage pas complètement votre opinion.

Hugues Lapointe : le père
Vous ne voulez pas retourner à Biarritz, préférant cette année aller sur la Côte d'Azur. De toute façon, la famille est obligée de prendre une décision aujourd'hui puisque vous devez prévenir demain votre patron au sujet des dates des vacances et vous devez réserver un appartement le plus tôt possible. Vous croyez aussi que 16 ans, c'est trop jeune pour partir seule mais vous acceptez que c'est bien l'âge où les jeunes doivent prendre plus de responsabilité et avoir plus de liberté. D'ailleurs, l'année dernière votre fille était presque insupportable. Vous avez confiance en votre fille mais vous en avez moins en sa copine. Vous ne voulez pas contredire votre femme mais vous ne voulez pas non plus passer, une fois de plus, des vacances désagréables.

Jeanne Lapointe : 16 ans
Vous ne voulez pas aller en vacances avec vos parents. L'année dernière, vous avez mal supporté la présence de grand-mère et de votre frère. Vous voulez partir faire du camping dans les Pyrénées avec votre copine Marie-Louise. Elle connaît la région et vous allez certainement bien vous amuser ensemble et faire de nouvelles connaissances… Vous croyez qu'à l'âge de 16 ans vous devriez avoir le droit de décider par vous-même de ce que vous voulez faire. Vous devez persuader vos parents de vous laisser partir avec Marie-Louise. Vous aurez assez d'argent de poche pour les vacances, mais vous serez obligée de leur demander de payer les frais de voyage.

Robert Lapointe : 14 ans
Vous voulez retourner à Biarritz. Vous avez des copains là-bas. Vous ne vous entendez pas très bien avec votre soeur. Quelquefois, elle vous traite comme si vous aviez seulement 10 ans. Cependant, si elle ne vient pas en vacances avec vous, peut-être que vous serez obligé de rester le soir avec grand'mère pendant que vos parents sortent. Quelle horreur ! Au moins, l'année dernière vous sortiez quelquefois avec votre soeur et ses copains. Et puis, vous trouvez Marie-Louise assez intéressante… Vous espérez également que vous pourrez partir seul dans un an ou deux.

Grand-mère Lapointe
Ce sera la dernière fois que vous irez en vacances avec la famille. Vous souffrez de la chaleur pendant l'été mais vous avez peur aussi de rester seule après la mort de votre mari il y a deux ans. Vous êtes plutôt étonnée que votre fils ne décide pas par lui-même, sans trop de discussion, de ce que la famille va faire. Selon vous, ce conseil de famille n'est pas nécessaire. Vous n'aimez pas Marie-Louise que vous trouvez «enfant gâtée» et qui a une mauvaise influence sur votre petite-fille. Vous pensez que la famille devrait passer des vacances ensemble et que Jeanne ne devrait pas partir sans les parents avant l'âge de 21 ans. Quand vous parlez, vous commencez presque toutes vos phrases par les mots : «Quand j'avais 16 ans…» ou «Quand j'étais jeune…», «Dans mon temps…» ou «Moi, à ton âge…»

Marie-Louise : 17 ans (fille des voisins)
Vous ne voulez vraiment pas assister à ce conseil de famille. Vous vous sentez gênée par la conversation. Vos parents vous ont laissée partir en vacances l'année dernière avec une autre copine et vous ne voyez aucun problème cette année. Vous serez très déçue si les parents de Jeanne ne la laisse pas vous accompagner. Vous essayez donc de les convaincre que vous êtes responsable et que vous serez «adulte». Vous savez que ce sera difficile.

Au point © Thomas Nelson & Sons Ltd 1994

29 Plan de rédaction

Quels sont les avantages et les inconvénients de mener des études et un travail de front ?

Il est très important d'organiser les arguments d'une rédaction logiquement ; cet exercice vous propose une méthode pour faire un plan.

Travaillez seul(e) ou à deux (négociez avec votre prof.).

Avec un programme de traitement de texte 🖥️
Ecrivez tous les avantages comme ils vous viennent à l'esprit.
Ordonnez les avantages en commençant par l'avantage le moins important et en finissant par le plus important.
Pour chaque avantage, trouvez un exemple qui illustre ce que vous voulez démontrer.
Faire la même chose pour les inconvénients.

Sans programme de traitement de texte ✎
Ecrivez chaque avantage sur un morceau de papier différent.
Classez les morceaux de papier en ordre d'importance.
Pour chaque avantage, trouvez un exemple qui illustre ce que vous voulez démontrer.
Faire la même chose pour les inconvénients.

Dans les deux cas :
Si vous voulez écrire une rédaction complète, pour chaque avantage et inconvénient, écrivez un paragraphe (voir **Au point** Chapitre 3, page 25).

30 «Avec des si et des mais, on mettrait Paris en bouteille.» (proverbe français)

Individuellement, complétez les phrases suivantes et ne les montrez à personne.
1   Si j'étais un fruit, je serais…
2   Si je parlais français, j'habiterais…
3   Si je pouvais faire un long voyage, j'irais…
4   Si j'étais célèbre, je…
5   Si j'avais beaucoup d'argent,…

Puis, travaillez avec un(e) partenaire. Essayez de deviner ce que votre partenaire a écrit en lui posant des questions.
Exemples :
Si tu étais un fruit, serais-tu une pomme ?
Si tu étais un fruit, serais-tu un pamplemousse ?

Vous pouvez inventer d'autres questions.

Exemple :
Si tu étais un moyen de transport serais-tu un…
Attention ! Ecoutez bien les réponses !

Travail individuel écrit de mémoire
Réalisez un collage représentant votre partenaire. Sous le collage, écrivez un paragraphe expliquant votre collage.
Exemple :
Voici mon partenaire… S'il était un fruit, il serait un kiwi, mais s'il était un moyen de transport, il préférerait être…

31 Pour que mes désirs deviennent réalité

Et s'il était possible de faire l'impossible pour vivre dans le meilleur des mondes possibles ?

Essayez de rectifier les injustices du monde en mariant les débuts et les fins de phrases. 🖥️

Inventez d'autres terminaisons pour au moins trois de ces phrases – au choix !

Débuts des phrases ....
1   Pour que les gens n'aient pas besoin de vitamines, il faudrait que/qu'…
2   Pour que tout le monde trouve à se loger, il faudrait que/qu'…
3   Pour qu'il y ait moins de chômage, il faudrait que/qu'…
4   Pour que les hommes gardent un peu de dignité, il faudrait que/qu'…
5   Pour que les chômeurs puissent trouver plus facilement du travail, il faudrait que/qu'…
6   Pour que les sans-abris ne meurent pas de froid, il faudrait que/qu'…
7   Pour que les associations humanitaires viennent mieux en aide aux sans-abris, il faudrait que/qu'…

.... **Fins des phrases**
a   … le travail soit mieux partagé.
b   … ils aient un domicile fixe.
c   … ils mangent équilibré.
d   … plus de places soient créées dans les refuges.
e   … les simples citoyens contribuent encore plus.
f   … ils puissent se payer le strict minimum.
g   … les loyers soient plus abordables.

32 En veux-tu ? En voilà !

1 De quoi s'agit-il ?
Décidez de quels objets il est question. Les réponses sont dans le texte page 60.
Commencez toutes vos réponses par *du*, *de la*, *de l'* ou *des* ou un chiffre !

Exemple :
Les pays riches et les pays pauvres en ont.
Des matières premières.

1 La Colombie en produit.
2 La Guinée en a dans son sous-sol.
3 Certains pays du Tiers-Monde en acceptent.
4 On aurait pu en acheter en Thaïlande.
5 Le Niger en reçoit plus qu'il n'en a besoin.

2 Qui en a ?
Inventez des définitions pour les mots suivants.
Servez-vous du texte page 60 pour vous aider et utilisez *en* dans vos définitions.

Exemple :
des matières premières
Les pays pauvres en ont.

1 du cacao
2 des excédents de riz
3 de l'aide humanitaire
4 des débouchés commerciaux

Inventez d'autres définitions en vous servant du texte ou de votre imagination. Demandez à un(e) partenaire de les résoudre oralement ou par écrit.

33 Le bon registre ?

1 Le reconnaissez-vous ?
Regardez les descriptions des registres de langue page 62. Décidez, pour chaque phrase, de quel registre de langue il s'agit :
la langue écrite (= LE)
la langue parlée correcte (= LPC)
la langue parlée familière (= LPF)
la langue argotique (= LA)

1 a Donne-moi de l'argent, s'il te plaît.
   b Peux-tu me passer de l'argent ?
   c Tu peux me filer des sous ?
   d Aboule le flouze !
2 a Il ne me restait plus d'argent.
   b I' m' restait pus d' biffeton.
   c J'avais plus un rond.
   d Je n'avais plus de sous.
3 a Il est plein aux as.
   b Il est extrêmement riche.
   c Il a beaucoup d'argent.
   d Il a pas mal de pognon.

2 Le trouvez-vous ?
Dans les phrases ci-dessus, trouvez les mots qui correspondent aux définitions suivantes :
   (*fam.*) donner (*deux mots*)
   (*arg.*) donner
   (*fam.*) beaucoup

Voici quelques autres mots familiers ou argotiques :

bouquin	(*n.m. fam.*)	livre
illico	(*très fam.*)	immédiatement
pinard	(*n.m. fam*)	vin
se ramener	(*fam.*)	venir
savourer		boire ou manger en appréciant
siffler	(*fam.*)	boire d'un trait
siroter	(*fam.*)	boire doucement
tintin	(*très fam.*)	rien

Au brouillon, notez la manière dont vous exprimeriez les idées suivantes selon la langue indiquée (même code que pour l'exercice précédent).

1 Demandez un livre. (LPF)
2 Demandez à un copain de venir très vite. (LA)
3 Dites que votre copain a bu un verre de vin en le dégustant. (LE)
4 Dites que votre sœur n'a pas eu de cadeaux pour son anniversaire. (LPC)
5 Dites qu'un clochard a pris un verre de mauvais vin rouge très très vite. (LA)

Comparez vos phrases avec celles de vos camarades de classe. Discutez-en et ajustez vos phrases au besoin.

Enregistrez-les sur une cassette et donnez-les à votre prof ou à votre assistant(e) pour leurs commentaires.

Au point © Thomas Nelson & Sons Ltd 1994

La pratique de la religion en France

Lisez le texte ci-contre et complétez les phrases en utilisant les expressions du comparatif :

plus ... que ; moins ... que ; si ... que ; ne pas si ... que ; de plus en plus ; de moins en moins

a   Il y a _____ de musulmans en France _____ de catholiques.

b   Il y a de _____ en _____ de catholiques dans la population française.

c   Par contre, il y a de _____ en _____ de musulmans.

d   Les catholiques sont beaucoup _____ nombreux _____ les protestants.

e   Il y a _____ de juifs _____ de protestants.

f   Les jeunes de 20 ans ne sont pas _____ pratiquants _____ les gens de 40 ans.

g   Les jeunes sont certainement _____ pratiquants _____ les personnes âgées.

h   Les églises ne sont pas _____ fréquentées _____ autrefois.

> 80% des Français se disent catholiques. La proportion de catholiques dans la population française est très élevée (à peu près 80% des Français se déclarent catholiques) mais elle est en diminution régulière. Le nombre des musulmans s'est au contraire accru de sorte que l'Islam est aujourd'hui la seconde religion en France, devant le protestantisme et le judaïsme. La pratique régulière de la religion catholique augmente avec l'âge : elle concerne 5% des 18–24 ans, 7% des 25–34 ans, 12% des 35–49 ans, 18% des 50–64 ans, 26% des 65 ans et plus. Il faut noter cependant que si la fréquentation des églises diminue, les Français continuent largement à s'y rendre lors des moments importants de la vie : naissance, mariage, décès.

📼 **Qu'y a-t-il après ?**

Ecoutez la chanson et complétez cette transcription, en utilisant les mots suivants :

yeux	chemin
silences	temps
cœurs	mots
rires	couleur
amours	chemins
secrets	éternité
rêves	larmes
univers	souvenirs
bonheurs	choses
ailleurs	regrets
après	infini
âmes	amis
visages	toujours
ciel	jamais
pas	enfer

Travail de groupe : croyez-vous que cette chanson est uniquement une chanson d'amour ?

Qu'y a-t-il après quand nos _____ ont disparu

Quand nos _____ ne battent plus près de ceux qu'on aime ?

Si nos _____ se diluent dans l'_____

Qu'en est-il de nos _____ et nos _____ ?

Quand je m'en irai pour _____ ou pour _____

J'aurai si peur de n'y trouver que des _____

Je cherche déjà les _____ d'_____

Qui pourront guider mes _____ pour te trouver.

Qu'advient-il de nous quand nos _____ se sont fermés

Sur tous ceux qu'on va laisser terminer nos _____ ?

Au bout du _____, si le _____ n'existe pas

Où s'en vont tous les _____ d'autrefois ?

Quand je m'en irai pour _____ ou pour _____

Je voudrais tant te dire encore que je t'aimais.

Si les _____ parfois sont trop lourds au fond du coeur

Les _____ ont la _____ de nos _____.

Il me reste encore tant de _____ et tant de _____

Tant de _____ à découvrir des _____ à vivre

S'il fallait partir moi mon _____ ou mon _____

Ce serait de te chercher dans l'_____.

36 Indicatif ou subjonctif ?

Complétez ces phrases en utilisant les verbes ci-dessous.

Verbes à mettre au subjonctif : avoir – être – faire – pouvoir – savoir

Verbes à l'indicatif : arrive – danse – dis – peut – suis – suis sortie

a Je ne _____ pas que les concerts de rock _____ une influence négative sur les jeunes.

b Bien qu'il _____ noir pendant les spectacles, on _____ facilement à tout voir à cause du jeu de lumières des projecteurs.

c Je _____ en boîte plusieurs fois sans que mes parents le _____.

d On ne _____ pas dire que la musique rock _____ beaucoup appréciée par les gens de votre âge.

e Le chanteur _____ de façon que les jeunes filles _____ excitées.

f Bien qu'on _____ interpréter le rock comme quelque chose de sacré, moi, personnellement, je n'en _____ pas convaincu.

37 La séquence des idées

L'article *Rock et sacré* a une structure très logique. La division en cinq paragraphes facilite déjà la compréhension et la séquence des idées. Mais il y a aussi une structure interne qui révèle plus précisément l'évolution des pensées de l'auteur. En remplissant le schéma ci-contre, vous la découvrirez.

(Premier paragraphe)
a le point de vue adopté au début _____
b l'hypothèse principale _____
c combien d'éléments ? _____
(Deuxième paragraphe)
d premier élément (deux manifestations) _____
e premier élément – première manifestation _____
f deux exemples _____
g premier élément – deuxième manifestation _____
h trois exemples _____
i deuxième partie – trois exemples _____
j conclusion initiale _____
(Troisième paragraphe)
k deuxième élément (deux effets) _____
l explication du premier effet _____
m exemples du deuxième effet (hier et aujourd'hui) _____
(Quatrième paragraphe)
n troisième élément (un phénomène) _____
o perception des fans _____
p exemples de l'ambivalence et l'ambiguïté _____
q exemple de l'influence négative _____
(Cinquième paragraphe)
r conclusion : la question posée _____
s la réponse _____
t le problème qui reste _____

38 🔲 Il faut que ce soit

Complétez ces phrases en choisissant la forme du verbe au subjonctif qui convient dans chaque cas.

a Il faut qu'une chanson _____ du style. (*ait, aient*)

b Il faut que les chanteurs _____ un message dans leurs chansons. (*mette, mettent*)

c Il faut que les chansons _____ d'abord des chansons. (*soit, soient*)

d Il faut que les gens _____ l'occasion d'écouter de bonnes chansons. (*ait, aient*)

e Il faut que tout le monde _____ réfléchir. (*puisse, puissent*)

f Il faut que les artistes _____ ce qu'ils ont dans leur tête. (*explique, expliquent*)

39 Verbe, temps, accords

Ecrivez ces phrases en remplissant les trous avec les verbes entre parenthèses au passif et au temps correct. Attention aux accords !

Exemple :

Le recyclage ...... de plus en plus ...... (*répandre – présent*)

Le recyclage est de plus en plus répandu.

a L'eau ...... souvent ...... (*contaminer – présent*)

b En Afrique, après être allées chercher de l'eau, les femmes ...... (*épuiser – imparfait*)

c Les forêts amazoniennes ...... (*détruire – passé composé*)

d Les puits ...... par l'ONU. (*payer – futur*)

e Les crayons de combustible ...... dans les usines de retraitement en secret. (*transférer – conditionnel*)

f Les voitures ...... à la Rochelle. (*interdire – futur immédiat*)

40 Le cycle naturel de l'eau

1 Utilisez le diagramme et les verbes ci-dessous (au passif !) pour remplir les trous dans le passage. Si le passage vous semble un peu lourd, changez la forme des verbes (voir page 102).

Attention ! Les verbes ne sont pas dans l'ordre correct !

Utilisez ▣ pour plus de facilité !

**absorber infiltrer collecter
condenser évaporer (x2)
gonfler produire (x2)**

Tout commence par l'évaporation. Celle-ci (**1**)_____ par l'action de la chaleur du soleil. L'eau (**2**)_____ de la surface des mers, des océans et aussi de la terre ainsi que de la transpiration des plantes et des animaux.

Toute cette vapeur monte vers le ciel et, à cause de la diminution de température, la vapeur (**3**)_____ en de très fines gouttelettes qui forment des nuages. Trois cent milles tonnes d'eau (**4**)_____ dans un seul gros nuage. Lorsque ces gouttelettes se réunissent en gouttes plus grosses, elles ne peuvent rester en suspension dans l'air. Des précipitations (**5**)_____ alors, pluies, neige ou grêle selon la température qu'il fait.

Une partie de ces précipitations retombe directement dans la mer. Un cinquième à peu près retombe sur la terre. Là, 15% (**6**)_____ directement pendant l'écoulement ; 37% (**7**)_____ par la végétation. Le reste (**8**)_____ dans les nappes phréatiques. Les lacs, les fleuves et les rivières (**9**)_____ aussi. En fin de cycle, l'eau retourne dans les mers via les fleuves ou des voies d'eau souterraines.

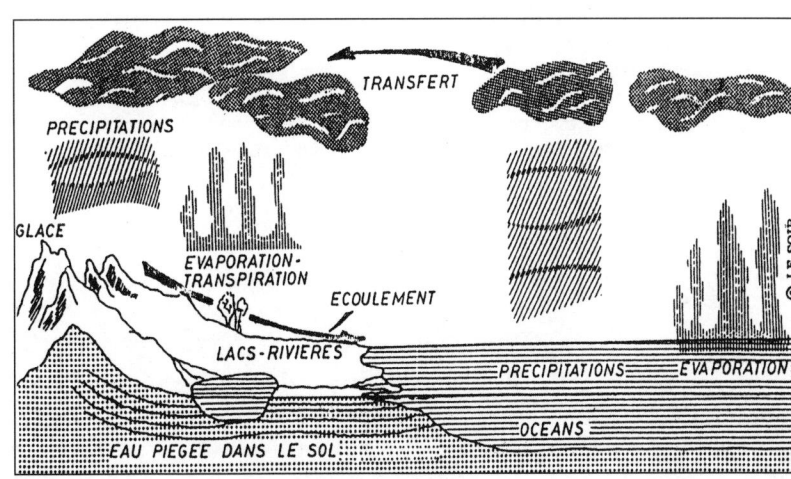

2 Travail oral à deux :
Sans regarder le passage, mais en regardant le diagramme, essayez d'expliquer le cycle de l'eau à votre partenaire.

41 Passivement invisible

1 Ecrivez les mots à l'intérieur des phrases suivantes dans l'ordre correct, décidez si les phrases obtenues sont au passif ou pas et écrivez leur équivalent en anglais et au passif. ■

1 acides abîmées les les sont pluies forêts par.
2 dans est de eaux il les déverser rivières défendu des polluées.
3 souterraine la polluants rencontre nappe des dans on agents.
4 a aux d'adopter demandé des engrais fermiers nitrate on sans.
5 aux couche d'ozone épaisse est la moins on pense pôles que.

2 Traduisez en français :

1 It can easily be done.
2 The Indians are said to be very ill.
3 I have been asked to speak on this.
4 Children have been told to use recycled paper.
5 Using nitrates should be forbidden.
6 Dangerous chemicals are to be found in nature.
7 I was phoned late last night.
8 It is advisable to be careful.

42 🔊 Je connais trop bien le problème

1 Ecoutez cette femme qui souffre du bruit et décidez lesquelles des affirmations sont vraies.

1 Cette femme habite
  A Bordeaux depuis 3 ans.
  B Bordeaux depuis 5 ans.
  C La Rochelle depuis 3 ans.
  D La Rochelle depuis 5 ans.

2 C'est une ville…
  A qui n'a pas beaucoup de caractère.
  B qui n'a aucun charme, aucune âme.
  C très bien pour les touristes.
  D où il y fait bon vivre.

3 Le bruit dont elle souffre est provoqué par
  A la circulation intense.
  B les touristes l'été.
  C les avions toute la nuit.
  D une boîte de nuit ou un restaurant.

4 Elle habite dans
  A une maison sans étage.
  B un appartement.
  C une villa.
  D une ferme.

5 La nuisance causée par le bruit a des répercussions sur
  A sa santé.
  B son moral.
  C son mariage.
  D son équilibre mental.

6 Il y a des fois où elle doit
  A taper au plafond.
  B descendre protester.
  C téléphoner à la police.
  D appeler le docteur.

7 Quand elle a une attaque, ses troubles
  A ressemblent à une crise cardiaque.
  B ressemblent à une crise d'épilepsie.
  C la rendent inconsciente.
  D durent trois-quarts d'heure.

2 Faites un résumé en anglais de ce témoignage.

43 Comparatif/superlatif

1 **Bon travail ! Tu as bien travaillé !**
Complétez les phrases en choisissant entre les différentes formes de bon et bien. Pour vous aider, consultez le tableau page 106.

a Nous comprenons_____ les pollutions diverses ; beaucoup _____ maintenant qu'il y a dix ans.

b Il y a peut-être les_____ moyens d'améliorer la situation. Il faut continuer sur le_____ chemin.

c Il faudrait_____ sélectionner les déchets, mais le_____ serait de réduire le volume de nos déchets.

d Une_____ récupération de ce qu'on jette est nécessaire, mais il faut trouver une_____ façon d'instruire le public.

e Il y a de_____ initiatives.

2 **Ne faites pas de mauvais travail ! Ne travaillez pas mal !**
Maintenant choisissez entre les différentes formes de mauvais, mal et pire. Le tableau est encore page 106.

a Les bouteilles en plastique sur les plages sont dangereuses mais le goudron est_____ .

b Un des plus_____ gaz est le monoxyde de carbone émis par les tuyaux d'échappement et, ce qui est_____, par des cheminées.

c On accepte_____ la nécessité de grands bâtiments industriels près de chez soi.

d Je supporte_____ les ordures ménagères dans les rues et les poubelles débordantes, c'est_____ .

e Est-ce que le fait de construire encore des autoroutes est une _____ chose?

44 L'écologie par écrit

1 Je proteste
Ecrivez une lettre à un magazine écologique. Quel est le thème principal de votre lettre ? Pourquoi vous sentez-vous si outragé(e) ? Pourquoi ne pas employer un comparatif ou un superlatif et une ligne ironique ?

2 Thème
Traduisez en français le texte ci-contre, en utilisant le passage *Les risques majeurs* (pages 104–105) pour vous aider.

> The world's most serious problem is global warming caused by gases such as carbon dioxide. Many scientists believe that the earth's surface temperature is increasing. If the temperature were to increase by two to seven degrees, according to some researchers, sea levels would increase and some towns would be swallowed up. Ecologists, scientists, and politicians must find the best solutions as quickly as possible.

45 Objectif pollution zéro

Répondez aux questions suivantes :
1 De quelle rivière s'agit-il ?
2 Quelle fonction remplissait Jacques Chirac à cette époque ?
3 Ecrivez les dates des événements suivants :
   a Première promesse de M. Chirac aux Parisiens.
   b Lancement de l'opération «rivière propre».
   c Deuxième promesse de M. Chirac aux Parisiens.
   d Quais de Paris inondés et mort de tonnes de poissons.
   e Vote du budget par le Conseil Général d'Ile-de-France.
   f Aboutissement de l'opération pollution zéro.
4 Combien ont coûté les stations d'épuration d'Archères et de Valenton ?
5 Que représente 85% ?
6 A combien s'élève le budget voté en 1992 ?

46 📼 La falaise menacée

Voici les arguments présentés par certains habitants de Criel-sur-Mer. Triez-les en deux catégories :
– pour l'estuaire et contre la digue
– pour la digue et contre l'estuaire.

1 Les galets protègent la falaise.
2 Les courants ne sont pas assez forts pour les transporter.
3 Les deux versants seront coupés l'un de l'autre.
4 Les galets ont disparu de la plage.
5 Chaque reconstruction de la route équivaut à une lutte contre la mer.
6 Les campings seront loin des magasins.
7 Les jetées et les ports en sont la cause.
8 Les déchets s'accumuleront sur les rives.
9 La mer sera assagie.
10 L'érosion se trouvera très réduite.

47 A la tienne, Etienne !

Travail oral : imaginez que deux copains ou deux copines (**A** et **B**) se parlent. **A** est très fier ou fière de tout ce qui a une relation avec sa famille. Mais à chaque fois **B** affirme que tout ce qui a une relation avec sa famille à lui est encore mieux.

Exemples :
Je – poste de télé – grand
A : Je viens d'acheter un grand poste de télé pour ma chambre.
B : Le mien est encore plus grand.

Sœur – petit chien – gentil
B : Ma sœur a adopté un gentil petit chien.
A : La mienne aussi ! Et le sien est encore plus gentil.

a   Je – magazine – passionnant
b   Mon copain – voiture – rapide
c   Mes parents – voyage – excitant
d   Copain et moi – film – embêtant

Imaginez au moins six autres situations. Alternez les rôles de **A** et **B**.

Ecrivez le scénario d'une très courte farce pour la télé où un des personnages pense que tout ce qu'il a est le mieux.

49 💾 La «Une» d'un journal

Logiciel : par exemple, *Front Page Europe*, ou un programme de traitement de texte ou de micro-édition.
Style journalistique : presse sérieuse ou presse à sensation ? Trouvez des exemples pour vous inspirer.
Nom du journal : décidez vous-mêmes !
Date : celle d'aujourd'hui
Prix : attention ! Trouvez un ou deux quotidiens de pays francophones pour vous donner un ordre d'idée.

Manchette à la une : pensez à la nouvelle qui, pour vous, est la plus importante aujourd'hui dans le monde. Gardez-en l'idée principale.
Préambule : donnez les détails importants : Qui ? Quoi ? Quand ? Où ? Comment ? Pourquoi ?
Colonnes : ecrivez deux colonnes de dix à quinze lignes chacune pour donner les détails de moindre importance. Vous pouvez ajouter des **sous-titres**.

Finissez par une **illustration** appropriée.

Au point © Thomas Nelson & Sons Ltd 1994

48 📼 Les problèmes de la presse écrite

Serge July est le fondateur du quotidien français *Libération*. Observateur privilégié des problèmes de la presse quotidienne, il répond aux questions d'un reporter du quotidien belge, *Le Soir*.

Utilisez les informations données dans l'interview pour vous aider à marier les fins des phrases aux débuts, qui sont donnés dans l'ordre correct.

Débuts des phrases ....

a La France...

b La France...

c La Grande Bretagne...

d En Grande Bretagne, les magazines...

e En France, les journaux nationaux...

f En France, les journaux nationaux...

g En France, la presse locale...

h En France, la télévision...

i Au Japon, la télévision...

j En France, les quotidiens...

k En France, les jeunes...

l Pour attirer plus de lecteurs, certains quotidiens...

m Pour attirer les jeunes, les journaux...

....Fins des phrases

i ... produit beaucoup de journaux mais peu de magazines.

ii ... encourage les gens à lire.

iii ... doivent leur présenter des articles qui reflètent leur culture.

iv ... n'empêche pas la presse de se développer.

v ... est le pays du monde qui lit le plus de magazines.

vi ... ressemblent aux quotidiens.

vii ... est le deuxième producteur de magazines au monde.

viii ... économisent pour acheter des magazines.

ix ... subissent toujours l'influence de mouvement qui ont vu le jour vers la fin de la deuxième guerre mondiale.

x ... imitent les techniques des journaux télévisés.

xi ... coûtent deux fois trop cher.

xii ... sont trop influencés par la politique.

xiii ... est moins influencée que la presse nationale.

51 Les messages cachés

Certaines des phrases concrètes du texte cachent des concepts plus abstraits.

Mariez les phrases concrètes avec les concepts qu'elles cachent.

Phrases

a La télé-poubelle ou le voyeurisme.

b N'est-ce pas donner trop d'espoir à des êtres moins trempés ?

c Ceux qui verront leur image ternie à leurs propres yeux.

d L'ennui c'est que les personnes retrouvées ne sont pas toujours heureuses de l'être.

e Variétés et sempiternelles chansons.

f Mais ne vaudrait-il pas mieux un peu de rêve plutôt que la réalité toute crue ?

Concepts

i La télévision risque de donner de fausses espérances à des personnes moins fortes et de les décevoir.

ii Il faut continuer à nourrir l'imagination.

iii En voulant faire du bien, on risque de faire encore plus de mal.

iv Il faut un plus grand choix d'émissions.

v Certaines personnes risquent de perdre encore plus confiance en elles-mêmes.

vi La télévision expose des faits ou des sentiments pas toujours beaux à voir.

50   Jeu des devinettes

Remplissez les trous avec un des pronoms relatifs présentés page 114 ; puis devinez le moyen d'information dont il s'agit. Notez la lettre de la phrase qui vous permet de deviner.

Maintenant, à votre tour, préparez des devinettes pleines de pronoms relatifs que vous poserez par écrit ou oralement – au choix – à vos camarades de classe.

Cette fois-ci, ce ne sont plus des devinettes sur les médias, mais des devinettes sur les titres d'émissions de télé à la mode dans votre pays.

N'oubliez pas que les définitions par lesquelles vous commencerez chaque devinette seront les plus difficiles. Le gagnant sera celui ou celle qui aura collé le plus de personnes de la classe.

Première devinette

a _____ _____ il s'agit est un moyen d'information moderne.

b C'est un moyen d'information _____ beaucoup de personnes sont dépendantes pour se tenir au courant de l'actualité.

c C'est un moyen d'information avec _____ les enfants ont une relation suivie.

d _____ _____ _____ je pense se trouve dans la plupart des salons aussi bien en Grande Bretagne qu'en France.

Solution : ....

Deuxième devinette

a _____ _____ il s'agit maintenant est un autre moyen d'information.

b C'est un moyen d'information sans _____ les hommes d'affaires britanniques auraient du mal à savoir ce _____ se passe.

c _____ _____ ce moyen d'information apporte, ce sont des nouvelles fraîches de la bourse.

d C'est un moyen d'information _____ les pages sont grandes.

Solution : ....

Troisième devinette

a _____ _____ _____ je pense est encore un moyen d'information.

b _____ _____ il est question offre une grande variété de choix.

c C'est un média _____ permet de se tenir au courant des dernières nouvelles aussi bien que des dernières nouveautés musicales.

d C'est un moyen d'information _____ beaucoup de personnes savourent en prenant leur petit déjeuner.

Solution : ....

52   🎞 Analyse des spécialistes

De quoi s'agit-il ? De la télé, de la radio ou/et de la presse écrite ?

Ecoutez la discussion radiophonique et attribuez un, deux ou trois médias aux descriptions ci-contre.

1 40% la croient.

2 Le journaliste y présente l'information de manière neutre.

3 Une opinion politique s'y exprime.

4 On peut truquer ce qui est montré.

5 Donne le temps de réfléchir.

6 Le moyen d'information privilégié des jeunes.

7 Les parents lui donnent une importance toute particulière à l'heure des informations.

8 Puise ses sources d'informations aux Agences France-Presse, Reuter et Associated Press, par exemple.

9 A accepté l'information au sujet du charnier de Timisoara sans la vérifier correctement.

10 Sert de source d'informations à d'autres médias.

1 Première partie – Etude générale

Individuellement, regardez de près deux ou trois titres de magazines différents et portez les résultats de vos observations dans le tableau.

Titre du magazine			
Nombre total de pages			
Nombre de pages consacrées à la publicité			
Types de pubs (Nombre de pages par catégorie)			
photo			
illustration			
texte			
noir et blanc			
couleur			
Types de produits (Nombre de pages par catégorie)			
produits alimentaires			
produits de beauté			
produits de santé			
immobilier			
modes de transport			
autres produits :			
Selon vous, à qui s'adresse le magazine ?			

2 Deuxième partie – Etude de détail

Regardez une des publicités de plus près. Pour chaque section, cochez les cases qui correspondent à ce que vous remarquez ou à l'impression que vous avez.

Quand vous avez fini, tirez les conclusions qui s'imposent.

Exemple :

Les réclames de lessive représentent souvent des femmes avec un partenaire et des enfants. Ces femmes se trouvent en général dans la cuisine ; elles sont jeunes, jolies, heureuses, elles ont la peau blanche et ne sont pas handicapées physiquement.

Produit pour lequel on fait de la publicité : _____

Les êtres humains qui apparaissent dans la publicité sont :

☐ essentiels	☐ utiles	☐ inutiles
☐ gros	☐ minces	☐ maigres
☐ en forme	☐ fatigués	☐ maladifs
☐ souriants	☐ énigmatiques	☐ grincheux
☐ attirants	☐ repoussants	
☐ heureux	☐ malheureux	
☐ jeunes	☐ entre deux âges	☐ vieux
☐ bien équilibrés	☐ mal équilibrés	
☐ léthargiques	☐ énergiques	
☐ ordinaires	☐ extraordinaires	
☐ différents de moi	☐ comme moi	
☐ des hommes	☐ des femmes	☐ des enfants
☐ blancs	☐ de couleur	
☐ portent des lunettes	☐ sans lunettes	
☐ pas handicapés	☐ handicapés	

Le produit dont on fait la réclame semble :

☐ inutile	☐ utile	☐ indispensable

Si on utilise ce produit :

— on va se sentir…

☐ mal	☐ bien	☐ mieux

— la vie va…

☐ se détériorer	☐ rester la même	☐ s'améliorer

— on va être…

☐ plus heureux	☐ moins heureux	☐ ni plus ni moins heureux

54 ▭ MCM

Voici quelques caractéristiques de publicités. Vérifiez le sens des mots et expressions que vous ne comprenez pas avant d'écouter la cassette et de faire l'exercice 5 page 119.

i **des images**
– attirantes
– bien composées
– colorées
– amusantes/rigolotes
– provocantes

– qui ont un rapport direct avec le produit
– qui cernent bien le produit
– qui n'ont absolument rien à voir avec le produit

ii **un texte**
– court ou long
– neutre
– qui ne saute pas aux yeux
– qui s'intègre bien dans la composition
– qui tranche avec le reste de la page

– qui décrit bien le produit
– qui s'adresse directement au lecteur
– qui interpelle le lecteur
– qui raconte une histoire
– qui sait être humoristique

iii **le texte et l'image**
– sont superposés
– sont bien séparés
– se complètent
– s'opposent

55 ▭ Un métier moins traditionnel

Sans écouter la cassette, essayez de compléter les phrases suivantes. Puis, écoutez la cassette pour vérifier vos réponses.

Marie-Christine Primault

a Jusqu'à un âge très avancé, elle ne savait pas q_____ m_____ c_____ .
b Au lycée, elle était bonne en m_____ .
c Elle a été encouragée par s____ p_____ et s____ p_____ .
d Elle s'est retrouvée en fac parce qu'elle n'avait pas été admise e__ c_____ p_____ .
e Pendant ses études supérieures, elle a pu r_____ à s____ a_____ .
f En 1986 elle a présenté sa t_____ d__ d_____ .
g A la maison, elle s'organise c_____ e_____ p_____ .
h Quelquefois, elle se sent l_____

d_____ .
i Elle croit que la recherche est un m_____ o_____, s_____ p_____ .

Jérôme Joubert

a Le BTS est une f_____ p_____ c_____ .
b Jérôme trouve que le programme est a_____ c_____ .
c En plus des langues, il apprend la g_____, le d_____ et le s_____ .
d Il a fait deux s_____ en e_____ .
e Il voulait toujours faire quelque chose qui s_____ de l'_____ .
f Il croit qu'il a besoin d'être e_____ .
g Il a déjà commencé à chercher du travail d___ l_____ p_____ a_____ .
h S'il ne trouve pas de travail en France, il p_____ f_____ a_____ à l_____ .

57 La plupart etc.

Complétez les affirmations suivantes. Servez-vous des verbes encadrés ci-dessous. Tous les verbes sont au présent.

a La plupart des gens qui_____ à des mouvements antiracistes _____ des étudiants.
b Trop de gens _____ qu'ils ne _____ rien faire pour améliorer la situation des immigrés.
c Tant de difficultés _____ du fait que les municipalités ne _____ pas comment réagir.

d Combien de problèmes qui se _____ actuellement à la société française _____ encore pire à cause du traitement exagéré des médias ?
e La plupart du secteur ouvrier _____ pendant cette crise économique.
f Il faut profiter du peu de temps qui _____ avant les élections pour changer les attitudes.

savoir - devenir - provenir - dire - pouvoir - poser - souffrir - être - rester - participer

56 Offre d'emploi

a Lisez l'offre d'emploi ci-contre. Quelles sont vos réactions, vos impressions ? Trouvez au moins trois raisons pour lesquelles Jérôme Joubert ne pourrait pas être accepté pour ce poste.

b Cherchez, dans des journaux et des magazines de langue française, d'autres offres d'emploi et étudiez le langage, la nature du travail et les suppositions là-dedans. Ecrivez un paragraphe (100 mots) pour présenter vos conclusions.

> Si douée d'une douce fermeté... vous savez être l'ORGANIZER d'un BOSS qui vit à 200 à l'heure... alors, VOUS ÊTES NOTRE FUTURE
>
> # ASSISTANTE
> ## DU DIRECTEUR D'EXPLOITATION
>
> **Vous avez :** une forte personnalité,
> - 25/35 ans,
> - Bac + 3 et une expérience d'assistante opérationnelle,
> - Au moins l'anglais courant, l'allemand souhaité,
> - Connaissance de l'univers vidéo non indispensable, mais une curiosité et une volonté d'adaptation naturelle.
>
> **Votre mission :** pendant 8 heures efficaces, et plutôt matinale, vous GEREZ le temps de votre BOSS. Avec une forte diplomatie téléphonique, vous savez protéger son temps. Capable de veiller aux relances at de résister au stress interne et externe vous devenez «l'homme de confiance», l'interlocuteur obligatoire. Vous êtes vigilante et tenace.
>
> **Nous vous offrons :** une vraie responsabilité - une évolution de carrière à terme - un job impliquant et passionnant - une ambiance de travail moderne et exigeante - une branche d'activité en plein développement - un salaire motivant.

58 🔊 Le racisme à Moscou

Pendant l'émission radiophonique *Là-bas, si j'y suis*, l'interviewer a rencontré deux jeunes Africains qui faisaient leurs études à l'Université de Moscou. Ils lui ont décrit quelques-unes de leurs expériences du racisme. Ecoutez la conversation et mettez les affirmations suivantes dans l'ordre du texte.

a Il y a des groupes de jeunes qui marchent dans les rues pour les trouver et les attaquer.

b Les Africains sont accusés d'avoir amené des maladies d'Afrique.

c Les Noirs doivent faire face à des actes racistes tous les jours.

d Un docteur a conseillé aux jeunes filles de ne pas sortir avec des étrangers.

e C'est une question qui diminue et énerve le Moscovite raciste.

f Ils ne font plus cas des injures qui leur sont destinées.

g Demandez à un Moscovite blanc s'il est aussi blanc qu'un blanc de l'ouest.

h Un étranger arrivant à Moscou doit subir des analyses médicales.

60 🔊 Intérêt politique

Ecoutez encore *Interview avec des jeunes* (page 134).

Choisissez un logiciel qui vous permette de faire des graphiques. Faites un camembert représentant l'intérêt à la politique parmi les jeunes Français en vous servant de ce que vous venez d'entendre et des données suivantes :

pas du tout	ne sait pas	peu	beaucoup	assez
35%	34%	23%	7%	1%

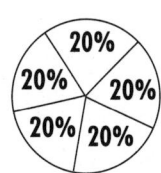

Contenu

1 Est-ce que votre rédaction a :
- [ ] un plan rigoureux
- [ ] une introduction
- [ ] un développement logique des idées
- [ ] une conclusion

2 Quelques-uns des éléments suivants figurent-ils dans votre rédaction ?
- [ ] Des questions résumant la rédaction figurent dans l'introduction.
- [ ] Des objectifs :
  - *Il s'agit donc de...*
  - *La discussion portera donc sur...*
- [ ] Une perspective historique :
  - *D'un point de vue historique ce phénomène n'a rien de nouveau...*
  - *N'oublions pas que déjà au XIXème siècle...*
  - *A travers les siècles*
- [ ] Des exemples concrets :
  - *par exemple...*
  - *comme...*
  - *d'autres exemples, tels que...*
- [ ] Des statistiques (Voir page 5 et **3**.)
- [ ] Une ou deux questions rhétoriques (Voir pages 34 et 117.)
- [ ] Une prédiction pour l'avenir :
  - *Il se peut que...*
  - *Il est possible que...*
  - *Peut-être dans un avenir plus ou moins proche...*
- [ ] Un avis personnel :
  - *A mon avis...*
  - *Il me semble que...*
- [ ] Les raisons pour lesquelles vous émettez cet avis. (Voir page 131.)
- [ ] Des citations :
  - *selon* (+ nom de l'auteur)...
  - *comme le dit* (+ nom de l'auteur)...
  - *comme le rapporte* (+ nom de l'auteur)...

3 Vérifiez que votre rédaction :
- [ ] a le nombre correct de mots
- [ ] a des paragraphes bien déterminés
- [ ] se rapporte au sujet donné
- [ ] a repris tous les points du sujet donné
- [ ] n'a pas seulement énoncé des problèmes et des idées mais les a analysés, exploités à fond et les a appuyés de bons exemples
- [ ] exprime une ou deux idées originales.

Langue

1 Vocabulaire
- [ ] Avez-vous utilisé des synonymes pour éviter de répéter certains mots ?
  Par exemple : *problème → question*
  être → consister en
  important → prédominant
- [ ] Avez-vous utilisé un registre de langue qui convient au sujet : langue formelle au lieu de langue parlée.
  Evitez : *Tiens ! Faut que j'y réfléchisse un peu.*
  Utilisez : *C'est une vaste question qui pourrait être développée dans plusieurs directions.*

2 Grammaire
Avez-vous démontré que vous savez utiliser :
- [ ] des adverbes
- [ ] des conjonctions
- [ ] des pronoms relatifs
- [ ] le passif
- [ ] une variété de temps dontle subjonctif
- [ ] des structures de phrases plus complexes *qui, que, si, avec lequel,* etc.

3 N'oubliez pas
- Ne partez pas de l'anglais : ne traduisez pas !
- N'utilisez que des mots et des expressions que vous maîtrisez bien.

4 Corrections
Lisez votre rédaction à haute voix plusieurs fois. A chaque fois, concentrez votre attention sur une ou deux des raisons pour lesquelles vous faites des fautes.
- [ ] ordre des mots
- [x] verbes
  - [ ] réguliers/irréguliers
  - [ ] accord sujet-verbe (attention à *qui* !)
  - [ ] temps du verbe
  - [ ] présent = un seul verbe
  - [ ] passé composé avec *être/avoir*
  - [ ] accord après *être/avoir* (attention à *que* et *le, la, les, l'* devant le verbe !)
  - [ ] concordance des temps
  - [ ] préposition ou verbe + infinitif
- [ ] genre des noms
- [x] accords article, nom, adjectif
  - [ ] genre (masculin/féminin)
  - [ ] nombre (singulier/pluriel)
- [ ] *qui/que*
- [ ] la position des mots qui marquent la négation

Au point © Thomas Nelson & Sons Ltd 1994

Et chez vous ?

Faites des recherches sur le système politique de votre pays et expliquez-le à un(e) Français(e).

Voici des rensignements sur le système britannique.

Le vocabulaire utile :
election campaign = campagne électorale
a party leader = un chef de parti
upper house = la chambre haute
bill = une proposition de loi
Conservateurs   Travaillistes
Libéraux-Démocrates

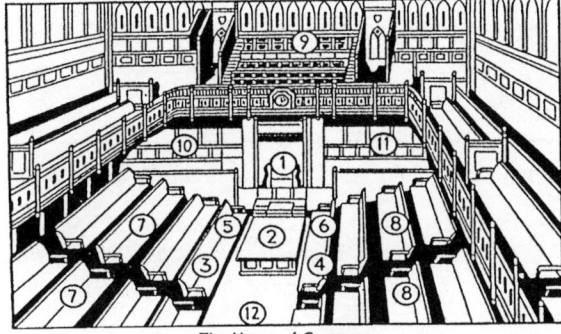

The House of Commons.

I. Speaker. — 2. Table of the Mace. — 3. Prime Minister. — 4. Leader of the Opposition. — 5. Government "Front Bench". — 6. Opposition "Front Bench".— 7-8. "Back Benches". — 9. Press gallery. — 10. Corridor of the 'ayes' — 11. Corridor of the 'noes'. — 12. The Bar.

Great Britain is a constitutional monarchy. The King or Queen is Head of State but does not take part in the government of the country.

Parliament is formed of two chambers : the House of Commons and the House of Lords.

The Members of Parliament who sit in the House of Commons are elected after an election campaign which lasts normally about a month. The election takes place on a Thursday and is completed within the day. The elected candidate becomes a Member of Parliament for five years unless the government dissolves Parliament before the end of the normal term.

In the House of Commons, each party has a leader. The Leader of the House of Commons is elected by the MPs.

The seating arrangements in the House of Commons are very different from the way French MPs sit.

The House of Lords is the upper house of the British Parliament. Here, Peers of the Realm, Archbishops and other important people sit. Its function is confined to amending the bills adopted by the Commons.

62

🖭 Exercice de prononciation

Ecoutez la cassette et répétez deux fois chacun des mots qui se terminent par *-tion*. Cherchez ces mots dans cette grille.

Il reste huit lettres qui, mises bout à bout forment un mot qui n'est pas sur la cassette. Lequel ? Prononcez-le !

A	P	O	P	T	I	O	N	I	I	S
B	R	O	L	P	O	D	N	N	N	N
O	O	A	I	O	P	E	O	F	T	O
L	N	N	B	S	P	L	I	O	E	I
I	O	O	E	I	O	E	T	R	G	T
T	N	I	R	T	S	G	N	M	R	U
I	C	T	A	I	I	A	E	A	A	T
O	I	C	T	O	T	T	T	T	T	I
N	A	E	I	N	I	I	T	I	I	T
L	T	L	O	U	O	O	A	O	O	S
T	I	E	N	I	N	N	O	N	N	N
N	O	I	T	A	R	G	I	M	M	I
N	N	O	I	T	N	E	T	S	B	A

63

Les prétextes

Si vous souhaitez éviter les scènes de ruptures, inventez un petit prétexte, et disparaissez. Imaginez ce que ces personnes ont dit avant de disparaître, en transformant les phrases suivantes au style direct.

Exemple :
Il m'a dit qu'il descendait acheter un journal et je ne l'ai plus jamais revu.
– *Je descends acheter un journal.*

1 Liliane m'a dit qu'elle partait trois jours chez sa tante.
2 Il m'a dit que s'il avait du travail à finir, il rentrerait tard.
3 Elle m'a dit qu'elle était partie pour Bahia, où une affaire très grave l'attendait.
4 Ses parents lui ont dit qu'ils allaient l'emmener faire une promenade dans la forêt et qu'ils le laisseraient jouer dans une clairière pendant qu'ils iraient ramasser du bois.

64 Travail de recherche

Les étapes de l'U.E.
Faites des recherches et
complétez le tableau.

1951 Un traité instituant la Communauté européenne du _____
et de l'_____ est signé par _____ pays,_____
_____

1957 Traité de _____ et création de _____
1968 Europe des Six : _____
1973 Europe des : _____
1981 Europe des : _____
1986 Europe des : _____
1992 Au conseil européen de _____ aux Pays-Bas, les chefs
d'Etat et de gouvernements des Douze décident d'instituer une
Union politique européenne.

Autres dates importantes depuis 1992 et les raisons pour lesquelles elles
sont importantes :

_____
_____

65 Thème

Traduisez en français :

Over the past 40 years the countries of Western Europe have steadily strengthened their ties with each other. The aim of this cooperation was initially to maintain peace given that two world wars had had their origins in Europe. The present European Union began with an agreement signed in Paris in 1951 between France, Germany, Belgium, Luxembourg, the Netherlands and Italy. This agreement established the European Coal and Steel Community which prevented any member states from using their heavy industry for making weapons. This was followed in 1957 by the same six countries signing of the Treaty of Rome which created the Common Market.

Now, being a European citizen will allow you to feel at home across the whole of Europe. The right to vote, granted to Europeans living in other EU countries, allows you to participate in elections in any European country. However there is the possibility that this might create injustices against non-EU residents. Why should an Algerian settled in France for a long time not have the right to vote too ?

66 Parler pour ne rien dire

Employés pendant un oral, les mots, phrases et locutions ci-contre vous permettront de gagner du temps et de réfléchir.

C'est une question intéressante.
C'est une question importante.
C'est une question qui demande considération.
C'est une question qui demande réflexion.
C'est une vaste question que l'on peut considérer sous bien des angles.

Ça dépend du point de vue où on se place.
Ça dépend du point de vue qu'on adopte.

En réfléchissant bien...

Bien voyez-vous...
Alors, là, voyez-vous...

Il y a plusieurs manières de considérer cette question.
Il y a plusieurs manières de développer cette question.

Il faut se souvenir que...
Il faut bien se rendre compte que...

A l'heure actuelle, effectivement...
Croyez-moi...
Dans la majorité des cas...

67 ▭ La vie de tous les jours sous l'occupation

Ecoutez la cassette et remplissez les trous.

«La vie sous l'occupation, c'est d'abord penser à la _____ . On peut dire qu'on se lève tôt. Bon, les gens travaillent bien sûr mais les enfants quand il n'y a pas de classe, on les envoie _____ devant les magasins. Ça a été mon occupation de _____ non scolarisés et pendant _____ On sortait de chez soi, il était sept heures trente, huit heures et on allait _____, qui n'ouvraient qu'à neuf heures et demie, dix heures. Mais il fallait se mettre _____ le plus près possible de la porte, parce qu'on savait qu'il n' y avait pas de marchandises pour tout le monde. On avait construit des baraques pour remplacer les commerçants qui avaient _____ pendant les bombardements.

Le souvenir personnel que _____ , c'est que j'ai beaucoup lu pendant cette période-là parce que j'allais _____ avec un livre pour occuper le temps.»

68 Jeu de mémoire

Etudiez individuellement la chronologie des années 41-45 page 155 avec attention, puis préparez une série de questions générales ou précises sur cette chronologie.

Prêt(e)s à travailler à deux ? Bon ! L'un(e) de vous ferme le livre et répond à huit questions de l'autre.

Après huit questions, changez de rôle. Qui connaît le plus de faits précis sur cette période de la guerre ?

Pour vous rendre la tâche plus difficile, vous pouvez faire le même travail en utilisant toutes les chronologies de ce chapitre d'**Au point**.

69 Mots cachés

Un des buts de ce chapitre était de vous encourager à accumuler et à apprendre du vocabulaire pour parler de la guerre.

Au point vous lance un défi : trouvez tous les mots qui ont trait à la guerre, et plus particulièrement à la Seconde Guerre mondiale.

En plus des 27 mots qui se rapportent à la guerre, il y en a d'autres qui vous sont donnés ci-dessous.

Attention, vous devez utiliser absolument toutes les lettres.

```
R E R A L C E D S B E P R
S T N A P U C C O H A E E
M E I U Q S A M C T C D R
E I N A E S B O R N N R O
L R T E E A M I A O M E B
L T U R R B E T C O N T A
A N N D A I S E B I O R L
B E E T G I S I M M I E L
T R O U S U L E I R V S O
N U F E B I E L C R A E C
O E R I S O I R E R B D A
R P R E D O X E R R O A S
F A R M I S T I C E T F E
Y H C I V E G A T O B A S
```

Autres mots :

ANE	CRI	EURENT	MOCHE	NUEES	PEUR	SACS	SOIR	TROUS
CASE	DURE	EUT	MOT	OTA	QUI	SEC	SUBIR	

70 Travail de recherche

La dernière guerre ?

On parle souvent de la Seconde Guerre mondiale comme de la «dernière guerre». Or, il y a eu d'autres guerres depuis. Elles n'ont certes pas eu la même amplitude, mais elles n'en ont pas moins existé. Faites-en la liste en français. Pour vous aider, interviewez des adultes ; faites un Travail de recherche rapide dans une bibliothèque municipale.

71 🔊 Le point sur la culture

Avant d'écouter la cassette, remplissez les blancs de la définition de la culture de Laure en vous servant des mots ci-dessous.

nous amalgame livres vu lu entend vit dépôt phrase connaître ce important gens littéraire équilibre

Moi, il y a une _____ dont je me souviens toujours, c'est «la culture, c'est _____ qui reste quand on a tout oublié.» Je pense que la culture, c'est savoir, _____ tout ce qui est autour de _____. Mais ce n'est pas simplement limité aux _____ et à tout ce qu'on peut imaginer comme culturelle. Mais je pense que c'est un _____ de tout ce que l'on voit et ce que l'on a _____, tout ce que l'on _____ et que l'on a entendu, tout ce que l'on lit et que l'on a _____ et tout ce que l'on _____ et ce que l'on a vécu. Tout ça se mélange et ce qui reste, c'est comme un _____, ce qui reste, c'est l'essentiel je trouve, parce que c'est _____ pour la personne. Mais, c'est difficile de mesurer la culture des gens parce qu'il y a les _____ qui ont une très bonne culture par exemple, culture _____, mais musicalement ils sont nuls. Donc, je pense que la culture, c'est un _____.

72 🔊 Henri Troyat sur Zola

Henri Troyat, écrivain célèbre, parle de son admiration pour l'art d'Emile Zola. Ecoutez la cassette. Lisez les extraits de Troyat sur Zola ci-contre. Quels détails ne sont pas mentionnés sur la cassette ?

- Zola a un grand projet : à travers l'histoire d'une famille, évoquer le Second Empire, sous la forme d'une vaste fresque qui aura la netteté sans concession d'une étude scientifique. Cela s'appellera *Les Rougon-Macquart*. L'œuvre de sa vie.

- Dans les 20 volumes qui composeront cette œuvre, Zola heurte le goût du public, habitué aux histoires doucereuses et sentimentales. Personne n'a jamais été autant injurié que lui dans la presse. Cette violence des critiques n'existe plus aujourd'hui. Mais Zola sait aussi que cela fait vendre ses livres.

- Emile Zola est un écrivain prolifique. Il écrit sa série des Rougon-Macquart en 20 volumes, et en 22 ans ! (1871–1893). Ordonné et méthodique, il ne se lance pas à la légère dans un roman. Il commence par en établir les prémisses dans cinq dossiers. Le premier s'intitule *Ebauche*. Il indique les caractéristiques des héros et y esquisse l'idée générale. Le second précise, sur des fiches, l'état civil, les antécédents héréditaires. Le troisième est une enquête sur le milieu où ils évoluent (Zola, en journaliste, se rend sur les lieux qu'il a choisis comme cadre de son roman, interroge les gens, observe et note). Le quatrième dossier comprend des coupures de journaux et des informations émanant d'amis. Le cinquième, enfin, c'est le plan, chapitre par chapitre. Ensuite, Zola donne libre cours à sa verve. Il écrit trois à cinq pages par jour, d'une volée, sans raturer. Par une sorte d'hallucination, il entre dans la vie de ses personnages et parvient à recréer l'atmosphère des chemins de fer, de la mine… Il réinvente le monde sur lequel il a enquêté.

- En croyant décrire la réalité, il la transforme et la dépasse.

73 🔊 Un amateur du cinéma

Ecoutez cet amateur du cinéma sur la cassette. Trouvez les différences entre ce que vous entendez et ce qui est écrit ici.

Personnellement, le cinéma est un de mes grands amours. J'adore entrer dans la salle, me détendre et attendre le début du film. Une fois que les lumières s'éteignent et que les premières images apparaissent, c'est une merveille. Je me perds dans le film. Le cinéma est un endroit qui permet de rêver. Je suis fidèle du cinéma.

Au point © Thomas Nelson & Sons Ltd 1994

Gros plan sur... Ce soir, les expérimentations sur les animaux.

Travaillez en groupes de cinq. Imaginez que vous prenez part à une émission de télévision qui se penche sur la question : les expérimentations sur les animaux.

Choisissez un rôle chacun et préparez vos arguments séparément soit en classe (décidez d'un temps limite) ou comme devoirs.

Pour vous aider, utiliser les expressions Pour communiquer ci-dessous et aux pages indiquées.

Quand vous aurez terminé votre préparation, jouez la scène. Si vous en avez l'occasion, demandez à votre prof ou à un(e) camarade d'enregistrer votre «émission» sur vidéo, pour pouvoir ensuite vous voir à la télé et décider quel message vous avez fait passer.

Attention ! Beaucoup des expressions données dans Pour communiquer sont aussi utiles pour vos rédactions. Identifiez-les et utilisez-les aussi fréquemment que possible.

Déjà vu

Exprimer une opinion contraire *Page 3*.
Contribuer à un débat *Page 17*.
Exprimer ses réactions *Page 107*.

POUR COMMUNIQUER

Dénoncer quelque chose
Je lance un cri d'alarme contre...
Je m'élève / m'insurge contre...
Je suis radicalement contre le fait que + *subj.*
On ne peut pas tolérer / accepter que + *subj.*
C'est intolérable / inacceptable que + *subj.*
Vous ne pensez pas sérieusement que...
Affirmer que..., mais c'est une véritable aberration !
C'est une attitude / un point de vue / un procédé / une pratique (absolument / totalement) scandaleux / scandaleuse
C'est une attitude / *etc.* qu'il faut absolument dénoncer / réfuter / refuser / combattre

Appuyer ce qu'on dit
Vous n'allez pas me faire croire que...
Il faut bien se rendre compte que...
Vous n'êtes pas sans savoir que...
Il est irréfutable / indéniable / incontestable que...
La preuve a été faite que...
Il a été prouvé que...

Résumer
Pour résumer...
En un mot...
Si j'ai bien compris votre pensée / votre raisonnement / votre argument...
Soyons clair, ce que vous défendez / affirmez ici, c'est...

Les rôles

Jacques Lanzac
Il est présentateur de l'émission, essaie d'être totalement impartial. Il tente de donner le même temps de parole à chacun des protagonistes et résume les positions de chacun de temps en temps.

Professeur Dominique Legrand
C'est un grand chercheur dans le domaine pharmaceutique. Cette personne pense qu'il est pratiquement impossible de développer des médicaments sans les expérimenter sur les animaux.

Docteur Frédérique Dutronc
Il est médecin généraliste, et ne conçoit pas, au nom de l'étique, de donner à ses patients des médicaments ou des vaccins qui n'aient pas été testés convenablement. Ce médecin offre plusieurs possibilités pour ces tests.

Paul(ette) Lejeune
Cette personne fait partie du mouvement de la libération des animaux de laboratoire et pense que les expérimentations sur animaux ne sont pas fiables et qu'elles provoquent une souffrance inutile chez ceux-ci.

Patrick/Patricia Ledoux
Il/elle souffre de maux de tête que jusqu'à présent les médecins n'ont pas pu guérir. Cette personne a une passion pour les animaux mais la passion est-elle plus forte que la douleur?

1 Travaillez à deux. Il y a deux rôles à jouer.
Personne A : Vous venez de faire un grand voyage autour du monde. Vous racontez avec beaucoup d'enthousiasme ce que vous avez fait pendant le voyage : les pays et les sites visités, les personnes rencontrées, les choses vues, etc.
Personne B : Vous auriez voulu accompagner la personne A mais cela n'a pas été possible. Vous réagissez donc à chaque nouvel épisode de son voyage en exprimant votre regret avec des expressions telles que «Moi aussi, j'aurais voulu…»
Exemple :
A : En Jamaïque, j'ai assisté à un coucher de soleil absolument splendide.
B : Tu aurais pu m'envoyer une carte postale.

Prolongez la conversation autant que vous le voulez.

2 Vous faites un rêve étrange. Vous vous trouvez à la porte du paradis ! Un ange vous demande d'écrire une liste de toutes les choses que vous regrettez d'avoir faites pendant votre vie. Ecrivez cette liste en commençant par l'expression : «Je n'aurais pas dû…»

Allongez la liste autant que vous le voulez !

Comparez votre liste avec celle de votre partenaire, si vous osez le faire.

---

76 Le vocabulaire de la justice

Mettez les numéros I – XIV ou 1 – 13 devant les définitions pour qu'elles correspondent aux réponses inscrites dans la grille.

	1	2	3	4	5	6	7	8	9	10	11	12	13
I					P	R	E	A	L	A	B	L	E
II	G							C					
III	R							C		P		T	
IV	A		A	P	R	O	C	U	R	E	U	R	
V	C	E	V	A				S		N		I	S
VI	E		O		J	U	G	E		A		B	U
VII			C							L		U	R
VIII	P	L	A	I	D	O	I	R	I	E		N	V
IX	L		T		R							A	E
X	A				O			A	P	P	E	L	I
XI	I	A	M	N	I	S	T	I	E				E
XII	N		D	E	T	E	N	T	I	O	N		L
XIII	T							N					L
XIV	E				G	A	R	D	E	A	V	U	E

Horizontalement
___ Personne devant laquelle on porte une plainte pour un préjudice criminel.
___ Action de garder en prison.
___ Discours que prononcent les avocats.
___ Qualification de l'enquête menée avant que l'affaire soit instruite par le juge.
___ Dans cette cour se retrouvent ceux qui contestent le jugement rendu en cour d'assise.
___ Peut être d'instruction ou président d'audience.
___ Prescrit l'oubli de certaines infractions et annule les conséquences pénales.
___ Avec à l'envers.
___ Détention provisoire d'une personne pour pouvoir l'interroger.

Verticalement
___ Personne jugée en cour d'assise.
___ Lieu où on rend la justice.
___ C'est le pardon présidentiel.
___ Pronom réfléchi avec il ou elle.
___ Justice où sont traitées les affaires d'origine criminelle.
___ Peut être de la défense ou de l'accusation.
___ Elle varie de l'amende à la prison à perpétuité, selon la gravité du crime.
___ Au lieu d'une peine de prison, on donne parfois une peine de «liberté ....».
___ Règles juridiques en vigueur dans un Etat.
___ Subjonctif d'avoir après elle.
___ Dénonciation en justice d'une infraction par la personne qui dit en être la victime.
___ Première moitié de négation.

77 Thème

Traduisez en français.

Resting its case on the experts' opinion, the prosecution asked for the maximum sentence of three years imprisonment. According to the public prosecutor, the judge will have to be very careful when he reaches his decision as the expert witnesses have described the accused as very dangerous. The defence counsel had earlier pleaded in favour of a penalty commensurate with his client's needs. The psychologist, called as a witness for the defence, thought that the chances of the accused repeating his action were remote. Putting forward that the accused had pleaded guilty and that he had no previous record, the defence counsel opposed his client's being sent to a remand centre and pleaded in favour of one year's probation. The public prosecutor replied that if the accused had been an adult he would have been liable to a life sentence.

78 ▦ Les raisons d'être optimiste ou pessimiste

Ecoutez l'interview avec Jean-Pierre et Anne Marie.
Transcrivez les phrases dans lesquelles se trouvent les mots ci-contre.

a   ... réfléchisse.
b   ... chômage...
c   ... nucléaires ?
d   ... puissances...
e   ... environnement...
f   ... prudente...

79 Jusqu'à

Choisissez entre *jusqu'à/au/à la*, *jusqu'au jour où*, *jusqu'à ce que* pour compléter les phrases ci-contre.

a   Les experts considèrent que la croissance démographique continuera _____ milieu du vingt-deuxième siècle.
b   Les pays les plus pauvres absorberont _____ 95% de cette croissance.
c   La population d'Amérique latine et les Caraïbes augmentera _____ atteindre 100 millions avant 2050.
d   Nous attendrons _____ le rapport soit publié avant de donner nos réactions précises.
e   Faut-il, avant d'agir, attendre _____ nous n'arriverons plus à nourrir la population des pays riches ?
f   Je résisterai à l'idée _____ on me dise autrement.

80 ▦ Depuis quatre ans j'espère avoir un enfant

1 Ecoutez l'extrait du programme de radio et puis cochez celles des phrases suivantes qui sont vraies. Corrigez celles qui sont fausses.

Florence Guéret...
a   ... ne s'attendait pas à avoir autant de difficultés à devenir maman.
b   ... a accepté d'être interviewée parce qu'elle voulait expliquer à d'autres couples sans enfants comment combattre le désespoir qu'ils éprouvaient.
c   ... a été encouragée par les témoignages qu'elle a reçus à la suite de son interview.

Françoise Meyrieux...
a   ... note le changement d'attitude chez les couples sans enfants pendant les vingt dernières années.
b   ... conseille aux couples sans enfants de tenter des méthodes de procréation médicalement assistée sans attendre trop longtemps.
c   ... reconnaît que l'on pourrait consacrer plus de temps aux couples stériles.

Le présentateur...
a   ... annonce que Florence n'a reçu que des lettres bienveillantes.
b   ... constate que les couples qui ne veulent pas avoir un enfant sont souvent très mal informés.
c   ... présente l'émission en direct de chez Florence.

2 Ecoutez encore une fois la cassette. Mettez les expressions dans l'ordre où vous les entendez, puis trouvez pour chacune une autre phrase qui donne le même sens.

a   à tout prix
b   faire cette démarche
c   nous en sommes à la deuxième tentative
d   ce parcours de combattant
e   votre élan de solidarité
f   se sentent d'emblée stériles

81 ▭ Le Généthon

Ecoutez l'interview et retrouvez les extraits qui correspondent aux idées exprimées ci-contre.

Transcrivez-les précisément.

a On réfléchit constamment à l'éthique.

b La majorité des scientifiques appartiennent à des groupes de réflexion sur la morale.

c On ne devrait pas se laisser convaincre par la vue souvent présentée qu'il y a deux catégories distinctes : d'une part, le scientifique obsédé par sa propre recherche, et de l'autre, les gens responsables qui réfléchissent aux conséquences de cette recherche.

d Je pense que le danger, c'est de ne pas se souvenir que l'éthique commence par la considération des personnes qui vivent actuellement dans la douleur constante.

e Ce n'est pas l'homme mais la nature qui est responsable des malformations horribles causées par la génétique.

f La création de nouvelles techniques n'entraîne pas forcément la création de risques.

g J'accepte difficilement le fait que depuis si longtemps on ne dise rien, au cours de nos discussions sur l'éthique, de la situation des gens malades, de leur douleur et des malformations à la naissance.

82 Satellites espions

Dans cet article, un mot a été enlevé tous les cinq mots. Complétez l'article en vous servant des mots ci-dessous.

électronique informations
disposera implantées
formeront s'offrira
milliards possible
système d'orbite
premier ajoute
images digne
selon entre
dans ceux
elle est sur
les des des
de de le
le en en
ce ne
et si
à

La France, c'est décidé, (**1**)_____ une panoplie spatiale militaire (**2**)_____ d'une grande puissance. Le (**3**)_____ satellite français d'observation militaire, Hélios, (**4**)_____ d'une caméra transmettant des (**5**)_____ numériques d'une résolution supérieure (**6**)_____ celle des satellites civils. (**7**)_____ satellite de reconnaissance, placé (**8**)_____ orbite polaire, pourra changer (**9**)_____ à volonté pour évoluer (**10**)_____ 400 et 800 km (**11**)_____ les besoins. Des stations (**12**)_____ en France (à Creil, (**13**)_____ région parisienne), en Italie (**14**)_____ en Espagne, traiteront les (**15**)_____ recueillies. Il sera donc (**16**)_____ d'obtenir, de jour comme (**17**)_____ nuit, une image thermique (**18**)_____ objets, et de repérer (**19**)_____ missiles en phase propulsée. (**20**)_____ futurs satellites militaires français (**21**)_____ seront pas isolés, mais (**22**)_____un ensemble indissociable, un (**23**)_____ complet de «renseignement spatial». (**24**)_____ la France veut jouer (**25**)_____ la cour des grands, (**26**)_____ devra aussi en payer (**27**)_____ prix. A lui seul, (**28**)_____ coût global du programme Hélios (**29**)_____ estimé à 6,7 milliards (**30**)_____ francs. Si l'on y (**31**)_____ les satellites d'observation radar, (**32**)_____ de télécommunications et d'écoute (**33**)_____, il en coûtera 8 (**34**)_____ de francs par an (**35**)_____ une dizaine d'années !

83 La ponctuation

Ecrivez ce texte en restituant la ponctuation (n'oubliez pas les majuscules).

▭ Un logiciel de traitement de texte vous facilitera la tâche.

on voit bien que les parents demandent aujourd'hui de plus en plus de garanties aux médecins dites-moi docteur interrogent-ils inquiets s'il va être normal telle est la question des futurs parents certains sachant qu'ils attendent un bébé qui sera handicapé demandent au docteur une IVG interruption volontaire de grossesse d'autres parents refuseraient résolument une telle solution est-ce qu'un handicapé objectent-ils n'a pas lui aussi le droit à la vie au bonheur au respect et à l'amour

Au point © Thomas Nelson & Sons Ltd 1994

Voici quelques trucs pour mieux réussir aux examens.

Compréhension de textes écrits

1 Lisez chaque article de bout en bout pour comprendre de quoi il s'agit. Ne commencez pas par vous appesantir sur les détails difficiles.
2 En relisant plus précisément :
   – devinez le vocabulaire que vous ne connaissez pas (utilisez le contexte, la logique et le bon sens).
   – analysez la construction des phrases qui vous semblent plus compliquées pour mieux comprendre ce qu'elles veulent dire.
   – si vous en avez le droit, utilisez un dictionnaire monolingue (voir page 10).
3 S'il vous faut répondre à des questions en français, évitez de copier des sections entières du texte sans les changer – la construction, les accords, la concordance des temps devront vraisemblablement changer.

Compréhension de textes parlés

1 Si vous devez écouter une cassette en même temps que les autres candidats :
   – La première fois que vous écoutez la cassette, essayez de vous détendre. Ne soyez pas tenté(e) d'écrire tout ce que vous entendez : vous risquez de rater des renseignements essentiels.
   – Développez bien à l'avance votre propre sténographie : par exemple pr = pour, ct = comment, qch = quelque chose
2 Si vous écoutez la cassette sur un baladeur, c'est-à-dire si vous avez le droit d'écouter la cassette autant de fois que vous le voulez :
   – Assurez-vous que vous aurez assez de temps pour répondre à toutes les questions.
   – Ne vous appesantissez pas sur une partie de la cassette que vous trouvez difficile ; si vous avez le temps, vous pourrez toujours y revenir plus tard.
3 S'il vous faut répondre à des questions en français, exprimez-vous simplement, en vous assurant que vous donnez tous les renseignements qu'on vous demande.

Rédaction

1 Assurez-vous que vous comprenez bien le sujet de rédaction que vous avez choisi.
2 Ne commencez pas à écrire précipitamment. Prenez le temps :
   – de faire un plan précis (voir page 25, **29** et **37**).
   – de faire une liste du vocabulaire et des expressions spécialisés dont vous vous souvenez. Cette liste vous permettra de vérifier que vous n'utilisez pas toujours les mêmes mots et expressions.
3 N'utilisez que les mots et expressions que vous connaissez. N'essayez au grand jamais de traduire de l'anglais.
4 Assurez-vous que vous aurez le temps à la fin de l'examen de tout vérifier à fond (voir **59**). Si vous en avez le droit, utilisez un dictionnaire monolingue pour vérifier l'orthographe et le genre des mots dont vous n'êtes pas très sûr(e). Marquez-les au crayon sur votre feuille aussitôt que vous les écrivez afin de les repérer facilement plus tard.
5 Relisez le sujet. Vérifiez que vous avez traité tout ce qu'on vous demande.

Examen oral

1 Si vous ne connaissez pas un mot-clé ou si vous l'avez oublié, surtout pas de panique !
   a Les mots qui marquent l'hésitation vous permettront de réfléchir (voir page 4 et **66**). Evitez de montrer votre frustration et de vous exprimer en anglais.
   b Essayez d'exprimer le mot inconnu le plus simplement possible ou de le paraphraser.
   c Si vraiment vous ne trouvez pas les expressions qu'il vous faut pour exprimer l'idée désirée, changez d'idée ! Parlez d'autre chose !
2 Prenez votre temps. Certaines personnes ont une tendance à parler de manière incompréhensible quand elles sont nerveuses.
3 Prenez l'initiative aussi souvent que possible : c'est *vous* qui devez parler le plus, non pas l'examinateur ou l'examinatrice.
4 Ne lisez jamais vos notes mot à mot. Soyez naturel(le). Regardez fréquemment l'examinateur ou l'examinatrice droit dans les yeux.

Magasins Inter-discount

Page 5 et 2   *(0' 40")*

- Minou, on n'a plus de pellicule dans l'appareil.
- Et alors, tu vas chez Inter-discount et tu leur donnes à développer notre dernier film de vacances.
- Et alors ?
- Et alors, chez Inter-discount, quand tu leur donnes un film à développer, ils t'offrent un film Kodak gratuit, pas n'importe quoi, hein ! Un film Kodak gratuit !
- Oui, ben ça va ! J'ai compris ! Chez Inter-discount, ils t'offrent gratuitement un film Kodak si tu vas chez...
- Tu vois, ce qui est bien avec toi, mon Doudou, c'est que tu comprends tout tout de suite.
- Ben oui, quoi !
- En TV, audio, photo, vidéo, micro, Inter-discount, c'est avec plus de 3000 magasins le leader en Europe. Qui dit mieux ?

Fais pas ci, fais pas ça

Page 7, Exercice 5   *(1' 40")*

Fais pas ci, fais pas ça,
Viens ici, mets-toi là,
Attention ! Prends pas froid
Ou sinon, gare à toi !
Mange ta soupe,
Allez ! Brosse-toi les dents,
Touche pas ça, fais dodo,
Dis papa, dis maman.

Fais pas ci, fais pas ça,
A dada, proute, proute cadet,
A cheval sur mon bidet.

Mets pas tes doigts dans le nez,
Tu suces encore ton pouce,
Qu'est-ce que t'as renversé,
Ferme les yeux, ouv' la bouche,
Mange pas tes ongles, vilain,
Va te laver les mains,
Ne traverse pas la rue,
Sinon pan pan cul cul.

Fais pas ci, fais pas ça,
A dada, proute, proute cadet,
A cheval sur mon bidet.

Laisse ton père travailler,
Viens donc faire la vaisselle,
Arrête de t'chamailler,
Réponds quand on t'appelle.
Sois poli, dis merci,
A la dame laisse ta place,

C'est l'heure d'aller au lit,
Faut pas rater la classe.

Fais pas ci, fais pas ça,
A dada, proute, proute cadet,
A cheval sur mon bidet.

Tu m' fatigues, je n'en peux plus,
Dis bonjour, dis bonsoir,
Ne cours pas dans le couloir,
Sinon pan pan cul cul.

Fais pas ci, fais pas ça,
Viens ici, ôte-toi de là,
Prends la porte, sors d'ici,
Ecoute ce qu'on te dit !

Fais pas ci, fais pas ça,
A dada, proute, proute cadet,
A cheval sur mon bidet.

Tête de mûle, tête de bois,
Tu vas recevoir une beigne !
Qu'est-ce que t'as fait de mon peigne ?
Je n't'l' dirai pas deux fois,
Tu n'es qu'un bon à rien,
Je te l' dis pour ton bien,
Si tu n' fais rien de meilleur,
Tu seras balayeur.

Fais pas ci, fais pas ça,
A dada, proute, proute cadet,
A cheval sur mon bidet.

N' vous en faites pas les gars !
N' vous en faites pas les gars !
Moi, aussi, on m'a dit ça,
Fais pas ci, fais pas ça,
Fais pas ci, fais pas ça,
Et j'en suis arrivé là
Et j'en suis arrivé là
Et j'en suis arrivé là
La la la la.

Voici une page

Page 10   *(0' 15")*

Voici une page.
Sur la page, il y a une image.
C'est l'image d'un lion en cage
Qui est dans une rage,
Une rage folle. Alors de sa cage
Il s'échappe et court vers la plage.
Et là ? Là s'en va-t-à la nage.

Au point © Thomas Nelson and Sons Ltd, 1994

2 Entre toi et moi...

Ami cherche ami

Page 13, Exercice 8 (2' 50")

Ami cherche un autre ami perdu
Dans l'immensité des nues
Visage et corps inconnu,
Rêveur cherche à retrouver son ciel
Du fond de la nuit appelle
Son étoile maternelle,
car il y a vingt ans un orage
m'a fait tomber de mon nuage
et m'a laissé seul dans ce monde abandonné
Au matin d'un lointain voyage,
je suis tombé de mon nuage
je n'ai jamais senti la terre sous mes pieds

Reviens étoile aux plaines d'argent,
Reviens chercher ton enfant
Avant qu'il ne soit géant
Avant qu'il ne se brûle à un feu
Qu'il ne se blesse à un jeu
Avant qu'il ne soit trop vieux
car il y a vingt ans un orage
m'a fait tomber de mon nuage
et m'a laissé seul dans ce monde abandonné

Au matin d'un lointain voyage,
je suis tombé de mon nuage
je n'ai jamais senti la terre sous mes pieds
il y a vingt ans un orage
m'a fait tomber de mon nuage
et m'a laissé seul dans ce monde abandonné
Au matin d'un lointain voyage,
je suis tombé de mon nuage

La vie en rose

Page 15, Exercice 4 (1' 40")

Quand il me prend dans ses bras,
Qu'il me parle tout bas,
Je vois la vie en rose,
Il me dit des mots d'amour,
Des mots de tous les jours,
Et ça m' fait quelque chose.
Il est entré dans mon cœur
Une part de bonheur
Dont je connais la cause
C'est lui pour moi, moi pour lui dans la vie
Il me l'a dit, l'a juré pour la vie,
Et dès que je l'aperçois,
Alors, je sens en moi mon cœur qui bat.

Amour Amitié

Lectures Page 69 (2' 00")

1 Un plus un égalent deux ?
  Etrange, étrange ! Car toi et moi
  ne faisons qu'un que rien ne pourra diviser.

2 Je prends plaisir à pleurer
  Car quand tu aperçois mes larmes perler
  Tu me prends tendrement dans
  Tes bras pour me consoler
  Et surtout m'embrasser
  Ils sont si doux tes baisers
  Que je prends plaisir à pleurer.

3 Je t'aime quand tu es heureux
  Je t'aime quand tu es triste
  Je t'aime quand tu es drôle
  Je t'aime quand tu es fou
  Je t'aime quand tu me fais rire
  Je t'aime quand tu es tendre
  Mais la principale raison pour laquelle je t'aime
  C'est parce que tu es toi.

4 Bisous
  Bisous sur tes joues
  Bisous dans le cou
  Bisous-bisous
  Partout
  Bisous pour la vie
  Bisous pour une nuit
  Choisis.

5 Comme une enfant abandonnée
  Je me sens orpheline
  Comme une rose fanée
  Je me sens mourir
  Comme un oiseau blessé
  Je me sens meurtrie.

6 Amour éternel
  Amour fidèle
  Amour sensuel
  Amour fraternel
  Amour sensationnel
  Amour habituel
  Amour querelle
  Amour mortel
  Amour cruel
  Amour rebelle
  Moi c'est l'amour tout court qui m'interpelle !!!

Couplets de la rue Saint-Martin

Lectures Page 69 (0' 50")

Je n'aime plus la rue Saint-Martin
Depuis qu'André Platard l'a quittée.
Je n'aime plus la rue Saint-Martin,
Je n'aime rien, pas même le vin.

Je n'aime plus la rue Saint-Martin
Depuis qu'André Platard l'a quittée.
C'est mon ami, c'est mon copain.
Nous partagions la chambre et le pain.
Je n'aime plus la rue Saint-Martin.

C'est mon ami, c'est mon copain.
Il a disparu un matin,
Ils l'ont emmené, on ne sait plus rien.
On ne l'a plus revu dans la rue Saint-Martin.

Pas la peine d'implorer les saints,
Saints Merri, Jacques, Gervais et Martin,
Pas même Valérien qui se cache sur la colline.
Le temps passe, on ne sait rien.
André Platard a quitté la rue Saint-Martin.

3 Une école pour la réussite ?

Prononcez : Tout un tas de

Page 23, Exercice 3   *(0' 30")*
On jouait à tout un tas de trucs.
On mangeait tout un tas de tartes.
On buvait tout un tas de tasses de thé.
On regardait tout un tas de…
On dansait tout un tas de…
On cherchait tout un tas de…

La leçon buissonnière

Page 29, Exercice 4   *(3' 00")*
C'est au numéro 32
de l'avenue de la République
Que j'enseigne aux petits merdeux
les théories philosophiques
Que je traduis Pleute et Bellow
Que je trahis les Phillipiques
Pour aider les petits salauds,
les premiers prix de gymnastiques

Je reçois la progéniture
du brasseur, du primeur en gros
Je suis le marchand de culture
l'empêcheur de petits zéros
Je suis le bon dieu des rombières
l'ange du baccalauréat
le petit besogneux pas cher
le pédago petit format

Pendant que le petit crapaud
apprend Caesar pontem fecit
qu'il cherche l'ablatif en o
qu'il bafouille le prétérite
J'ai le front contre mon carreau
Je rêve au loin, j'hélicoptère

J'écoute siffler les bateaux,
Je fais la leçon buissonnière.

C'est au numéro 32
de l'avenue de la République
au-dessus du café de Flots Bleus
Que je cingle vers les tropiques
et que je deviens vieillard hideux,
batelier de la rhétorique
en aidant les petits merdeux
à rester des enfants de bourrique.

Prononcez : je ne suis ni… ni…

Page 29   *(0' 30")*
Je ne suis ni pessimiste ni optimiste, mais tout
    simplement réaliste.
Je ne suis ni grand ni petit, mais tout simplement
    normal.
Je ne suis ni stupide ni intelligent, mais tout
    simplement travailleur.
Je ne suis ni anglais ni écossais mais français.

L'éducation dans les pays francophones

Page 30, Exercice 1   *(2' 45")*
1 République de Côte d'Ivoire
    Au point : Bonjour, monsieur, je vous remercie
        d'avoir accepté de nous parler du système
        éducatif de votre pays.
    Ivoirien : Mais je vous en prie, madame. Il
        ressemble en tous points au système français.
    Au point : Donc, on entre en sixième vers 11-12
        ans ?
    Ivoirien : Oui, c'est ça.
    Au point : Et vous avez le même système de collèges
        et de lycées qu'en France ?
    Ivoirien : Mais bien sûr, madame !
    Au point : On reste au collège de sixième en
        troisième et ensuite, on passe au lycée.
    Ivoirien : Oui, on peut faire ça, mais pour les
        meilleurs élèves, il est aussi possible d'entrer en
        sixième directement au lycée et de poursuivre sa
        scolarité normalement au lycée jusqu'au bac.
    Au point : D'accord.
    Ivoirien : En République de Côte d'Ivoire, comme
        en France, les parents et les enfants ont le choix
        entre les établissements publiques et les
        établissements privés.
    Au point : En effet, les deux systèmes se ressemblent
        beaucoup. Merci beaucoup, monsieur.
    Ivoirien : Je vous en prie.

2 Zaïre
    Au point : Bonjour, monsieur. Vous venez de
        Kinshasa, au Zaïre, je crois.
    Zaïrois : Oui, c'est ça.

Au point : Est-ce que vous pouvez nous parler du système éducatif du Zaïre, s'il vous plaît ?

Zaïrois : Mais certainement, madame. Alors, au premier niveau, il y a l'école primaire. Ce premier niveau dure six ans.

Au point : Et les enfants commencent l'école primaire vers cinq, six ans ?

Zaïrois : Oui, c'est ça, et ils y restent pendant six ans.

Au point : Et ensuite, ils vont à l'école secondaire ?

Zaïrois : Oui, c'est ça, et là aussi, les études durent six ans, mais sont divisées en deux parties distinctes : en première et en deuxième...

Au point : Ah ? Vous ne commencez pas les études secondaires en sixième comme en France ?

Zaïrois : Non, nous commençons en première. En première et en deuxième, donc, c'est le cycle d'orientation qui dure deux ans. A la fin de ce cycle, les enfants choisissent une option qui peut être maths, physique ou littérature. Selon leur choix, les élèves se retrouvent en troisième maths, en troisième physique, en troisième bio-chimie ou en troisième humanité secondaire.

Au point : Et ils continuent leurs études jusqu'en sixième, c'est ça ?

Zaïrois : Oui, mais nous, les littéraires, nous aimons à donner à nos classes des noms plus descriptifs : la troisième s'appelle la Morphologie, la quatrième, la Syntaxe, la cinquième, la Poésie et la sixième, la Rhétorique.

Au point : Mmm ! Et qu'est-ce qui se passe à la fin du niveau secondaire ?

Zaïrois : Eh bien, il y a un jury-débat : c'est un concours qui se compose dans la capitale, c'est un examen général qui, si on y réussit, donne accès à l'enseignement supérieur.

Au point : Un peu comme le bac, alors ?

Zaïrois : Oui, c'est ça.

Au point : Bien, je vous remercie beaucoup, monsieur.

Zaïrois : Mais de rien, madame.

4 En pleine forme

La dinde du Gers

Page 35, Exercice 4   *(0' 40")*

Si pour Noël vous rêvez d'une dinde, d'une vraie dinde de Noël entourée de marrons, pensez à la dinde fermière du Gers. Rien n'est aussi délicieux, tendre et savoureux qu'une dinde du Gers élevée en plein air. Quelle fête pour tous quand vous la servirez fumante et bien dorée, croustillante et parfumée. Croyez-moi, c'est un Noël dont vous vous souviendrez. Dinde fermière du Gers, élevée en plein air, élevée en plein Gers. Elevée en plein air – élevée en plein Gers !

Le chapon du Gers

Page 35, Exercice 4   *(0' 40")*

Si vous rêvez d'un bon réveillon, d'un grand repas de fête, pensez donc au chapon : un vrai chapon du Gers, élevé en plein air, superbe, tendre et savoureux, à la peau qui croustille. Voilà un vrai festin pour toute la famille. Servez-le bien doré. Vous verrez, vous allez vous régaler. Rien n'est si bon que le chapon, entouré de marrons. Chapon fermier du Gers, élevé en plein air, élevé en plein Gers. Elevé en plein air – élevé en plein Gers !

Volet fermé

Page 35, Exercice 5   *(1' 50")*

La bouilloire est sur le feu de la cuisinière
La bouilloire bout
L'eau frémit dans le café de la cafetière
Je vais vite chercher du pain à la boulangerie
La rue réveille mes cheveux endormis
Il est tôt
J'ai envie de croissants chauds
Ça, c'est bien dommage «fermé»
C'est marqué sur le papier collé, sur le volet fermé

Un instant je reste là stupéfait, interdit
C'est pourquoi je dis
Sans tarder, sans hésiter, je cours vite chez le pâtissier
Je vais vite chercher du pain de mie
C'est pas loin
Mais mon bon café refroidit
J'ai envie de pain de mie
Ça, c'est bien dommage «fermé»
C'est marqué sur le papier collé, sur le volet fermé

Sans tarder, sans hésiter, je cours vite chez Louise,
Louise l'épicière
Pain d'épice et pain de lait, Louise ne ferme jamais
Il me faudrait des biscottes ou bien des biscuits
J'en ai plein les bottes
Il est bientôt dix heures et demie
J'ai envie de pain de mie
Ça, c'est pas de chance «fermé»
C'est marqué sur le papier collé, ensanglanté.

La loi antitabac et les sports mécaniques

Page 41, Exercice 8   *(1' 25")*

La loi antitabac fait toujours tousser les amateurs de sports mécaniques. Après le grand prix de France Auto, c'est le grand prix de France Moto du Castellet qui vient d'être annulé. Mais tout est peut-être encore réparable puisque Frédérique Bredin est favorable à la solution d'un prélèvement sur les ventes du tabac, une sorte de taxe spéciale qui pourrait rapporter 400 millions de francs afin de compenser le retrait des sponsors des voitures et des motos de course. C'est la première fois que le Ministre de la Jeunesse et des Sports s'exprime sur cette question. Elle l'a fait tout à l'heure au palais Bourbon à l'occasion des questions d'actualité.

« Pour assurer la sauvegarde des sports mécaniques en France, de nouvelles ressources doivent donc être trouvées. C'est pourquoi je suis favorable à un prélèvement sur les recettes issues de la vente du tabac pour répondre à la fois aux inquiétudes de ceux qui sont conscients des dangers du tabagisme et aux besoins de financement des sports mécaniques. Cette mesure est actuellement étudiée par le gouvernement. Elle permettra de diminuer la consommation, de compléter les dispositives de prévention pour le tabac et d'assurer une dotation spéciale de 400 à 500 millions de francs pour les sports mécaniques et pour tous les sports qui bénéficiaient de la publicité pour le tabac... du tabac, avant le premier janvier 93.

La prévention du sida

Page 42, Exercice 5　　　　　*(1' 20")*

Depuis ce matin, les lycéens du lycée Voltaire à Paris trouvent des préservatifs dans leur établissement. La décision a été prise par le conseil qui réunit élèves, enseignants et proviseur. Le Ministre de l'Education affirme que 18% des personnes atteintes du sida l'ont contracté lors de leur première expérience sexuelle. Un reportage de Catherine Laurence :

- Le distributeur a donc été posé ce matin près de la cour en bas de l'escalier C, accessible à tous. Cinq francs les trois préservatifs. Pour Sarah, seize ans, élève de première, c'est une bonne décision.
- Pis c'est important que les jeunes aient... euh... un accès de plus en plus facile... euh... aux préservatifs... euh... ce... ça me semble normal. J'ai toujours utilisé les préservatifs, donc j'ai... euh... j'ai pas de crainte, j'ai pas de doute... euh... I' y a pas de problème.
- Jack Lang a tenu à être là. Le Ministre de l'Education nationale aimerait que tous les lycées de France prennent la même décision le plus vite possible, que tous les conseils d'établissement passent outre les tabous pour assurer la prévention contre le sida. Le Ministre a dialogué avec les lycéens :
- Vous avez décidé d'installer un distributeur de préservatifs. Je crois que c'est une décision symboliquement importante. Ça montre que dans votre lycée, vous avez choisi de vous battre pour la vie. L'amour « oui » ; la mort « non ».

5 Evasion

L'autostop

Page 44, Exercice 4　　　　　*(2' 20")*

On est arrivés, sac au dos à huit heures
Avec Olivier et Margot et Peter
C'était le grand départ vers le sud et vers les vacances
On trouvera, je pense, une auto avant ce soir

Porte d'Orléans, résignés, un peu pâles
Près de quatre cents, en juillet, c'est normal
Quatre cents comme nous pouce en l'air avec des guitares
La nuit tombe tard, mais quand même installons-nous.
Alors on a monté la tente sur le bord du trottoir
En se disant « Déjà qu'il vente - il pourrait bien pleuvoir »

Quatre jours plus tard on était toujours là
Avec les guitares abritées, pourquoi pas ?
Avec un verre de vin chaque fois que quelqu'un s'arrête
C'était pas la fête mais enfin on était bien.

C'est, je crois, le treize au matin qu'une auto
A pris deux Anglaises, un marin et Margot
Nous, on est restés là, heureusement que nos deux voisines
Ont fait la cuisine - dans le fond, c'est mieux comme ça
Et on a remonté la tente plus loin sur le trottoir
En se disant « Déjà qu'il vente - il pourrait bien pleuvoir »

Quinze jours plus tard, on était toujours là
Presqu'au bout d'espoir quand un car s'arrêta
Quinze jours pour partir quand on n'a qu'un mois de vacances
On n'aura, je pense, pas le temps de revenir
Et on a fini nos vacances sur le bord d'un trottoir
Quand on a dit « C'est ça la France »
Il s'est mis à pleuvoir.

Des chantiers au Sénégal

Page 49, Exercice 5　　　　　*(1' 15")*

Mais il y a des chantiers où les jeunes sont sollicités pour s'investir et faire de l'investissement humain, ou bien faire un peu du volontariat. C'est sou... surtout dans le domaine, par exemple, de l'environnement. Vous savez que le Sénégal fait partie des pays qui sont menacés par la désertification. Bon, il y a beaucoup de projets, petits projets ruraux où les jeunes sont sollicités, notamment, ces jeunes qui viennent découvrir le Sénégal, qui viennent un peu... euh... faire du volontariat, prêter service ou bien aider un peu les jeunes ruraux, soit par le biais des associations, parce qu'il y a beaucoup d'associations de jeunes qui sont jumelées à des associations de jeunes au Sénégal. Et quand ils viennent, souvent, bon, ils vont participer avec ces jeunes, par exemple, à reboiser, à planter des arbres ici, ou bien à, à faire de l'investissement humain pour rendre plus salubre une telle partie de la ville ou d'un village, apprendre planter des arbres, à arroser, à entretenir ces arbres, à reforester et... un peu à entretenir l'environnement. C'est surtout principalement dans ce secteur que les jeunes souvent interviennent, dans le secteur de l'environnement.

Exercice de prononciation

Page 50, Exercice 5 (1' 45")
Répétez chaque expression deux fois.

a Le son «*i*» :
> si vite - loisir - épuiser - cinéma - itinéraire - vigilant - la ligne - nuit - siège - mini-chambre - mériter - mille - tourisme

b Le son «*i*» suivi de «*n*» ou «*m*», suivi d'une autre consonne, c'est un son nasal :
> inclinable - linge - intervalle - informatique - informations - infinitif - insolite - impossible - important - imprimer - impatient

c Le son «*i*» suivi de «*n*» ou «*m*» suivi d'une autre voyelle, c'est un son «*i*» normal :
> inouï - inattendu - inévitable - inégal - inorganique - inutile

6 Si j'avais des sous...

Bourse de Paris

Page 53 (1' 50")
– Et on rejoint Francis Bernard, à la bourse de Paris...
– Oui, Jean-François, c'est une bonne tenue des valeurs françaises à la Bourse de Paris. L'indice 4-40 résiste sur les 1800 points. Il est actuellement en hausse de 0,8%.
Sur les marchés de l'or, à Londres, l'once d'or fin gagne 25 cents à 335 dollars 90.
A Paris le lingot est en hausse de 500 francs à 58500. Le napoléon perd 2 francs à 332.
Aux dernières transactions interbancaires, le dollar regagne 2 centimes à 5,38 50. Le deutschmark moins 1 centime à 3,39 90, la livre sterling plus 8 centimes à 8,37 50. Le franc suisse est stable à 3,81 20. Le yen à 4,32 55.
Sur le marché des taux d'intérêt, le loyer de l'argent au jour le jour est inchangé de 9-7-8 à 10 et le taux des emprunts à long terme perd 6 centimes à 8,26%.

Côté palmarès des valeurs françaises, parmi les plus fortes hausses, on retrouve Zodiac, 1319 francs qui gagne 6,8% avec 4070 titres échangés ; UGC 162,90 plus 5,1 ; Thomson, le titre participatif, 790, plus 4,6. La sligos 350, plus 4 et demie ; Avenir HM, 96 plus 4,4 ; Moulinex, 87,40 plus 4,1 ; après on passe tout de suite à Thomson CSF, 130,50 plus 3,2.
A l'inverse, du côté des baisses on retrouve le Développement Régional Nord-Pas de Calais 35 francs qui perd 9,6% avec 5200 titres échangés. Bertrand-Faure 381,10 moins 7%. Sodecco 35 moins 5,4. Legrand ADP 2090 moins 4,6 ou encore Radiotechnique 250 moins 4,2.
Je vous rappelle que l'indice 4-40, lui, est en hausse de 0,9% à 1800 points. A la Bourse de Paris pour France-Inter, Francis Bernard.
(Musique)
Les cours de la Bourse, les valeurs et les indices : 3 mises à jours quotidiennes. 36-15, France-Inter.

La Cigale et la Fourmi

Page 54, Exercice 2 (0'50")
La Cigale, ayant chanté
Tout l'été
Se trouva fort dépourvue
Quand la bise fut venue :
Pas un seul petit morceau
De mouche ou de vermisseau.
Elle alla crier famine
Chez la Fourmi sa voisine,
La priant de lui prêter
Quelque grain pour subsister
Jusqu'à la saison nouvelle.
«Je vous paierai, lui dit-elle,
Avant l'août, foi d'animal,
Intérêt et principal.»
La Fourmi n'est pas prêteuse :
C'est là son moindre défaut.
«Que faisiez-vous au temps chaud ?
Dit-elle à cette emprunteuse.
– Nuit et jour, à tout venant,
Je chantais, ne vous déplaise.
– Vous chantiez ? J'en suis fort aise :
Eh bien ! dansez maintenant.»

Tatie

Page 57, Exercice 6 (1' 55")
Voyou de haute volée ou de piètre ambition, ils ont tous cependant un point commun : prendre de l'argent, vite, avec le moindre effort. Alors, c'est vrai, pour ce faire, certains d'entre eux font preuve d'imagination. Oui, même chez les gangs petits il y a parfois de l'imagination.

Ainsi ce fait divers, rapporté le 27 novembre dernier, par l'Agence France-Presse. Au début, l'affaire est malheureusement banale tant elle frise le sordide. Elle commence le 20 juillet dernier ; une dame, âgée de 81 ans, a un neveu et une nièce. Le neveu se prénomme Benjamin et la nièce Nathalie. La vieille Tatie a quelques économies, pas de fortune, mais quelques sous économisés durant son existence ; un pécule en tout cas qui fait la convoitise de son neveu et de sa nièce qui ne savent pas comment lui prendre. Alors, un soir, le 20 juillet, donc, ils font boire leur tante. Saoule, elle signe un chèque en blanc et à Benjamin et à Nathalie de l'encaisser après y avoir inscrit la somme de 16 000 francs. Quatre jours plus tard, les deux chenapans, forts de leur premier succès, demandent de l'argent à la vieille dame. Celle-ci refuse. Mais ils renouvellent l'opération en la saoulant de nouveau. Cette fois, les deux jeunes gens dérobent six chèques en blanc, des chèques qui serviront notamment à acheter des vêtements. Mais ce n'est pas fini : Benjamin et Nathalie en veulent plus et le 27 juillet, ils enivrent l'octogénaire – c'est devenu une habitude – et l'oblige de force à se rendre dans un bureau de banque juste pour y retirer la somme de 20 000 francs. Que font-ils avec tout cet argent ? Personne ne le sait vraiment. Toujours est-il qu'il est vite dépensé au point qu'au début du mois d'octobre, le neveu et la nièce viennent rendre visite à leur pauvre tante. Leur intention ? Toujours la même ! La faire boire et prendre des sous. Mais là, la vieille dame se méfie : elle refuse de consommer l'alcool. Pourtant Nathalie et Benjamin réussissent à dérober 12 000 francs en liquide cachés dans on ne sait quelle armoire à linge. Mais c'est terminé : la tatie est prudente : elle refuse d'ouvrir sa porte à son neveu et à sa nièce. C'est alors que les jeunes gens inventent un scénario, mais un vrai scénario.

La chanson des restos du cœur

Page 58, Exercice 2 (1' 25")

Moi, je file un rancard[1] à ceux qui n'ont plus rien,
Sans idéologie, discours ou baratin,
On vous promettra pas les toujours des grands soirs
Mais juste pour l'hiver, à manger et à boire

A tous les recalés de l'art et du chômage,
Les privés du gâteau, les exclus du partage,
Si nous pensons à vous, c'est en fait égoïste
Demain, nos noms peut-être grossiront la liste

Aujourd'hui, on n'a plus le droit
D'avoir faim, ni d'avoir froid
Dépassé le «chacun pour soi»
Je pense à toi, je pense à moi

Je ne te promets pas le grand soir,
Mais juste à manger et à boire
Un peu de pain et de chaleur
Dans les restos, les restos du cœur

Aujourd'hui, on n'a plus le droit
D'avoir faim et d'avoir soif,
Dépassé le «chacun pour soi»
Je pense à toi, je pense à moi

[1] renseignement confidentiel ou rendez-vous

7 Ce que je crois

Le hasard du chiffre 7

Page 87, Exercice 3 (1' 15")

Monsieur Clancy est né le septième jour de la semaine. Alors, qu'y a-t-il de surprenant dans cela ? direz-vous. Eh bien, attendez un peu. Monsieur Clancy est donc né le septième jour de la semaine mais c'est aussi durant le septième mois de l'année et, je vous la donne en mille, la septième année du siècle. Mais ce n'est pas tout. Le chiffre sept l'a poursuivi durant toute son existence parce que cet Irlandais de Dublin a eu sept frères. Il était le petit dernier, c'est-à-dire le septième des garçons. C'est tout de même étonnant. Alors, attendez encore un tout petit peu. Je résume : Monsieur Clancy est donc né le septième jour du septième mois de la septième année de ce siècle, il a eu sept frères et il est le septième de la famille. Et son père, oui, oui, oui, ce n'est pas tout : son père, disais-je, était, lui-même, le septième fils d'une famille de sept enfants... le jour de son vingt-septième anniversaire, il s'est rendu sur un champ de course. Après tout cet homme-là avait des raisons d'être superstitieux. Il a joué le cheval placé dans la septième case de départ, un cheval qui courait, bien entendu, dans la septième course. Un cheval, le hasard encore, qui était coté à sept contre un. Et devinez ce qui est arrivé. Le pur sang a gagné ? Eh bien, non ! Pas du tout. Il est arrivé septième. Oh, j'oubliais, ce fameux cheval s'appelait «Septième Ciel» !

Pratique de prononciation

Page 88, Exercice 3 (0' 30")

Les exemples du chapitre 7 :

le christianisme	l'athéisme	le catéchisme
le judaïsme	l'agnosticisme	l'athlétisme
le protestantisme	l'humanisme	le mysticisme

Verbes irréguliers au subjonctif

Page 91 (1' 10")

aller - aille - que j'aille - Excusez-moi, il faut que j'aille.

avoir - ait - qu'elle ait - C'est bien dommage qu'elle ait raté son bac.

être - soit - avant qu'il soit - Décidons-nous avant qu'il soit trop tard.

faire - fasse - que je fasse - Que voulez-vous que je fasse ?

pouvoir - puisse - qu'il puisse - Je ne crois pas qu'il puisse comprendre.

prendre - prennes - que tu prennes - Je préfère que tu prennes un taxi.

savoir - sache - que je sache - Elle ne voulait pas que je le sache.

venir - viennent - avant qu'ils viennent - On pourra regarder le film avant qu'ils viennent.

Utile

Page 93, Exercice 5 (1' 40")

A quoi sert une chanson si elle est désarmée
Me disaient des Chiliens, bras ouverts, poings serrés
Comme une langue ancienne qu'on voudrait massacrer
Je veux être utile à vivre et à rêver

Comme la lune fidèle à n'importe quel quartier
Je veux être utile à ceux qui m'ont aimé
A ceux qui m'aimeront et à ceux qui m'aimaient
Je veux être utile à vivre et à chanter
La, la, la...

Dans n'importe quel quartier d'une lune perdue
Même si les maîtres parlent et qu'on ne m'entend plus
Même si c'est moi qui chante à n'importe quel coin de rue
Je veux être utile à vivre et à rêver.
La, la, la....

Destin ou coïncidence ?

Page 95, Exercice 4 (2' 40")

James Dean est mort en 1955 sur une route de Californie près de Salinas. Il conduisait une Porsche à pleine vitesse. Il y a eu le virage, le dernier, et le choc. On connaît l'histoire de James Dean et les circonstances de sa disparition. Mais ce que beaucoup d'entre nous ignorent, c'est l'après : c'est le destin incroyable de la voiture du célèbre acteur.

Il peut paraître osé de parler de destin au sujet d'une automobile, ce bloc de métal à quatre roues, ferraille sans esprit et sans âme, et pourtant il y a de l'extraordinaire dans l'histoire de cette Porsche. Personne n'est en mesure de donner des explications rationnelles à ce qui s'est passé après.... Non ? Les faits sont là et c'est tout. Ils sont incontournables, indéniables et un peu mystérieux. Ecoutez bien !

Après l'accident, un acteur nommé George Harris a racheté la voiture de James Dean. George Harris était un admirateur du héros de *La fureur de vivre*. La Porsche était pour lui un objet fétiche. Et lorsque le dépanneur amenait l'automobile devant chez lui pour la déposer dans le jardin... eh bien... George Harris était heureux, mais, voilà... en descendant la Porsche du plateau de la remorque, un câble a cédé. La voiture est tombée et a écrasé la jambe de George Harris. Un peu plus tard, ce même Harris a vendu le moteur de la Porsche à un médecin, un homme qui pratiquait la course d'automobiles en amateur. Le médecin a monté le moteur sur sa propre voiture, et, au cours d'une compétition, le coureur amateur a quitté la route et s'est tué sur le coup. Ce qu'il y a d'étonnant, c'est que le même jour, dans la même course, un autre candidat à la vitesse a eu, lui aussi, un accident grave. Plus tard, les expertises ont révélé qu'il avait adapté à son automobile l'arbre de direction de la Porsche de James Dean. Mais ce n'est pas fini. La carrosserie et le châssis de la Porsche étaient, eux, inutilisables, du fait de la violence de l'accident mais c'était la voiture de Dean - un symbole. Alors, une association de prévention routière a eu l'idée d'acquérir ces amas de ferraille pour les exposer à Sacramento dans le cadre d'une campagne publicitaire, une campagne publicitaire en faveur de la prudence. L'ensemble était attaché dans une sorte de montage à la César, un ensemble qui s'est effondré et qui a blessé gravement un adolescent à la hanche. On a déplacé ensuite à bord d'un camion les restes de la Porsche maudite. Le camion a été heurté par une voiture. Le conducteur de celle-ci a été éjecté et tué. Plus tard, un autre camion qui transportait toujours les restes de la Porsche a fini sa course dans une vitrine d'un magasin de l'Orégon. Les freins avaient cédé. Enfin la voiture de sport de James Dean a définitivement disparu alors que l'on la ramenait à Los Angeles par le train.

8 Terre, où est ton avenir ?

La sécheresse au Sénégal

Page 108, Exercice 1 (3' 30")

Interviewer : Bon ! Plusieurs questions sur l'influence de la sécheresse au S... au Sénégal.

M. Gningue : Oui. La sécheresse a causé beaucoup de tort au Sénégal d'abord, par le manque d'eau, parce que l'eau, c'est la vie... Bon ! Quand il n'y a pas d'eau, il n'y a pas d'agriculture, il n'y a pas de... maraîchage, il n'y a pas de... beaucoup d'activités qui sont liées à l'eau. Bon ! Ça, c'est le premier facteur. Bon, le deuxième facteur, l'élevage aussi en ressent… Il y avait pas d'eau pour abreuver les… les vaches, les bœufs, tout ça, là. Alors ce qui fait que euh la sécheresse a porté un coup dur au cheptel et à l'agriculture en général.

Interviewer : Et…

M. Gningue : Deuxième incidence. Oui, c'est ça… C'est toujours dans l'agriculture, les sols. Les sols qui étaient déjà très fatigués du fait d'un manque de terre et du fait de leur… de leur utilisation constante, ont été euh… très fatigués du fait de la non-régénération de ces terres, parce que comme il y avait pas de de de de d'herbe qui pouvait pousser en permanence. Bon l'autre aspect de la sécheresse qui est très grave, c'est l'avancée du désert. Bon, le Sénégal est à la frontière de la Mauritanie et du désert du nord. Alors le désert a fortement avancé et a envahi une grande partie de la région nord du Sénégal. Bon, autre conséquence un peu indirecte de cette sécheresse, c'est que du fait du… de la sécheresse, bon, les gens utilisent comme source d'énergie le charbon ; ils coupent les arbres et du fait de la sécheresse, comme les arbres ne se renouvellent pas, il y a encore euh un frein disons au… à la… à la… à la forêt. La forêt se meurt, donc toutes les ressources qu'on tirait avant de la forêt, on ne peut plus les avoir : on ne peut plus avoir le charbon, on ne peut plus avoir le bois pour faire euh… les meubles ou bien pour euh… d'autres usages, pour construire des batiments et tout ça, donc la forêt aussi disparaît du fait de la sécheresse.

Interviewer : Donc la vie journalière des habitants du Sénégal a aussi souffert indirectement de la sécheresse.

M. Gningue : C'est ça, la vie journalière a souffert, parce que faute de terre, faute de pluie, les jeunes ont quitté les villages et sont venus dans les grandes villes, à Dakar, tout ça, et ont connu les grands problèmes euh urbains. Ils n… Ils ne trouvent pas de travail, bon, ils vivent dans les bidonvilles, des maisons vraiment très très sommaires et précaires et connaissent des conditions de vie assez difficiles qui souvent mènent à la délinquance et à… au désœuvrement et à tous les problèmes urbains qu'on connaît. Donc, la sécheresse, du fait de cet exode rural, les jeunes quittant le monde rural faute de terres, faute d'eau, faute de… d'élevage et tout ça là, aggrave le problème des villes, aggravent le chômage euh, l'habitat, tout ça…

Le téléphone sonne

Page 110, Exercice 2 (2' 10")

Au *Téléphone sonne* ce soir, les jouets, c'est sérieux. Les enfants et les jouets. Une émission dirigée par Alain Bédouet.

Bédouet : Chantal, bonsoir.

Chantal : Bonsoir. Voilà, j'ai un témoignage qui va peut-être alimenter le débat sur le sexe de l'enfant et le jouet.

Bédouet : Allez-y toujours.

Chantal : Nous avons un petit garçon de deux ans et demi, maintenant, qui depuis l'âge de 14 à 15 mois à peu près est fasciné par les poupées, les dînettes et nous suivons cette envie en lui en achetant : il a l'air parfaitement satisfait de cela, il les materne, il s'en occupe très très bien et il a développé une activité ludique remarquable par rapport euh… aux poupées.

Bédouet : Oui.

Chantal : Mais cela n'est pas sans inquiéter des parents autour de nous… De toute façon, ça va surprendre toujours… I' y a toujours une… une surprise de l'environnement, voire une inquiétude, alors soit d'autres parents, soit de membres de la famille, par rapport à l'attitude de ce petit garçon qui a l'air de nier les jouets traditionnels de type voiture et camion pour les poupées. Dieu sait si ses poupées, ça l'occupe. Voilà ! Donc euh…

Bédouet : Bien, écoutez…

Chantal : …la question en filigrane, la question c'est y a-t-il un sexe pour le jouet ? Moi, je suis convaincue que non, je voudrais faire passer ce message-là à d'autres parents.

Bédouet : Bon, ben merci de nous avoir appelé pour nous le dire. Gilles Baugères.

Gilles Baugères : Oui, je voudrais juste faire une remarque qui montre la complexité de ces… de ces phénomènes. C'est vrai que le jouet est souvent utilisé à certains âges, même plus tôt pour les enfants plus âgés que le vôtre pour se confirmer dans un sexe, et que… que l'enfant, à un moment, a besoin d'utiliser le jouet pour s'assurer qu'il est fille, qu'il est garçon, hein. Puis à d'autres moments tout ça est entre parenthèses et ne… n'a d'importance que ce qu'il va faire avec un objet, avec une poupée, peu importe ; c'est le problème de confirmation. Mais ce qui est intéressant, c'est les réactions de l'entourage… Il y a une certaine euh… des remarques par rapport au garçon qui se trouverait en relation avec des jouets de filles. Et je voudrais faire remarquer quelque chose. C'est qu'on dit souvent que c'est la fille qui est prisonnière des identités question sexuelle dont elle serait la victime. Mais on ne se rend pas assez compte qu'on tolère plus facilement que les filles aient des jeux de garçons... que les filles aient des rôles masculins... que des filles soient des garçons manqués alors que le garçon est beaucoup plus prisonnier des rôles euh... qu'on lui impose parfois euh... par le jouet.

Le groupe Psy

Page 117, Exercice 5   (1' 15")
Animale-moi
Comme un fou, comme un roi
Animale-moi
Et je perds mon sang-froid
Animale-moi
J'oublie tout, je ne suis plus moi
Animale-moi

Reporter : Psy, *Animale-moi*, extrait de l'album *Etrange, mon ange*. On va vous tendre... on va vous tendre un micro, peut-être. C'est Yacine qui répond, comme toujours ?

Yacine : Yacine, oui.

Pierre : Et Pierre, aussi.

Reporter : Ah ! Et Pierre... Je crois que vous avez du succès aux Philippines.

Pierre : Oui, on a été assez surpris de voir qu'on a vachement de succès en euh... au Sud-Est asiatique.

Reporter : Pourquoi, alors ? Là, vous êtes numéro un aux Philippines ?

Pierre : Oui parce que les Asiatiques ont beaucoup de goût, voilà...

Reporter : Oui, oui, c'est curieux quand même. Comment ça se fait ? Vous êtes allés là-bas ? Vous avez fait des... des galas ?

Pierre : Non, on n'a fait absolument aucune promo. Je crois que le clip est passé tout simplement sur... sur une chaîne locale et ça a très bien marché et puis, un autre truc... très très drôle, c'est qu'on a fait aussi un succès à... à Hong Kong puisqu'il y a une star locale qui a repris euh... le cinéma qui a repris la chanson Angélina...

Reporter : Angélina qu'on écoutera... tout à l'heure.

Pierre : ... en cantonais.

Reporter : En cantonais ?

Pierre : En cantonais, oui.

Reporter : Eh beh, écoutez, c'est formidable...

Pubs à la radio

Page 119, Exercice 7   (2' 20")
1 Les traveller chèques American-Express
Miami, quinze heures. Plutôt que de partir avec du liquide, Monsieur Chaumont a choisi les traveller chèques American Express. Malheureusement, il vient de les perdre. Ecoutons ses réactions.

(Sifflements.)
Perdus ou volés, vos traveller chèques American Express vous sont remplacés en 24 heures partout dans le monde. Traveller chèques American Express pour que vos vacances restent des vacances.

2 Xéryus de Givenchy
Femme : Xéryus : c'est un parfum qui nous parle comme une voix d'homme.
Homme : Viens avec moi.
Femme : Fort, conquérant, très Xéryus.
Homme : Tu verras, c'est un bateau fait pour courir les océans.
Femme : Racé, élégant.
Homme : Il nous emportera où tu voudras.
Femme : Xéryus de Givenchy, un parfum audacieux et troublant comme la voix de l'homme qui vous aime.

3 BIJE Wasteels
Eh ! T'es jeune ? T'as moins de 26 ans ? Alors ! Ecoute un peu ça. Découvre la France et l'Europe en train à prix malin. Des BIJE Wasteels, des supers réducs en train pour toi ! Où ça ? Dans les 900 points de vente BIJE Wasteels en France ou par Minitel 36-15 Wasteels W-A-S-T-E-E-L-S. Un million de jeunes voyagent chaque année en France et en Europe avec leur BIJE Wasteels en poche. Alors ! Choisis ton camp ! BIJE : un produit voyage Wasteels.

4 Solaire Monoïque Tahiti
Avec Solaire Monoïque Tahiti, bronzez en toute sécurité et gagnez des voyages à Tahiti. Dans votre grande surface, choisissez Solaire Monoïque Tahiti.

5 La nouvelle MicroSoft Mouse II
– Le progrès de l'espèce humaine passe nécessairement par l'expérimentation sur son environnement végétal *et* animal.
– Parfaitement vrai ! Mais dans le cas de la nouvelle MicroSoft Mouse II, c'est pour faire progresser les souris que MicroSoft a fait des expériences sur les hommes. C'est tout de même grâce à ça que l'on obtient une souris de micro-ordinateur bio-design parfaitement révolutionnaire, parfaitement adaptée à la forme de la main et parfaitement confortable, comme une pantoufle. Parfaitement !
– MicroSoft Mouse II, la souris révolutionnaire de MicroSoft.

10 Sur un pied d'égalité ?

Conjugaisons et interrogations

Page 127, Exercice b *(1' 20")*

J'irai je n'irai pas j'irai je n'irai pas
Je reviendrai Est-ce que je reviendrai ?
Je reviendrai je ne reviendrai pas

Pourtant je partirai (serais-je déjà parti ?)
Parti reviendrai-je ?
Et si je partais ? Et si je ne partais pas ? Et si je ne
   revenais pas ?

Elle est partie, elle ! Elle est bien partie Elle ne revient
   pas.
Est-ce qu'elle reviendra ? Je ne crois pas Je ne crois pas
   qu'elle revienne.
Toi, tu es là Est-ce que tu es là ? Quelquefois tu n'es
   pas là.

Ils s'en vont, eux. Ils vont ils viennent
Ils partent ils ne partent pas ils reviennent ils ne
   reviennent plus

Si je partais, est-ce qu'ils reviendraient ?
Si je restais, est-ce qu'ils partiraient ?
Si je pars, est-ce que tu pars ?
Est-ce que nous allons partir ?
Est-ce que nous allons rester ?
Est-ce que nous allons partir ?

Banlieue

Page 129, Exercice 5 *(1' 55")*

De café en café
Avec des paumés
Il passe son temps
Il se saoule un p'tit peu
Joue avec le feu
Joue au délinquant
C'est pas qu'il soit méchant
Demandez aux parents
Mettez-vous à sa place
C'est dur de faire face
Quand on a dix-sept ans

Les vols de mobylette
On fait la fête
Sur le moment
La police le guette
Ses parents s'inquiètent
Comme dans un roman
Regarde c'est ton enfant
C'est le sang de ton sang
C'est toi qui l'as nourri
Jeté dans la vie
Il n'y a pas si longtemps

Eh banlieue ne nous laisse pas vieillir
On a peur de mourir… banlieue
Eh banlieue ta grisaille nous inspire
Que l'envie de partir… banlieue
Eh banlieue ne nous laisse pas tomber
On a l'droit d'exister nous aussi…
Banlieue… banlieue… banlieue…

Le racisme à Moscou

Page 131, Exercice 4 et 58 *(3' 15")*

– Vous savez, le problème quotidien du Noir, c'est…
   l'racisme. Beaucoup sont… ils sont nombreux ceux
   qui nous appellent les singes… Il y a qui nous
   appellent, par exemple, «Chernomaziy» – c'est-à-
   dire qu'on est enduit, enduit de noir. Après la
   présentation du film euh… *Isaura* à la télévision
   soviétique, le film euh… film brésilien, un des a…
   des acteurs était «André» noir… bon, on répondait
   souvent sur nom d'André. *(rires)*
– Donc les Noirs ils étaient devenus les «André», quoi ?
– Oui. Beaucoup de Noirs étaient devenus des
   «André» ici. Mais toutefois, c'est le théâtre… c'est
   le théâtre quotidien, on arrive à se passer de tout ça.
   Il est bien vrai : il y a certains groupes qui se
   promènent pour venir tout simplement nous battre.
   C'est arrivé à beaucoup d'entre nous à la sortie
   de… du bus, par exemple. Un groupe de jeunes
   gens, c'est surtout les jeunes gars, les jeunes gens et
   ceux qui venaient surtout aussi de l'Afghanistan.
– En espèce de… l'expédition punitive ?
– Oui… bon, certains venaient tout simplement
   pour… euh… la… la spéculation dans le temps
   quoi, qu'on appelle la spéculation là oh ouais…
   Bon, certains étaient du tout pas contents de nous
   voir avec les cerveaux aussi. Cela ne leur plaisait
   pas du tout. *(rires)*
– Amour, ambiance, au campus Loumoumba ?
– Justement. Je… je voulais dire que… un exemple de
   racisme du moins officiellement que j'avais
   rencontré, c'est quand j'étais en première année.
   Bon, on devait avoir un cours, bon, il y a un certain
   conseiller médical qui était venu dans l'amphi chez
   nous. Bon, il a commencé à donner des conseils,
   surtout aux filles. Il voul… il voulait conseiller aux
   Soviétiques de ne pas sortir avec les étrangers.
   Pourquoi ? Parce que, paraît-il, on amenait
   beaucoup de maladies d'Afrique. Et puis qu'on
   cachait, quand on venait, et c'est puisque – je ne
   sais pas si vous connaissez – chaque fois qu'un
   étranger arrive, on lui fait euh…
– Une analyse ?
– Des analyses médicales et c'est…
– On le met en quarantaine.
– Oui. Qu'est-ce qui arrive ? Il arrive, il dit que bon,
   que la plupart du temps quand les Africains

arrivent ici, ils prennent des médicaments avant qui permettent… euh, du moins, à camoufler les maladies qu'ils ont. Donc, on… vous voulez peut-être que les étrangers vous donnent quelques trucs là, par ci, par là. Il faut faire attention. C'est des gens très malades. Et puis, quand le sida aussi est apparu, ça a été encore dur chez nous aussi. Du moins, c'est… Pour eux, le sida en origine c'était, c'était une origine purement africaine. (*rires*) Ce qui les énerve aussi c'est peut-être, bon, quand il vous a lancé quelque chose comme ça, vous lui… vous ba… du moins vous lui posez la question de savoir s'il est aussi blanc comme les… les blancs de l'ouest. Bon, ça… ça le diminue aussi, oui, ça le diminue ça… ça les énerve beaucoup ! (*rires*) Oui, parce que, bon, ils… ils nous disent qu'on est des nègres, des nègres, des singes. Là vous pou… vous lui posez la question de savoir s'il est aussi blanc comme les autres blancs (*rires*)… (*Musique*)

11 Citoyen, citoyenne

Les enfants ne respectent rien

Page 136, Exercice 3   (1' 30")

– … la garde républicaine débordée par 600 moutards. C'était donc au palais de l'Elysée cet après-midi à l'occasion du traditionnel arbre de Noël, 600 enfants excités et ravis, pour certains venaient de Vaison-la-Romaine, d'Iseur ou de Saint-Laurent-du-Maronnier en Guyane, ils ont donné un peu de mal aux services d'ordre mais ils ont pu voir le spectacle et le président et son épouse Danielle. Commentaires des petits diables recueillis par Dominique André :

Enfant 1 : Je le trouve bien… hein… il est… euh… il doit être sympathique… et puis, je tr… il est bien habillé et puis euh… où i' vit… ça doit être joli.

Enfant 2 : J'ai même photographé (*sic*) deux fois.

Reporter : Et alors, il était comment ?

Enfant 3 : Il rigolait devant euh… le spectacle.

Enfant 4 : Comme toujours, oui ! (*rires*)

Enfant 5 : Il était chauve !

Enfant 6 : Ah oui, il avait un gros trou au milieu, quoi. Enfin, non ! Enfin… moi je l'ai pas vu mais il y a de mes copains qui l'ont vu, quoi…

Reporter : Comment tu l'as trouvé, tu dis ?

Enfant 7 : Beh beau.

Enfant 8 : J'aurais bien [vou-]lu serrer la main à François Mitterrand.

Enfant 9 : Je l'ai déjà vu plusieurs fois à la télé.

Reporter : Et en vrai alors, il est comment ?

Enfant 10 : Il est mieux qu'à la télé… Il est plus bizarre !

– Ah oui, les enfants ne respectent rien.

Exercice de prononciation

Page 139, Exercice 5 et 62   (0' 40")

Abolition
Abstention
Arabisation
Attention
Délégation
Election
Immigration
Information
Institution
Intégration
Libération
Opposition
Option
Position
Prononciation

L'opportuniste

Page 144, Exercice 3   (3' 00")

Je suis pour le communisme
Je suis pour le socialisme
Et pour le capitalisme
Parce que je suis opportuniste

Il y en a qui contestent
Qui revendiquent et qui protestent
Moi, je ne fais qu'un seul geste,
Je retourne ma veste
Je retourne ma veste
Toujours du bon côté

Je n'ai pas peur des profiteurs
Ni même des agitateurs
Je fais confiance aux électeurs
J'en profite pour faire mon beurre

Il y en a qui contestent
Qui revendiquent et qui protestent
Moi, je ne fais qu'un seul geste,
Je retourne ma veste
Je retourne ma veste
Toujours du bon côté

Je suis de tous les partis
Je suis de toutes les parties
Je suis de toutes les coteries
Je suis le roi des convertis

Il y en a qui contestent
Qui revendiquent et qui protestent
Moi, je ne fais qu'un seul geste,
Je retourne ma veste
Je retourne ma veste
Toujours du bon côté

Et je crie vive la révolution
Je crie vive les institutions
Je crie vive les manifestations
Je crie vive la collaboration

Non, jamais je ne conteste,
Ni revendique ni proteste
Je ne sais faire qu'un seul geste,
Celui de retourner ma veste
Celui de retourner ma veste
Mais toujours du bon côté

Je l'ai tellement retournée
Qu'elle craque de tous côtés
A la prochaine révolution
Je retourne mon pantalon.

12 Je m'en souviens bien !

La Résistance en France

Page 153, Exercice 7   *(1' 40")*

La Résistance en France. Le 10 juin 1940 est
l'Armistice. La France a été divisée en deux, une zone
occupée par l'armée allemande et une zone libre non
occupée par l'armée allemande dans le sud. Il était
bien certain que les Français qui voyaient les
Allemands chez eux, bon, les Français qui sont quand
même les gens épris de liberté, eh ben, tous les
Français avaient une réaction contre l'occupant.

La Résistance au début n'a pas été que le fait d'une
catégorie de Français particulière. Elle a été en fait un
réflexe contre un parasite qui était chez vous et dont
on voulait se débarrasser, et elle était surtout faite de
jeunes. Mais dans la zone occupée, la Résistance au
départ, ce sont surtout des petits réseaux de
renseignements qui se sont créés pour la raison
suivante. L'Angleterre craignant d'être occupée avait
évidemment intérêt à connaître les mouvements des
troupes allemandes, la situation de tel ou tel régiment,
les régiments d'assaut, les régiments de parachutistes,
la marine et tout ça. Plus tard ces réseaux ont été
relié… à Londres avec Etat Major de la France du
Général de Gaulle.

En zone non occupée, le problème a été un petit peu
différent. Pourquoi ?

D'abord parce qu'il n'y a pas beaucoup
d'Allemands, donc les risques étaient beaucoup
moindres, de sorte qu'on pouvait plus facilement
bénéficier de complicité dans la gendarmerie, même
quelquefois dans le gouvernement lui-même.

Le chant des partisans

Page 153, Exercice 8   *(4' 00")*

Ami, entends-tu le vol noir des corbeaux sur la plaine
Ami, entends-tu ces cris sourds du pays qu'on
    enchaîne
Ohé partisans, ouvriers et paysans c'est l'alarme
Ce soir, l'ennemi connaîtra le prix du sang et des
    larmes

Montez de la mine, descendez des collines, camarades
Sortez de la paille, les fusils, la mitraille, les grenades
Ohé, les tueurs à la balle et aux couteaux, tuez vite
Ohé, saboteur attention à ton fardeau, dynamite
C'est nous qui brisons les barreaux des prisons pour
    nos frères
La haine à nos trousses et la faim qui nous pousse, la
    misère
Il y a des pays où les gens aux creux des lits font des
    rêves
Ici nous vois-tu, nous on marche et nous on tue nous
    on crève

Ici chacun sait ce qu'il veut, ce qu'il fait quand il passe
Ami si tu tombes un ami sort de l'ombre à ta place
Demain du sang noir séchera au grand soleil sur les
    routes
Chantez compagnons dans la nuit la liberté nous
    écoute
Ami, entends-tu les cris sourds du pays qu'on
    enchaîne
Ami, entends-tu le vol noir des corbeaux sur nos
    plaines
Oh Oh Oh…

13 La culture : tous azimuts

J'explore les livres !

Page 160, Exercice 4   *(0' 30")*

– J'explore actuellement le Salon du livre de jeunesse.
  Ah ! Je viens juste de découvrir *L'île de Christophe
  Colombe*… huh ! huh !… J'effectue maintenant
  l'ascension des livres de Jules Verne… Je pousse une
  porte et… Aaah ! Ah ! Me voilà en suspension en
  l'air à côté d'*Alice aux pays des merveilles*… C'est
  fabuleux !
– Le Salon du livre de jeunesse, c'est le rendez-vous
  du rêve et de la découverte. Avec des milliers de
  livres et de bandes dessinées à lire et à acheter. Tous
  les jours jusqu'à lundi. Métro Mairie de Montreuil.

Au point © Thomas Nelson and Sons Ltd, 1994

Un remake

Page 164, Exercice 3 (0' 40")

Sommersby, c'est un remake de *Retour de Martin Guerre* qui était avec Gérard Depardieu. Alors c'est un peu le choc, quoi, parce que Gérard Depardieu n'est pas forcément beau mais alors Richard Gere, il est bien, quoi. Alors pour moi, c'était trop américain, c'était trop à l'eau de rose. Enfin le fait est si on avait un mari qui ressemblait à Richard Gere, on s'en souviendrait quoi. On ne le prendrait pas pour quelqu'un d'autre. Alors, euh... Gérard Depardieu on pourrait imaginer qu'on voudrait quelqu'un qui soit mieux mais alors Richard Gere, c'est un peu difficile. Moi, je trouvais que c'était le symbolisme américain. Ils expliquaient tout. Il n'y avait pas d'espace pour penser. C'est tout fait pour nous. C'est tout mâché pour le spectateur.

Le rap alphabétique

Page 168, Exercice 2 (1' 00")

(*Musique*) Flight number two arriving from... A-ttention, voici les fabuleux Troubadours, vous allez rester bouche B (*bée*)... Jamais vous ne crierez a-C (*assez*) car avec nous ça va D-gager (*dégager*) et vous serez E-reux (*heureux*) d'avoir fait cet F-ort (*effort*). Les gens en général disent «Ils sont géniaux» ce qui nous a toujours G-nés (*gênés*) car nous sommes H-val (*à cheval*) sur les princ-I-pes. Le public avec nous toujours réa-J (*réagit*). Ce sera le K (*cas*) ce soir, si vous aimez les du-L (*duels*) de po-M (*poèmes*) rythmés style Frères N-mi (*ennemi*) public genre O-P-ra (*opéra*) patois avec des références hautement Q-lturelles (*culturelles*) et bien entendu d'une mani-R (*manière*) S-T-étique (*esthétique*) absolument U-nique (*unique*). V-ritablement originale. Face à face ce soir nos W-rités (*doubles vérités*). C'est parfois grivois. On nous a même classés X. Les pouvoirs publics nous disent «Si vous continuez comme ça, vous n'en aurez jamais de subventions.» On leur a dit «Allez vous faire voir chez les Hellènes dans leur pé-Y (*pays grec*). On n'en a pas besoin de vos Z (*aides*).»
(*Musique*)

14 Qui juge ?

Cobaye humain

Page 171, Exercice 6 (1' 20")

– Depuis six mois maintenant, une vingtaine de volontaires servent de cobayes, en quelque sorte, pour tester un nouveau vaccin contre le Sida mis au point par l'Institut Pasteur à Paris. Parmi eux, Bernard, un père de famille de trente-neuf ans. Pour lui, cette expérience n'est pas de tout repos mais il ne se prend pas pour autant pour un héros comme il l'a dit à Daniel Messager :

– Il y a une contrainte pratique qui est que... on a dans l'année, je pense, une vingtaine de visites à faire à l'hôpital Pasteur, avec, chaque fois, prise de sang, examen, etc., mais je m'en suis débrouillé avec mon employeur qui est au courant de l'expérience et à qui j'ai demandé un aménagement de mon emploi du temps. Bon... j'avais imaginé qu'on puisse prélever le sang ailleurs, en province, éventuellement, et l'envoyer à Pasteur. Ils sont très réticents, ils veulent que tout soit centralisé et c'est vrai que... bon... on s'interroge, sans être inquiet ou angoissé... on se demande ... euh... s'il peut pas y avoir d'effets secondaires durables. Bon... mais moi, ça ne m'obsède pas.

– Vous vous considérez comme quelqu'un d'exceptionnel de vous être porté volontaire pour cette expérience ?

– Non, franchement, non. Euh... il y a toujours des gens qui donnent des reins, qui donnent... euh... euh... qui donnent de la moelle osseuse ou qui donnent tout simplement du temps. Je me mets pas sur le même plan que les gens qui travaillent ou à Médecins du Monde ou à FACU, qui donnent carrément une partie de leur vie, quoi. Bon, là, franchement, non !

L'économie est une déesse

Page 175, Exercice 5 (1' 20")

Partout c'est l'enfer
Partout c'est la guerre
Y'a pas un pays sans souci
Partout la misère
Recouvre la Terre
L'argent est une belle saloperie

Partout des problèmes
Partout des dilemmes
L'homme est son propre ennemi
Partout c'est la haine
La connerie humaine
Va ramasser tous les prix

Jésus Christ ne veut plus venir
Et Dieu sonne toujours occupé
Madame la boule de terre transpire
L'an 2000 se fait pas prier
Economie est une déesse
Qui est venue pour nous maquer
Consommation son compagnon
Deviendrait une religion
Combien j' vous dois

Le pas des ballerines

Page 178, Exercice 4   *(3' 15")*

Pour elle le pas des ballerines,
pour moi le vol noir des corbeaux.
Pour elle le turquoise des piscines,
pour moi la rouille des barreaux.

J'ai donné dix ans de ma vie,
pour ses yeux clairs comme de l'eau,
j'ai jamais vu de ballerines
sur la paille des cachots.

Chez elle le cuir des limousines
et des sourdines aux pianos
et chez moi, le vacarme des cantines,
le souffle des bourreaux.

J'ai donné dix ans de ma vie,
pour ses yeux clairs comme de l'eau,
pour cette veilleuse qui suit
mes doigts sur la photo.

Y' a un homme qui tombe
les yeux dans la rigole,
dans la rue principale.
Les lumières qui tournent,
les jurés me regardent
va falloir que je parle.

La lame est dans ma poche,
si c'est elle que t'aimes,
il faut que tu le fasses.
Les lumières s'approchent,
le cri des sirènes
mais c'était une impasse.

Et tout le temps que ça dure…

Oh tout le temps que ça dure…

Tout le temps que ça dure.
Les amitiés bizarres et les livres pornos.

Dedans, l'eau noire des machines,
les odeurs de caniveaux,
et dehors le soleil médecine
aux crinières des chevaux.

J'ai donné dix ans de ma vie,
pour ses yeux clairs comme de l'eau,
elle m'aime encore, elle m'a écrit,
je change d'air bientôt…

Jeune conductrice

Page 179, Exercice 6   *(1' 00")*

A Calgary, au Canada, une dame âgée de 70 ans, automobiliste comme beaucoup d'entre nous, mais jeune conductrice malgré son âge avancé, heurte l'arrière d'un véhicule. Loin d'être troublée, la vieille dame après avoir constaté les dégâts commis, remonte dans sa voiture et reprend la route, tranquille. Evidemment, en droit, cela s'appelle un «délit de fuite». Les policiers canadiens n'ont pas eu de mal à la retrouver et quelques semaines plus tard, la septuagénaire est convoquée devant le tribunal. Après avoir délibéré avec ses assesseurs, le juge prononce la peine en fonction de la gravité de la faute, c'est-à-dire que la vieille dame est condamnée à un cent d'amende, soit l'équivalent de six centimes. Et pour payer son amende, le magistrat en a fixé très sérieusement le délai – mille ans pour payer les six centimes. Je connais déjà des automobilistes français qui rêvent d'une telle répression de la part de nos tribunaux.

15 Demain déjà ?

«Maturité», poésie de Denise Jallais

Page 185, Exercice 4   *(1' 45")*

Finie la pulpe douce de l'inconscience
Tout crépite de bon sens
Puis s'éteint an par an

Commencent alors la fumée
Les pas dans la cendre
Et la mesure du temps

Avant
Avant c'était l'herbe
L'eau
Le sel
Le soleil
J'étais tapie dans l'enfance
Ai-je vraiment mangé autre chose
Que du vent
Des framboises
Et le cœur pointu des roses ?

Avant il y avait
La tempête dans les fuchsias
Le goût des petits pois crus
Les lilas de ma grand-mère
La mer comme une barque
A me naviguer sur le cœur

Avant c'était Pâques
Des chapeaux blancs
Des marguerites
De grands jardins acides
Des scarabées dans chaque paume
Avant il y avait des plages
Des marchés
De l'été
Des cris
Des entremets

Et l'ombre des magnolias

Avant
C'était la fête

Mais finie la pulpe douce de l'inconscience
Je suis une grande personne
Qui sait charrier les cadavres
Ceux des mots et ceux des gens
Marcher dans la cendre
Et mesurer le temps

Le courrier des auditeurs

Page 189, Exercice 4   (2' 10")

La semaine dernière, au cours de notre émission sur le Généthon, nous avons discuté des problèmes d'éthique en matière de manipulation génétique. Vous nous avez envoyé un courrier important à ce sujet. Voici quelques extraits de vos lettres.

Aurélie, 15 ans, nous écrit de Namur : «Si nous laissons la science toucher aux embryons, nous risquons de tomber dans un système de sélection tel celui d'Hitler. Les embryons seront classés selon leurs qualités et nos différences disparaîtront. Ne plus avoir de personnalité, ne plus avoir d'originalité ! Alors dans ce cas, comment aimer quelqu'un parmi les six milliards d'individus identiques ?»

Yann de Quimper, 16 ans, pose cette question : «Un homme normal, n'est-ce pas tout simplement un homme qui sait aimer ?»

Le thème est repris par Carole, Londonienne de 17 ans : «La normalité ? Quelle normalité ? Un brun est-il plus normal qu'un blond ? Une personne au quotient intellectuel de 150, plus normale qu'un individu au quotient intellectuel de 90 ? Les aveugles sont-ils moins atteints que les myopes ? Allons donc... Eliminez-les tous avant la naissance !»

Voici ce que pense Michèle qui habite à Marseille et qui a 16 ans : «Les scientifiques oublient trop souvent que leurs malades sont des hommes et non des «problèmes à résoudre».

Et finalement, Yves, Parisien de 16 ans, ironise : «Imaginez un employeur au courant du patrimoine génétique d'un candidat : «Monsieur, en haut de votre chromosome 8, il y a un gène qui vous prédispose à l'état colérique. C'est très embêtant pour votre travail...» Jusqu'où ira l'application des découvertes scientifiques dans la privation des libertés ?»

La machine est mon amie

Page 192, Exercice 1c   (2' 30")

J'ai un four un frigidaire un extracteur à jus
Une mixette tout en fer un moulin à café
J'ai une poêle électrique et un poêle au sternum
Un wok, une bouilloire tout en aluminium
Miam-miam, ou eh ou eh
J'ai une friteuse un grille-pain et un hachoir à main
J'ai un four à micro-ondes et une machine à pop-corn
J'ai un robot culinaire avec du skaï émulsionné
Qui hache, qui fouette, qui centrifuge et tranche
Qui pile qui mélange et qui fait monter en mousse
Qui ne dérange personne mais ne répond pas au
       téléphone

Mais, dites, qu'est-ce que je dois faire ?
Y a plus personne ici
Heureusement y a le soleil
Et la machine est mon amie
Eh ou eh

J'ai un magnétoscope et une télévision bien sûr
Un walkman un radio-réveil et un tourne-disque
Un lecteur à compacts et à cassettes aussi
Avec égalisateur et le système Dolby, et oui
Eh ou eh
J'ai un ordinateur avec jeu vidéo
Un téléphone cellulaire et portatif
Une machine à écrire avec auto-correctif
Et une calculatrice avec auto-destruction
Une balance électronique à affichage numérique
Et un fer à repasser pré-programmé

Mais, dites, qu'est-ce que je dois faire ?
Y a plus personne ici
Heureusement y a le soleil
Et la machine est mon amie
Eh ou eh

J'ai un rasoir électrique et une brosse à dents
       automatique
Une mini-tronçonneuse pour les poils de nez
J'ai un bain à massages
J'ai une douche tourbillon
Un gros séchoir à cheveux
Et un plus petit pour les sourcils, et oui
Ou eh ou eh
J'ai un air conditionné un humidificateur
Un déshumidificateur et un ventilateur
Je n'ai qu'une chose à craindre
C'est pas de ne pas être aimé
Je n'ai qu'une chose à craindre
C'est la panne d'électricité

Self-study cassette answers

1 Il faut vivre sa vie !

Magasins Inter-discount

Page 5, Défi grammatical c et ▪2

1 on n'a plus
2 tu vas
3 tu leur donnes
4 tu leur donnes
5 ils t'offrent
6 ça va
7 ils t'offrent
8 tu vas
9 Tu vois
10 ce qui est
11 tu comprends
12 c'est
13 Qui dit

Fais pas ci, fais pas ça

Page 7, Exercice 5

Un parent parle à son enfant.

Voici une page

Page 10

Les noms en *-age* sont en général masculins, avec quelques exceptions très communes.

2 Entre toi et moi...

Ami cherche ami

Page 13, Exercice 8

Vers 2 : Et m'a laissé seul dans ce monde abandonné

3 Une école pour la réussite ?

L'éducation dans les pays francophones

Page 30, Exercice 1

Vérifiez vos réponses en utilisant la transcription de la cassette.

4 En pleine forme

La dinde du Gers

Page 35, Exercice 4

fermière, délicieux, tendre, savoureux, bien dorée, croustillante, parfumée

Le chapon du Gers

Page 35, Exercice 5

superbe, tendre, savoureux, à la peau croustillante, fermier

La loi antitabac et les sports mécaniques

Page 41, Exercice 8

Le Ministre veut une taxe spéciale sur le tabac, qui pourrait rapporter 400 millions de francs pour compenser les sponsors des voitures et des motos de course, pour assurer la sauvegarde des sports mécaniques en France. Cet argent permettrait aussi de diminuer la consommation du tabac et de compléter les dispositives de prévention.

5 Evasion

L'autostop

Page 44, Exercice 4

Le premier jour

C'est le début des grandes vacances. Quatre copains vont à la Porte d'Orléans pour faire de l'auto-stop. Il y a à peu près 400 autres auto-stoppeurs. La nuit tombe et personne ne les a pris. Alors ils montent leur tente pour passer la nuit sur le bord du trottoir.

Quatre jours plus tard

Les copains sont toujours là. Finalement une auto a pris Margot. Les autres sont restés et leurs voisines ont fait la cuisine.

15 jours plus tard

Les copains sont toujours sur le bord du trottoir. Un car s'arrête.

La décision

Ils décident de rester et de finir leurs vacances sur le bord du trottoir : même s'ils allaient vers le sud, il ne leur reste que quinze jours et ils ont peur de ne pas avoir le temps de revenir.

Au point © Thomas Nelson and Sons Ltd, 1994

6 Si j'avais des sous...

La Bourse de Paris

Page 53
Vérifiez vos réponses en utilisant la transcription.

La Cigale et la Fourmi

Page 54, Exercice 2
La Cigale qui n'a pas de provisions veut en emprunter à sa voisine, la Fourmi. La Cigale n'a pas de provisions parce qu'elle n'a rien fait tout l'été. La Fourmi qui, elle, a travaillé extrêmement dur refuse de lui prêter quoi que ce soit.

Tatie

Page 57, Exercice 6
C'est-à-dire qu'avec la complicité d'un ami, ils transforment un appartement en commissariat de police. Oui, ils ont installé un meuble de bureau gris, surmonté d'une lampe ; à côté, il y a la machine à écrire, au mur sont collées des affiches de recrutement du style «Entrez dans la police : c'est un métier d'homme» ; enfin, le décor est parfait. Le moindre détail est respecté jusqu'au radiateur, là où se sont menottés Benjamin et Nathalie. Quant au complice, il a pris le rôle d'officier de police judiciaire ; il joue l'inspecteur et l'inspecteur convoque, dans ce faux commissariat, la brave dame de 81 ans. Elle répond évidemment à la convocation et voit son neveu et sa nièce attachés au fameux radiateur. Ils sont en garde à vue, dit le faux policier, et si vous voulez les récupérer, il vous faut verser la somme de 8 500 francs pour les frais de dossier. Convaincue, oui, convaincue par la mise en scène, la tatie de 81 ans a versé 3 000 francs. C'est tout ce qu'elle pouvait donner, s'est-elle excusée. Aujourd'hui, le faux policier, le neveu et la nièce ont vraiment été placés en garde à vue dans un vrai commissariat, et ils ont été conduits en prison.

La chanson des restos du cœur

Page 58, Exercice 2
Vérifiez vos réponses en utilisant la transcription.

7 Ce que je crois

Le hasard du chiffre 7

Page 87, Exercice 3
Vérifiez vos réponses en utilisant la transcription.

8 Terre, où est ton avenir ?

La sécheresse au Sénégal

Page 108, Exercice 1
Pas d'eau =
– pas d'agriculture
– pas d'élevage
– les sols fatigués ne sont pas régénérés
– avancée du désert
– disparition progressive de la forêt, donc plus de charbon ni de matériaux de construction
– disparition de l'agriculture et de l'élevage a entraîné l'exode rural, particulièrement parmi les jeunes
– accroissement du nombre des jeunes en ville = déterioration de l'habitat.

9 Culture des masses ?

Le téléphone sonne

Page 110, Exercice 2
a Parce que son fils aime jouer à la poupée.
b La fille.
c «Tomboy». Cadres supérieurs, peut-être, professions considérées comme masculines ou...

Le groupe Psy

Page 117, Exercice 5
Le groupe Psy est devenu célèbre grâce à un clip qui est passé à la télé dans l'Asie du Sud-Est sans qu'il le sache.

Pubs à la radio

Page 119, Exercice 7
a Traveller chèques (American Express).
b Parfum pour hommes (de Givenchy).
c Un moyen de payer moins quand on voyage par le train.
d Des produits pour bronzer.
e La souris Microsoft.

10 Sur un pied d'égalité ?

Le racisme à Moscou

Page 131, Exercice 4 et 🔊 **58**
c – f – a – d – b – h – g – e

11 Citoyen, citoyenne

Les enfants ne respectent rien

Page 136, Exercice 3
Liste des choses que les enfants trouvent
intéressantes :
a il est bien habillé
b il est chauve
c ils ont vu un trou où il n'y a pas de cheveux
Les «petits diables» sont les enfants.

Exercice de prononciation

Page 139, Exercice 5 et 🔲
Le mot qui manque : SOLUTION

L'opportuniste

Page 144, Exercice 3
Vérifiez vos réponses en utilisant la transcription de la
cassette.

12 Je m'en souviens bien !

La Résistance en France

Page 153, Exercice 7
Voir la transcription de la cassette pour vous aider à
vérifier ce que vous avez écrit.

13 La culture : tous azimuts

J'explore les livres !

Page 160, Exercice 4
– L'île de Christophe Colombe
– Les livres de Jules Verne
– Alice au pays des merveilles

Un remake

Page 164, Exercice 3
Laure pense que l'acteur est trop beau et donc, que sa
femme se serait souvenu plus facilement de son mari.
Ça semblait invraisemblable. Elle pense aussi que le
film lui-même était trop beau, trop «américain», c'est-
à-dire, il laissait très peu à l'imagination des
spectateurs.

14 Qui juge ?

L'économie est une déesse

Page 175, Exercice 5
a La guerre, la misère, la haine, la connerie humaine,
   la société de consommation.
b L'argent.

Le pas de ballerines

Page 178, Exercice 4
Il est en prison
– par amour
– à cause d'une femme
– pour crime passionnel
– parce qu'il a tué un homme

15 Demain déjà ?

«Maturité» poème de Denise Jallais

Page 185, Exercice 4
Les influences possibles du paysage marin sont : l'eau,
le sel, le soleil, la tempête, la mer comme une barque à
me naviguer sur le cœur, il y avait les plages... de l'été.

Le courrier des auditeurs

Page 189, Exercice 4
l'avortement – Carole
la définition de la normalité – Yann et Carole
la disparition de la perspective humaine – Michèle
la disparition des libertés individuelles – Yves
la dissémination de renseignements personnels et
   confidentiels – Yves
la multiplication de clones – Aurélie
la sélection (abusive) de caractères physiques et
moraux – Aurélie

La machine est mon amie

Page 192, Exercice 1a
Cherchez-les dans la transcription !

Au point © Thomas Nelson and Sons Ltd, 1994